东莞城市发展报告 系列成果

DONGGUAN SHI DAORU ZHUOYUE
JIXIAO GUANLI YOUXIU DANWEI
ZIPING BAOGAO JIJIN

刘继云 陈海东 等 编著

东莞市导入卓越绩效管理优秀单位

自评报告集锦 ②

企业管理出版社
ENTERPRISE MANAGEMENT PUBLISHING HOUSE

图书在版编目（CIP）数据

东莞市导入卓越绩效管理优秀单位自评报告集锦. 2 / 刘继云等编著. -- 北京：企业管理出版社, 2025.6.
ISBN 978-7-5164-3279-2

Ⅰ. F279.276.53

中国国家版本馆 CIP 数据核字第 2025CG9280 号

书　　　名：	东莞市导入卓越绩效管理优秀单位自评报告集锦 2
书　　　号：	ISBN 978-7-5164-3279-2
作　　　者：	刘继云　陈海东　等
责任编辑：	侯春霞
出版发行：	企业管理出版社
经　　　销：	新华书店
地　　　址：	北京市海淀区紫竹院南路 17 号　　邮编：100048
网　　　址：	http://www.emph.cn　　电子信箱：pingyaohouchunxia@163.com
电　　　话：	编辑部 18501123296　　发行部（010）68417763、（010）68414644
印　　　刷：	北京厚诚则铭印刷科技有限公司
版　　　次：	2025 年 6 月第 1 版
印　　　次：	2025 年 6 月第 1 次印刷
开　　　本：	710mm×1000mm　　1/16
印　　　张：	16.75
字　　　数：	247 千字
定　　　价：	89.00 元

版权所有　翻印必究・印装有误　负责调换

前 言

党的十八大以来，习近平总书记多次到广东省考察调研，在推动高质量发展、做大做强实体经济、以科技创新推动产业创新方面做出一系列重要指示，指导广东省在新时代伟大征程中应变局、育新机、开新局。习近平总书记强调："要锚定强国建设、民族复兴目标，围绕高质量发展这个首要任务和构建新发展格局这个战略任务，在全面深化改革、扩大高水平对外开放、提升科技自立自强能力、建设现代化产业体系、促进城乡区域协调发展等方面继续走在全国前列，在推进中国式现代化建设中走在前列。"因此，聚焦高质量发展这一核心，强化全面质量管理，致力于质量水平跃升，提升发展质量与效益，增强产业在全球的质量竞争力，是广东省全面推进质量强省战略的重要抓手。

为深入贯彻党的二十大精神以及习近平总书记对广东省工作的重要讲话、重要指示批示精神，认真落实全国新型工业化推进大会、加快推进新型工业化高质量建设制造强省大会各项部署要求，坚定不移厚植产业发展生态优势，强化制造业核心竞争力和全球影响力，高质量建设国际科创制造强市，2024年广东省东莞市人民政府印发1号文《关于加快推进新型工业化　高质量建设国际科创制造强市的实施意见》（以下简称《实施意见》）。《实施意见》在东莞制造业高质量发展政策体系的基础上，进一步衔接国家、广东省推进新型工业化的政策文件，聚焦传统产业转型升级和新质生产力培育发展两大主线，提出了"关于全面提升东莞制造业质量标准品牌水平的若干措施"，其中为增强企业质量管理能力，提出"实施制造业卓越质量工程，鼓励企业运用卓越绩效管理、精益管理、六西格玛管理等先进管理方法"。为进一步推广卓越绩效管理模式，总结和推广东莞市优秀企业（组织）的质量管理新理念、新模式和新方法，讲好东莞的品牌故事，特出版《东莞市导入卓越绩效管理优秀单位自评报告集锦》系列图书。

《东莞市导入卓越绩效管理优秀单位自评报告集锦 2》是继 2023 年出版"东莞城市发展报告"《东莞市导入卓越绩效管理优秀单位自评报告集锦》后的系列著作之一。本书在选取东莞市优秀制造业企业自评报告的同时,还特意选取了一家服务业企业的自评报告和一所中学的自评报告,旨在为更多类型的企业或组织进一步了解卓越绩效管理的内涵和方法提供有益的借鉴和参考。

本书分五章,涉及四家组织的卓越绩效管理自评报告,由东莞理工学院经济与管理学院刘继云院长(教授)、陈海东副教授,东莞市市场监督管理局叶柱棠、渠啸、金树、蔡冰如等工作人员在四家卓越绩效管理优秀单位申报材料的基础上编著而成。

东莞理工学院是中国质量研究与教育联盟的成员单位,下设的广东省社会科学研究基地质量与品牌研究中心、东莞质量与品牌发展研究院,开展质量与品牌的科学研究,不断推出相关的研究成果。本书是"东莞城市发展报告"系列著作之一,也是广东省社会科学研究基地质量与品牌研究中心、东莞质量与品牌发展研究院的阶段性研究成果之一。OPPO 广东移动通信有限公司、优利德科技(中国)股份有限公司、广东通莞科技股份有限公司、东莞市东莞中学对本书的出版给予了大量的帮助,在此对上述企业或组织的大力支持表示感谢。一些行业专家和学者,如黄毅、金程铮、郭紫微、马明慧、王征等,对本书的编撰和修改也提出了一些宝贵的建议,在此一并表示感谢。当然,本书成书较为仓促,可能存在疏漏与不妥之处,恳请广大读者不吝赐教,我们将虚心听取意见,及时更正。

目 录

第一章　OPPO广东移动通信有限公司 …………………………… 1
　1　领导 ………………………………………………………………… 1
　2　质量 ………………………………………………………………… 23
　3　创新 ………………………………………………………………… 65
　4　品牌 ………………………………………………………………… 88
　5　效益 ………………………………………………………………… 102

第二章　优利德科技（中国）股份有限公司 ……………………… 103
　1　领导 ………………………………………………………………… 103
　2　质量 ………………………………………………………………… 122
　3　创新 ………………………………………………………………… 141
　4　品牌 ………………………………………………………………… 158
　5　效益 ………………………………………………………………… 168

第三章　广东通莞科技股份有限公司 ……………………………… 169
　1　领导 ………………………………………………………………… 169
　2　质量 ………………………………………………………………… 184
　3　创新 ………………………………………………………………… 200
　4　品牌 ………………………………………………………………… 210
　5　效益 ………………………………………………………………… 218

第四章　东莞市东莞中学 …………………………………………… 219
　1　领导 ………………………………………………………………… 219
　2　质量 ………………………………………………………………… 225
　3　创新 ………………………………………………………………… 238
　4　品牌 ………………………………………………………………… 247
　5　效益 ………………………………………………………………… 256

第五章　质量奖评审准则参考···257
　1　类别设置··257
　2　核心指标··258
　3　否决事项··260
　附录　评价指标简表···260

第一章　OPPO 广东移动通信有限公司

1　领导

1.1　企业家精神

a. 弘扬"科技为人，以善天下"的企业家精神，引领组织高质量发展

OPPO 广东移动通信有限公司（以下简称 OPPO 或公司），由陈明永于 2004 年创立。在创始人陈明永"科技为人，以善天下"的企业家精神引领下，公司通过 20 多年的产品技术研究和成果积累，已经成为全球领先的智能终端制造商和移动互联网服务提供商。截至 2021 年，OPPO 业务遍及全球 50 多个国家和地区，拥有超过 28 万个销售网点和 2500 个服务中心。OPPO 是全球领先的四大智能手机品牌之一，也是中国智能手机市场的头部品牌。2021 年，OPPO 全球手机出货量达 2.1 亿台，同比增长 30%，远超行业平均水平。OPPO 创始人弘扬企业家精神的做法如表 1.1-1 所示。

表 1.1-1　OPPO 创始人弘扬企业家精神的做法

角色	做法
开拓者	陈明永不忘初心，坚持创业创新。公司在发展过程中经历四次转型，跨越播放器、功能机、智能终端、万物互融四个时代。2009 年，公司开拓海外市场，坚持国际化发展，实现三年跃升一个台阶。截至 2021 年，公司业务覆盖全球 50 多个国家和地区，在全球市场排名第三
创新者	在 OPPO 创立之初，陈明永就提出实行全员持股方式，让员工和公司共享利益，这一理念在当时领先于大多数企业。公司在发展过程中历经多次产品创新，帮助用户享受智美生活

角色	做法
服务者	陈明永提出"用户导向",这是OPPO的核心价值观之一。OPPO一直致力于为全球用户提供科技创新产品,坚持从用户的角度设计产品、提供服务,一切以用户价值为出发点
合作者	陈明永多次在公司重要会议中讲到"OPPO坚持先利他再利己,持续关注用户、员工、商业伙伴、股东以及其他相关方的利益"。对于商业伙伴,OPPO致力于提供公平合理、对等互利的合作平台。对于供应端,OPPO引领行业产业链发展,截至2021年,带动广东省内273家供应商共同发展;对于销售端,OPPO与经销商基于本分价值观开展合作,截至2021年,在全国建设16万余家门店,促进三、四线城市居民享受高科技产品
学习者	陈明永坚持以开放的心态,吸收业界的先进管理经验,同时积极营造组织学习和员工学习的氛围。公司充分利用外部资源,与麦肯锡咨询公司、IBM咨询公司、波士顿咨询公司、《中国培训》杂志社等多家机构建立长期的人才培养合作关系。陈明永发起CEO助理学习班,让一群有想法、有追求的年轻OPPOer,走近公司核心业务,在其亲自点拨下,观察、思考、探究事物本质,练就出色的全局意识和洞察力

OPPO 发展历程如图 1.1-1 所示。

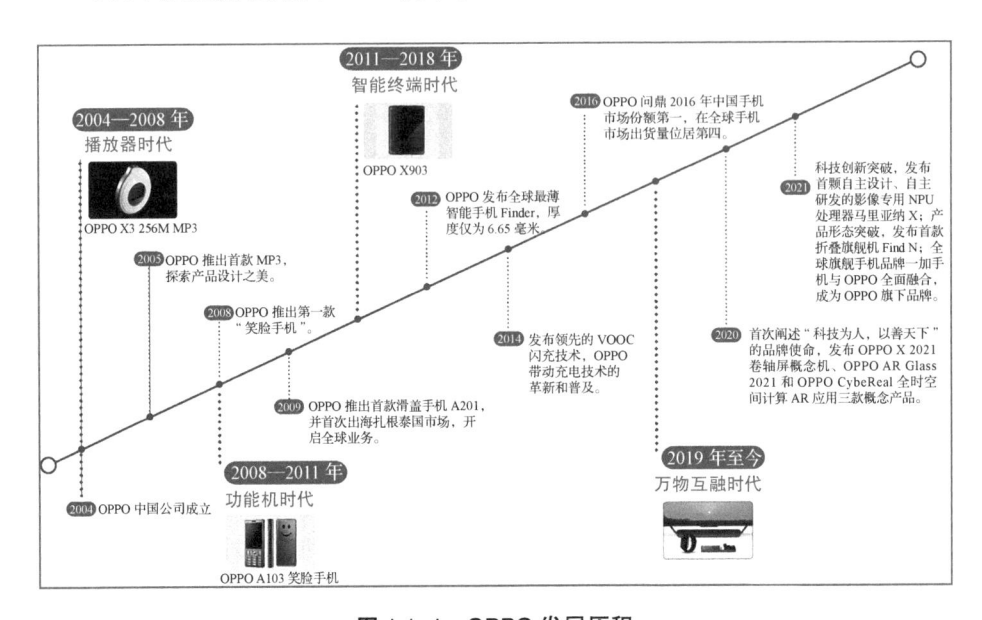

图 1.1-1 OPPO 发展历程

在 2021 年 OPPO 未来科技大会上,OPPO 秉承"科技为人,以善天下"的使命,发布新的品牌主张——"微笑前行"。"微笑前行"源于 OPPO 的本分价值观：坚持做正确的事情，对的路就不怕远，不怕难。OPPO希望以一个新的面貌，与全球用户交流，希望通过科技创新，推动行业与社会发展，与所有"爬坡者"共同"微笑前行"。OPPO坚信无论面对怎样的困难，只要前行，就能解决问题。

b. 增强爱国情怀

OPPO创始人陈明永热爱祖国、遵纪守法，带领公司奋力拼搏、争创一流，促进国家繁荣、民族兴盛，并承担社会责任，主动抗击新冠疫情、扶贫救灾，为国担当，为国分忧（见表1.1-2）。

表1.1-2 OPPO增强爱国情怀的做法

做法	具体内容
热爱祖国，遵纪守法	在东莞、重庆设有五大智能制造中心，在深圳、东莞、西安、成都、上海、武汉均设有研发中心，创造近3万个就业岗位。2019—2021年依法纳税71亿元，出口创汇301亿美元，带动中国手机产业链的持续发展，产生巨大的实体经济价值，实现供应链国产化率近80%。同时，积极贯彻国家政策要求，构建QEHS管理体系，实现全年零环保及生产安全事故
带领公司奋力拼搏、争创一流，促进国家繁荣、民族兴盛	积极响应国家"十四五"规划，秉承"科技为人，以善天下"的使命，造福人民与社会。连续多年投入巨大的人力、资金开展研发工作，截至2021年已有超过1万名研发人员，深入布局5G、AI、大数据、芯片等前沿领域。截至2021年，已在全球40多个国家和地区进行专利布局，全球专利申请量超过75000件，发明专利申请占比达90%，全球专利授权量超过34000件
承担社会责任，主动抗击新冠疫情、扶贫救灾，为国担当，为国分忧	一直积极承担和履行社会责任。2020年，向武汉市慈善总会捐款3000万元，荣获"东莞市抗击新冠疫情先进集体"称号和广东省工商业联合会（总商会）授予的"广东省抗击新冠疫情重要贡献民营企业"称号。2021年，向西安市捐赠1000万元，用于采购抗疫物资。2021年，河南省和山西省遭遇暴雨洪灾，OPPO分别捐赠5000万元和1000万元，用于采购生活、防汛物资，以及灾后重建。此外，OPPO还发起以"共走扶贫路"为主题的助农活动、关爱听障人士的"城市发声人"项目等多项公益活动

c. 在更高水平的对外开放中实现更好发展，促进国内国际双循环

在深耕中国市场的同时，OPPO通过循序渐进的发展策略扎实拓展海外

市场。OPPO 在创新、设计、品牌建设、用户服务上不断投入，并以"品牌国际化，运营本地化"（Glocalization）策略指导海外市场发展。OPPO 在更高水平的对外开放中实现更好发展，促进国内国际双循环的做法如表 1.1-3 所示。

表 1.1-3　OPPO 在更高水平的对外开放中实现更好发展，促进国内国际双循环的做法

做法	具体内容
积极开拓、布局国际市场	自 2009 年开启海外市场业务以来，OPPO 手机业务已覆盖东南亚、南亚、中东、非洲、大洋洲、欧洲等地区。OPPO 根据地域、经济、文化等不同因素，将海外市场分为八大战区，并依据当地不同的市场状况确定战略路径，收集当地市场与顾客需求信息，开发适应当地需求的产品和服务，以获得长期发展。 加强与全球重要运营商的合作是 OPPO 拓展海外市场、深入本地化运营、建立全球化品牌的重要方式之一。截至 2021 年，OPPO 已与全球 40 余家运营商开展 5G 合作。同时，公司在印度、印度尼西亚、孟加拉国、阿尔及利亚、巴基斯坦、土耳其等地建立起海外智能制造中心，确保满足全球供应链需求，为全球用户提供快速、准确的高质量产品交付
贸易合规，应对海外风险	随着国际局势与市场环境的急剧变化，OPPO 面临着越来越复杂和严格的合规要求。公司发布《合规声明》，承诺始终遵守业务开展地的法律法规与市场规则，尊重商业伦理道德、宗教习俗和善良风俗，并在公司内部建立和持续完善合规管理体系，在保障出口贸易合规、数据安全与隐私保护、反垄断及反不正当竞争、地缘政治风险管理等方面持续投入资源，制定《贸易合规指南》，为公司全球化战略的稳健实施保驾护航
促进国内国际双循环	2021 年，OPPO 在全球市场获得显著增长，成为全球 TOP3 品牌，全球市场份额占比为 15.6%（含子品牌），OPPO 逐渐成为深受全球年轻人喜爱的品牌。其中，海外出货量占比为 62%，达到 1.3 亿台，实现 25% 的复合增长率，并且在印度、印度尼西亚、埃及、阿尔及利亚等国家的市场份额排名第一

1.2　组织文化

a. 确定使命、愿景和价值观，有效贯彻落实到利益相关方

OPPO 经过多年发展，逐步形成以"本分"为核心的企业文化。公司高层始终践行本分文化，肩负"科技为人，以善天下"的使命，带领全体员工努力实现"成为更健康、更长久的企业"的愿景，并将本分文化传递到员工、顾客、供方、社会和股东。

在公司创立之初，创始团队就明确三个核心原则：一是做更健康、更长久的企业；二是坚持打造伟大产品；三是坚持做正确的事情。这三个核心原则作为整个团队的 DNA，经过 OPPO 起步期、转型变革期、业务井喷期、战略转型期等不同的阶段，一直传承下来，逐步形成如今 OPPO 的本分文化体系。OPPO 企业文化发展历程和确定方法如图 1.2-1 所示。

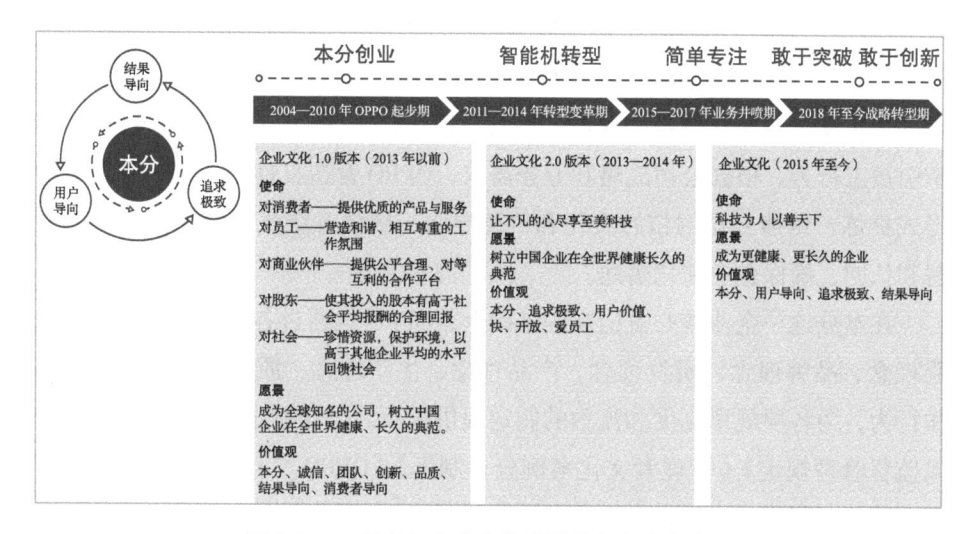

图 1.2-1　OPPO 企业文化发展历程和确定方法

2004—2010 年是 OPPO 的起步期。这一阶段，公司明确了业务和商业模式，通过追求极致、打造伟大产品获得市场认可。公司从消费者、员工、商业伙伴、股东、社会五个方面，对公司存在的价值和意义给出答案，这是企业文化 1.0 版本。

2011—2014 年是 OPPO 的转型变革期。这一阶段，公司拥抱智能机与互联网变革，以 CEO 为首的管理团队号召全体员工对价值观进行讨论。公司发起文化升级专项，组织全员万人大讨论，围绕价值观研讨的访谈覆盖上千人次，输出企业文化 2.0 版本。

2015 年至今的企业文化版本，是 OPPO 在业务发展中不断沉淀的结果。2020 年，配合公司品牌升级进程中对品牌信仰、品牌理念的深入植入，公司 CEO 与高管层通过战略研讨会、文化务虚会等进行多次讨论和打磨，将公司使命正式刷新为"科技为人，以善天下"。

OPPO 的使命、愿景、价值观如表 1.2-1 所示。

表 1.2-1 OPPO 的使命、愿景、价值观

核心理念	内容
使命	科技为人，以善天下
愿景	成为更健康、更长久的企业
价值观	本分价值观：本分、用户导向、追求极致、结果导向

在企业文化的沟通和传递过程中，OPPO 强调"知行合一"，专设企业文化部，负责企业文化体系的建设、运营与优化，并将企业文化与制度相结合，牵引员工行为。根据公司战略和业务需求，OPPO 营造良性的氛围，采用多种形式提炼、传播公司的核心文化和价值导向，增强各级员工对企业文化的理解和认同，确保企业文化落地。

在本分这一企业核心价值观的基础上，OPPO 也通过各模块研讨，形成销服理念、品牌理念、研发理念、产品理念、生产理念、质量理念等，指导工作行为，为各项规章制度和流程的制定提供框架。公司制定了《OPPO 干部作风监督管理规定》《管理者文化案例分享制度》《OPPO 文化传承官管理制度》等多项管理制度，确保企业文化有效践行。

OPPO 的本分价值观体系如图 1.2-2 所示。

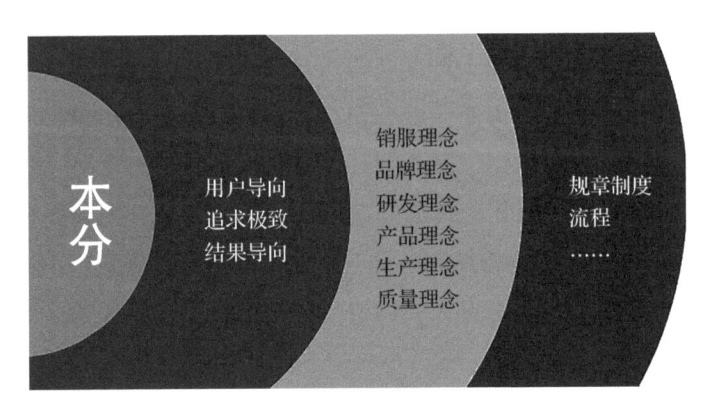

图 1.2-2 OPPO 的本分价值观体系

为保障企业文化有效落地，公司通过多种方式在内部进行企业文化的传递和沟通，并通过品牌建设等各项活动向外传递本分价值观。公司高层领导以身作则，把本分价值观作为自身行为准则，并开设"思享家"平台，结合业务宣导企业文化理念。OPPO 的企业文化传递方式如表 1.2-2 所示。

表 1.2-2　OPPO 的企业文化传递方式

对象	传递方式
员工	初心学堂、文化传承官、CEO 饭圈、文化案例分享、文化培训、司庆日活动、文化宣导等
顾客	代理商大会、产品发布会、未来科技大会、品牌宣传等
供方	供应商大会、供方拜访交流、ODC 开发者大会、品牌宣传等
社会	产品发布会、未来科技大会、品牌宣传等
股东	股东大会

b. 建立以质量为核心的组织文化，并以其自身言行展现质量承诺

基于本分价值观，公司质量部收集高层领导在近年来的讲话，对高管进行访谈，然后通过研讨梳理出 OPPO 的质量理念，一一加以诠释，总结成功经验，形成 23 条质量原则，用于指导日常工作。OPPO 的质量理念及诠释如图 1.2-3 所示。

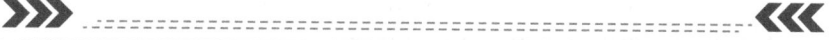

01　质量是企业健康长久发展的基石
诠释 1：质量要高标准、严要求，第一代产品就要朝着行业最佳的目标去做，我们的品牌必须是高质量的象征。
诠释 2：质量是尊严，做不好是耻辱，要把质量放在首位，保证一代比一代好。质量是正负号，质量不好，产品卖得越多，死得越快。

02　质量不仅是退维，更是用户体验
诠释：质量不是冷冰冰的数据，而是要求我们以用户为中心，提供完全满足用户需求的产品和服务。用户体验包含退维，高于退维，退维仅是必备质量。

03　质量是系统工程，是一把手工程
诠释：最高管理者应证实其对质量管理的领导作用和承诺，端到端管理好每个环节的质量。

04　预防为主，质量是设计出来的
诠释 1：质量最重要的是预防，越早发现并解决质量问题，代价越小。防的规范要不断转化为预的能力，一次做对，次次做对。
诠释 2：尊重专业，回归技术，对管理和技术的客观规律怀有敬畏之心。

05　快速解决问题，追根溯源，不二过
诠释：要有解决问题的信心和勇气，追根究底，一定要找到根因，并从技术和管理上彻底解决，打通闭环，形成最佳实践，问题不重犯。

图 1.2-3　OPPO 的质量理念及诠释

公司成立用户满意与质量管理委员会（USQC），由COO担任主任，各系统高管担任委员，作为公司质量管理领域的领导决策机构，并根据公司产品和服务的不同，设立五大分委会，强化各经营线"质量是一把手工程"的理念要求，持续优化公司用户满意与质量管理的分层级决策、管理组织及机制。

公司用户满意与质量管理委员会每个季度召开质量检讨会，每年召开公司年度质量大会，发布年度质量目标，高管签署质量军令状，实施季度检讨与年度复盘，确保质量目标达成，并依据《质量激励问责制度》实施激励与问责。

c. 对组织文化的建设进行评估并持续改善

根据每年的企业文化工作全景图，公司企业文化部及各系统企业文化经理共同推进企业文化落地，定期对企业文化工作的完成情况进行测量与评估，检视管理者和员工对企业文化知晓、认同、践行的程度。

针对管理者，公司制定企业文化案例分享指标，开展360度企业文化价值观考核，输出报告，并要求管理者在述职时对待改善项进行反思。同时，通过问卷调查等方式收集对各项企业文化传播工作的反馈，如针对企业文化培训和传承官分享收集学员满意度信息及反馈意见。

在测量评估的基础上，企业文化团队在各个工作领域中不断改善，提升员工对企业文化的知晓与认同程度，如上线动画课程，创新线下学习与互动方式，组织《初心》纪录片观影活动，建立微信公众号OPPOstory、小欧头条、文化微电影等更有吸引力和传播度的IP、渠道和内容载体等。

同时，公司基于未来战略要求和经营管理中发现的问题，对企业文化价值观的内涵不定期发起研讨和更新。2021年，公司在顶层设计项目中增设"文化升级"主题，邀请华夏基石咨询顾问，引导公司管理层总结和提炼面向未来的管理纲领，促使员工对企业文化的更新进行新一轮的研讨与思考。

OPPO创立至今，已形成独特的本分文化体系，并通过高层的身体力行、全面的传播与多样化的活动、完备的企业文化制度将企业文化理念落实到员工行为，推动公司获得行业和消费者的认可，朝着更健康、更长久的方向发展。

1.3 战略管理

a. 进行战略管理，包括质量战略管理、品牌战略管理等

在使命、愿景和价值观的牵引下，公司按照 DSTE 流程，制定公司中长期战略规划，根据战略目标确定年度经营计划、关键措施和经营目标，全年进行闭环的战略执行、监控和管理，保证公司及各系统中长期战略目标与年度计划资源预算的一致性，并管理公司及产业的投资组合，建立稳定和可持续发展的业务，支撑公司战略目标的实现。

1. 公司战略管理

公司在战略制定中引入 BLM 方法论，并根据 OPPO 的特点进行细化和调整，强化愿景驱动的洞察和应用，核心能力的识别、对标和建设，主要分为市场洞察、战略意图、业务设计、差距分析四个部分，如图 1.3-1 所示。

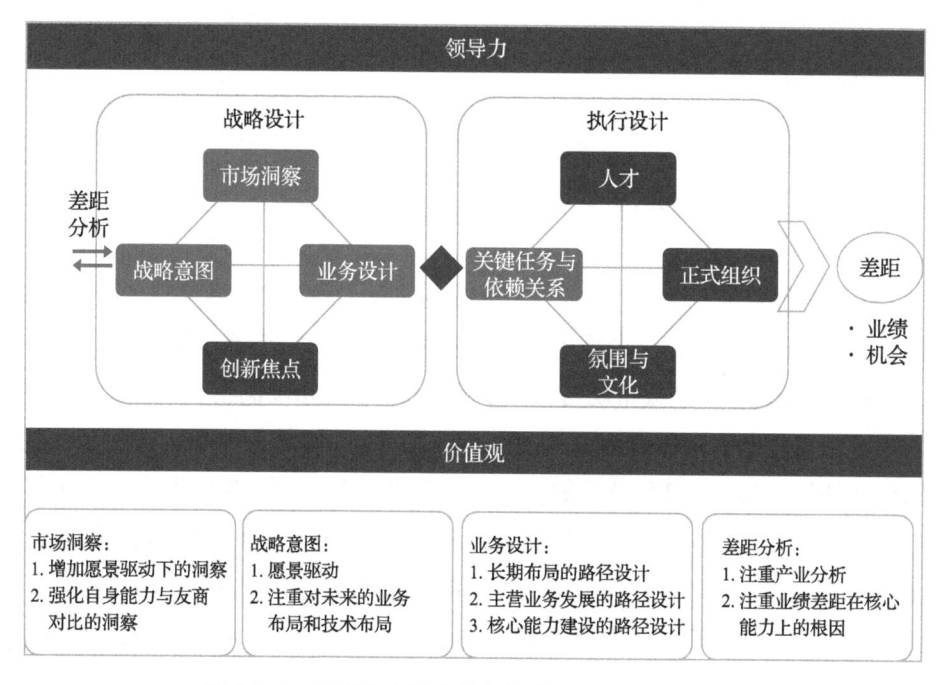

图 1.3-1 OPPO 在战略制定中对 BLM 方法论的应用

OPPO 的战略管理组织架构如图 1.3-2 所示。战略规划由公司战略规划部门牵头，各系统业务人员充分参与、一起研讨、协力共创，并在关键

节点实施评审，由公司决策委员会输出高层战略意图，不断优化，达成共识。

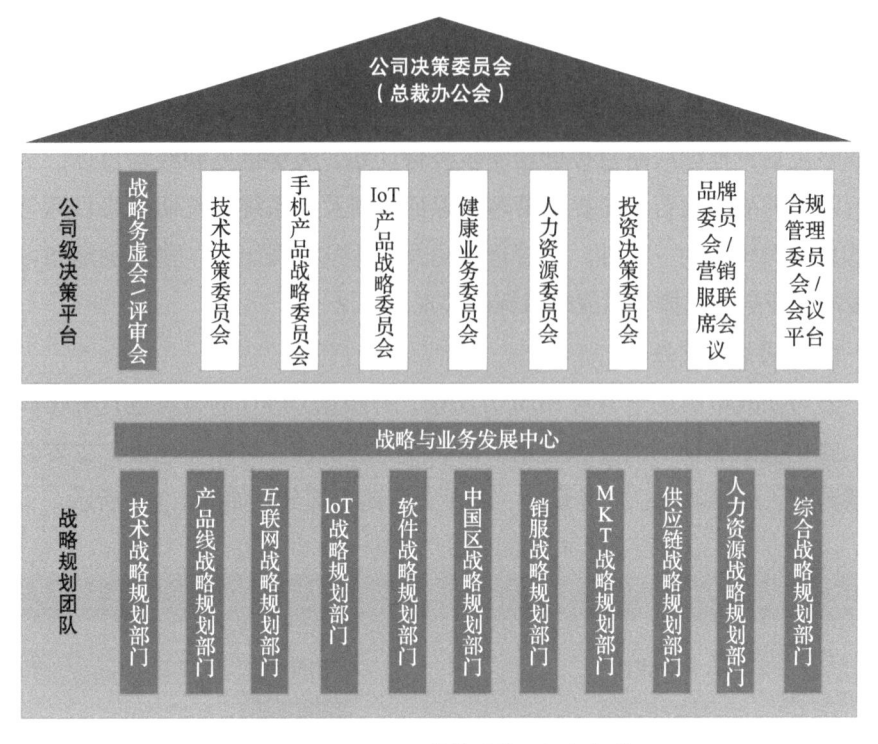

图 1.3-2 OPPO 的战略管理组织架构

公司在战略制定中区分中长期战略规划（SP）和年度经营计划（BP）。根据科技行业的发展特点，公司中长期战略规划的周期为 5 年，每年 5 月启动，9 月交付。制定中长期战略规划时，涉及复盘分析、市场洞察、职能战略意图确定、创新焦点确定、战略制定、关键任务制定、组织人才和文化配套以及归档文件的编制。年度经营计划承接中长期战略规划，每年 10 月启动，次年 1 月交付，与年度财务预算保持一致。编制年度经营计划时，由公司决策委员会、战略、运营、财务、人力资源、业务等多方参与，其内容包括关键财务指标、收入成本预算、人力预算等，从而使公司中长期战略规划与日常经营高度耦合，确保公司战略的落地与闭环。

公司主要通过月度、季度经营检讨和半年度绩效评估对战略规划的执行情况进行持续的过程监控、分析评价、风险预警和资源配置调整。财务、战略及运营部门根据行业发展、竞争态势和客户需求变化，推演和预测公司未来的绩效表现，开展与对手、标杆的对比分析，并根据预测结果刷新公司的战略目标，及时优化业务举措，促使公司战略实现和组织能力提升。

2. 公司质量战略管理

公司用户满意与质量管理委员会作为公司质量领域的最高决策机构，发布公司质量方针、目标、战略，将质量要求纳入公司业务战略。各用户满意与质量管理委员会分委会于每年第三季度实施年度质量复盘与中长期规划滚动刷新，实现质量规划与业务战略目标对齐，支撑业务战略。

质量战略的执行依托年度质量重点工作规划予以落实。该规划于每年第四季度制定，并纳入业务系统的业务计划，为业务战略的达成提供有力支撑。重点工作执行情况接受月度检视与健康度监测，各分委会依照既定标准实施验收、开展检讨与复盘工作。

3. 公司品牌战略管理

OPPO 设有品牌管理委员会，作为公司品牌管理的最高管理与决策机构。在品牌管理委员会的领导下，公司品牌部组织专门的跨系统项目组制定 OPPO 品牌规划，覆盖从品牌定义到品牌表达的全触点。通过明确具体的核心承接项目，确保品牌规划真正有效实施。

OPPO 品牌建设的系统性规划如图 1.3-3 所示。

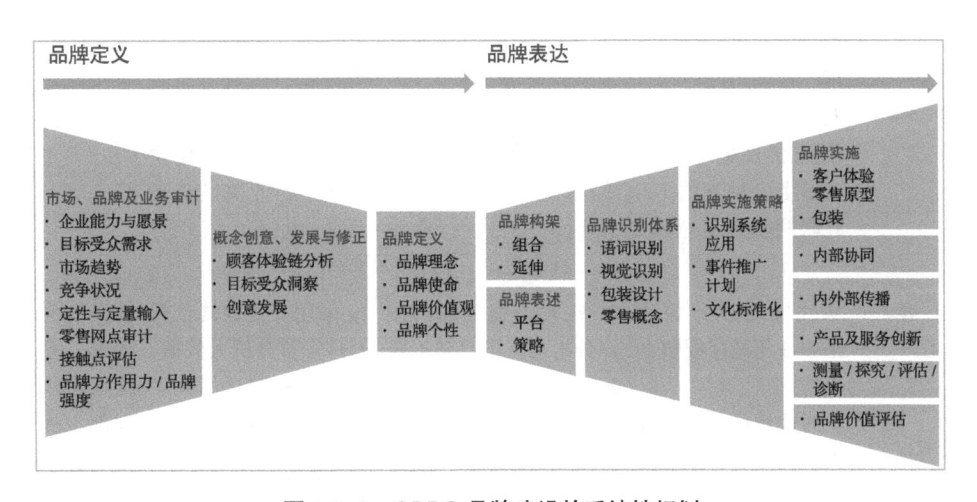

图 1.3-3 OPPO 品牌建设的系统性规划

b. 制定战略目标并分解到组织的各个层次,同时建立绩效监测、分析、评价与改进体系,确保战略目标达成

1. 战略信息收集和战略分析

根据 BLM 方法论,公司通过"五看"(看宏观/环境、看行业、看客户/用户、看竞争、看自己)全面收集战略信息,为战略分析及战略制定提供事实依据。OPPO 的战略信息收集与分析方法如表 1.3-1 所示。

表 1.3-1 OPPO 的战略信息收集与分析方法

维度	关键信息类别	信息来源	分析工具及方法	责任部门
看宏观/环境	内容维度: 以政治、经济、社会、技术为主,涵盖环境、法律法规等方面 区域维度: 以中国、美国为主,重点包括印度、东南亚、欧洲、拉丁美洲等业务覆盖区域	1. 各国政府部门发布的数据及报告 2. 合作高校、智库、独立顾问等 3. 国际货币基金组织、世界银行、主流金融机构等权威机构的数据及报告 4. 行业协会、媒体等	1. 工具:Wind 数据库、Thomson Reuters Eikon 软件 2. 方法:PESTEL 分析、各类经济学分析框架与模型	战略洞察部
看行业	硬件业务: 手机、IoT 业务,包括产业角度、行业角度、市场角度 互联网业务: 依托硬件的增值服务业务、独立的 ToC 互联网业务	1. 第三方研究机构的数据及报告 2. 证券公司的行业深度研究报告 3. 上市公司年报 4. 高校学者、行业专家的深度研究课题 5. 行业协会、行业论坛、行业交流、刊物	1. 工具:Wind 数据库、GFK 数据分析 2. 方法:行业发展趋势分析、产业链与利润区分析、价值曲线分析、波特五力模型分析、行业关键成功要素分析	战略洞察部、战略规划部、系统战略规划部
看客户/用户	从代际维度分析未来 3~5 年的主要机会人群 从时代维度分析主要人群的经历,推导消费心理 从社会/文化趋势分类分析看大时代背景	1. 各大咨询公司的用户分析与人群趋势报告 2. 国家统计局人口相关资料、联合国人口调查相关数据等权威数据 3. 证券公司中有关消费者的相关研报 4. 公司内部消费者调查报告	1. 采用专业数据分析软件定量分析大数据,如利用 SPSS 的时间序列分析和预测人口发展趋势 2. 定性资料分析法	消费者洞察部、系统战略规划部、战略规划部

续表

维度	关键信息类别	信息来源	分析工具及方法	责任部门
看竞争	友商商业竞争维度：苹果、三星、华为、小米、vivo、谷歌 竞品产品竞争维度：手机、移动互联网、IoT	1. 第三方研究机构的数据及报告 2. 证券公司的行业深度研究报告 3. 上市公司年报 4. 公司官网、行业测评 5. 行业专家调研 6. 消费者调研	1. 友商行业关键成功要素对比 2. $APPEALS 分析 3. 优劣势分析 4. 定性分析，寻找业务机会与竞争机会	战略洞察部、战略规划部、系统战略规划部
看自己	自身能力：七项业务能力、四项管理能力 标杆借鉴：苹果、华为、三星、小米	1. 各相关部门的整理汇总 2. 内部信息系统、报表、会议纪要 3. 内部讨论和访谈 4. 差距分析	1. 业务能力分析、管理能力分析 2. 竞争对手及标杆对比分析 3. 内部资源分析	战略规划部、系统战略规划部

2. 市场洞察

公司通过市场洞察对面临的内外部经营环境进行定性和定量评估，发现支撑公司未来发展的机会，规避经营风险，验证战略目标的合理性，并从宏观环境、手机、IoT 和互联网四个维度进行深度分析，挖掘足够多的新机会来支撑战略目标的实现。OPPO 的市场洞察结论如表 1.3-2 所示。

表 1.3-2 OPPO 的市场洞察结论

维度	洞察结论
宏观环境	1. 中国经济趋势：碳中和、共同富裕和数字经济带来新机会 2. 政治/政策趋势：海外关注供应链安全、关键技术安全、资产安全这三大安全；国内关注行业信号事件 3. 行业发展趋势：在国内政治和经济环境下，应积极切入出行、健康领域，稳健布局消费电子与金融领域
手机	市场格局面临重塑，已进入决定 OPPO 行业新地位的关键时期，应为公司发展积淀厚度
IoT	在万物互融时代，连接无处不在，应以全场景视角进行布局，发展新赛道，构筑新时期的竞争壁垒，延伸和打破边界
互联网	关注用户体验和伙伴需求，以技术驱动服务升级，着眼于长期价值，围绕智能硬件和精品内容，构建万物互融时代下的高品质服务

3. 差距分析

差距分析是从宏观到微观、从外部到内部进行检视的过程，是对业绩差距和能力差距的综合分析。面对市场竞争环境、用户需求和万物互融时代的变化趋势，公司充分审视与行业标杆的业绩差距和能力差距，得出差距分析结论，如表 1.3-3 所示。

表 1.3-3　OPPO 的差距分析结论

维度	分析结论
产业布局	公司所处产业的高价值区域在微笑曲线的两端，标杆企业都选择向价值链的高价值方向转移，OPPO 需明确未来的核心价值区域
产品模式	从价值创造能力和价值获取能力这两个维度来看，OPPO 的产品驱动型模式有必要通过强化场景服务以及利用平台赋能的方式，逐步转型为生态型模式
业务布局	在业务布局方面，公司的主航道业务有规模，但需要补充增量来源；新业务处于探索阶段；品牌/营销、渠道/零售、产品解决方案等业务能力需要持续增强

4. 战略意图、目标及业务设计

公司从使命、愿景、价值观出发，明确战略定位，针对在市场洞察中识别的机会点，结合自身能力与差距分析，确定达成战略目标的成功路径。在万物互融时代背景下，公司的战略定位是致力于成为以打造伟大产品为基石的生态型科技公司，为全球用户提供美好的智慧生活。2025 年，公司的战略目标是成为全球 Top 2 的智能手机厂商，成为万物互融时代的中坚力量。

5. 对战略目标进行分解、监测、分析、评价与改进

为确保公司战略的落地与经营目标的达成，公司构建了完善的绩效测量、分析与改进体系，包括绩效测量、绩效分析和评价、绩效改进、改进与创新四个方面，并通过绩效测量 IT 系统进行自动化、智能化管理（见图 1.3-4）。

通过全价值链与流程梳理，公司制定了公司级、部门级以及关键岗位级的《指标字典》，每年年底制定次年的 KPI 目标，各层级逐层承接，并分别选择 5~10 项核心指标作为年度考核 KPI，确保部门与公司层面战略目标的一致性。同时，为了促进精细化管理与效率提升，公司在营销、舆情、供应链、财务、人力、用户等领域建设并上线大数据智能分析与展示系统，实现运营可视化，通过数据实时传递、实时预警，实现指标分析及决策场景落地，实时反映公司的运行状态，支持绩效测量和经营决策。

OPPO 绩效测量、分析与改进体系

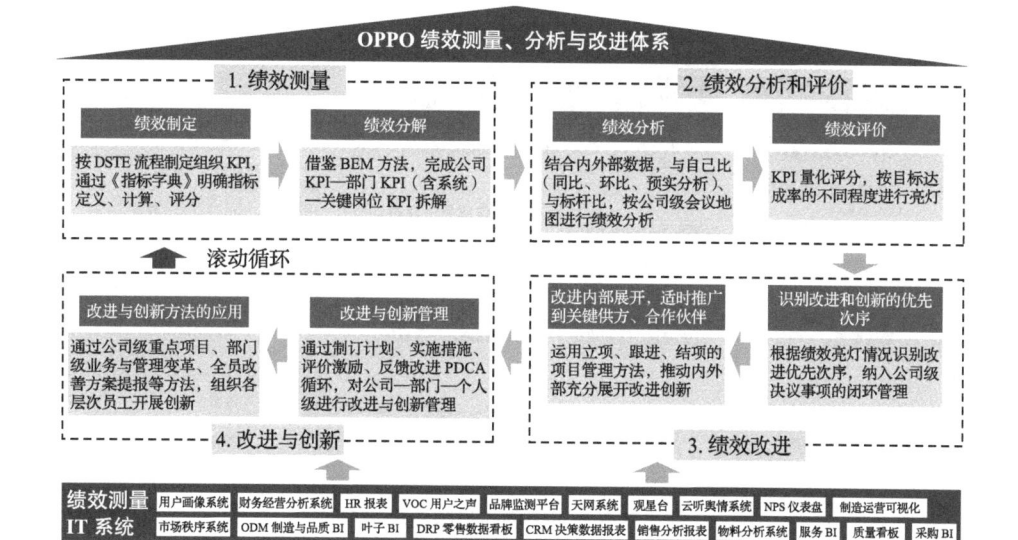

1. 绩效测量
- **绩效制定**：按 DSTE 流程制定组织 KPI，通过《指标字典》明确指标定义、计算、评分
- **绩效分解**：借鉴 BEM 方法，完成公司 KPI—部门 KPI（含系统）—关键岗位 KPI 拆解

2. 绩效分析和评价
- **绩效分析**：结合内外部数据，与自己比（同比、环比、预实对比）、与标杆比，按公司级会议地图进行绩效分析
- **绩效评价**：KPI 量化评分，按目标达成率的不同程度进行亮灯

滚动循环

4. 改进与创新
- **改进与创新方法的应用**：通过公司级重点项目、部门级业务与管理变革、全员改善方案提报等方法，组织各层次员工开展创新
- **改进与创新管理**：通过制订计划、实施措施、评价激励、反馈改进 PDCA 循环，对公司—部门—个人级进行改进与创新管理

3. 绩效改进
- **改进内部展开，适时推广到关键供方、合作伙伴**：运用立项、跟进、结项的项目管理方法，推动内外部充分展开改进创新
- **识别改进和创新的优先次序**：根据绩效亮灯情况识别改进优先次序，纳入公司级决议事项的闭环管理

绩效测量 IT 系统：用户画像系统 | 财务经营分析系统 | HR 报表 | VOC 用户之声 | 品牌监测平台 | 天网系统 | 观星台 | 云听舆情系统 | NPS 仪表盘 | 制造运营可视化 | 市场秩序系统 | ODM 制造与品质 BI | 叶子 BI | DRP 零售数据看板 | CRM 决策数据报表 | 销售分析报表 | 物料分析系统 | 服务 BI | 质量看板 | 采购 BI

图 1.3-4 OPPO 绩效测量、分析与改进体系

公司通过检讨会议地图将绩效分析与检讨机制、平台予以固化，结合内外部数据，对各项指标进行检讨，方便管理者快速发现问题，按战略、市场、技术、质量、成本、组织、人才等优先次序制定纠偏、改进策略，实施过程考核与闭环管理。

c. 识别创新机会并应用到战略制定或调整中

OPPO 倡导 "All for one，一切以用户体验为中心"，为用户提供美好的智慧生活体验。公司通过对万物互融时代消费者生活方式及需求趋势的把握，预见未来的智慧生活全场景，并结合市场洞察、差距分析及战略意图的深入解析，识别出重要的创新机会，提前进行战略布局，制定出不同成熟度的战略业务组合（见图 1.3-5）。其中，H3 探索业务和 H4 孵化业务均是保障公司健康长久发展的创新业务，并匹配相应的弹性资源投入。

整体来说，公司在 "3+N+X" 科技跃迁战略的牵引下，通过技术创新，积极布局多元终端品类，强化服务生态，与合作伙伴及开发者一起，围绕"智慧健康、智慧生产、智慧学习、智慧文娱"四大智慧主题，为用户创造智慧生活解决方案。

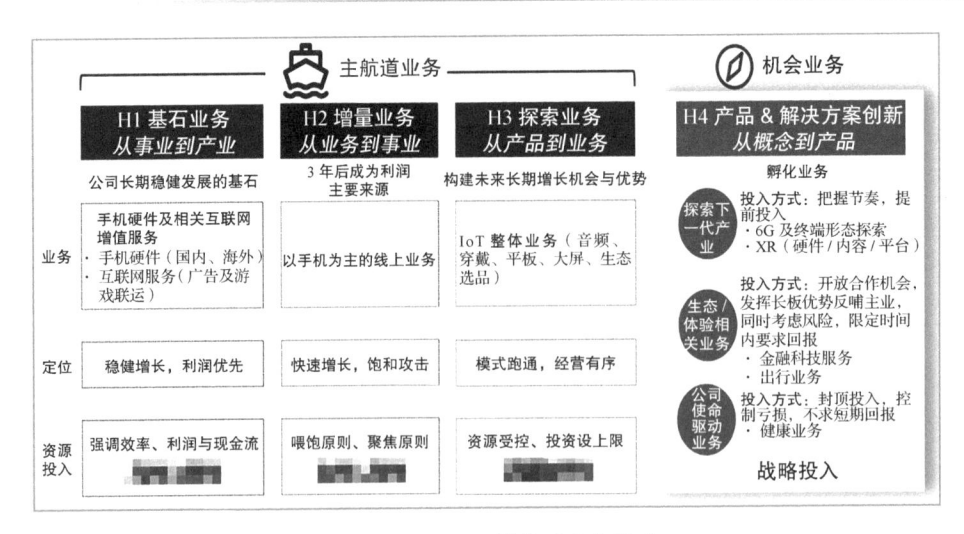

图 1.3-5　OPPO 的战略业务组合

1.4　组织治理

a. 进行组织架构设计和治理系统建设，激发组织活力

通过总结过往经营管理的得失，公司明确三大组织管理原则，即战略导向、权责明确、精简高效（见表 1.4-1），制定《OPPO 组织架构管理制度》，合理设计各级组织架构，助推组织目标实现，提升组织效能。

表 1.4-1　OPPO 的组织管理原则

组织管理原则	原则描述
战略导向原则	组织应作为实现公司战略的载体，有效支撑公司的战略和业务策略，确保与公司的商业模式及业务发展节奏相匹配
权责明确原则	组织功能定位清晰，职责明确，无重叠、缺失，避免无人负责或多头混乱指挥
精简高效原则	基于扁平化管理的导向，合理设置组织层级，避免组织臃肿，提高组织协同水平，确保组织运作高效、敏捷

基于公司战略与业务匹配度、组织规范性、资源配置、运营效率、客户关系以及运作风险等多维度评估标准，OPPO 的管理体系被划分为战略决策层、业务职能层和管理职能层。在经营单元层面，OPPO 采用产品事业部模

式,该模式贯穿产品规划、开发实现及营销推广等各个环节,确保在产品维度上形成闭环运营。而在总部管理层面,COO系统平台发挥着核心作用,它从战略规划、运营指导、法务合规以及流程与IT支持等多个方面提供引领和支持,同时监控公司整体经营状况,以保障战略目标的顺利实现。

公司的最高决策机构是决策委员会,成员由CEO、SVP、VP等组成,负责公司中长期战略、资源配置及当期经营目标达成等相关事项的决策。此外,公司还成立了九大管理委员会,作为各领域的最高决策机构,以降低公司的管理成本,促进公司工作系统的精简高效。OPPO各管理委员会的职责分配如表1.4-2所示。

表1.4-2 OPPO各管理委员会的职责分配

管理责任	委员会名称	委员会主任	职责内容	管理部门
经营责任	决策委员会	CEO	负责公司中长期战略、资源配置及当期经营目标达成等相关事项的决策	运营部
	人力资源委员会	CEO	负责公司人力资源战略、组织架构等相关事项的决策	HR战略与平台服务部
	产品决策委员会	CPO	负责产品项目的投资决策,对产品的商业成功负责	产品线质量与运营部
	技术决策委员会	CTO	负责公司技术方向的选择、技术能力的积累、技术项目的决策	CTO办公室
	品牌管理委员会	QMO	负责品牌业务,确保运作规范、决策高效,在全球范围内建立清晰一致的品牌形象	品牌部
	投资决策委员会	CEO	负责公司重大投资项目的决策	审计监察部
	用户满意与质量管理委员会	COO	负责公司质量方针、质量战略、质量改进目标和质量问题等的决策	用户满意与质量部
道德责任	廉洁监察委员会	SVP	负责构建公司的廉洁管理体系,维护公司正常的经营管理秩序,促进员工廉洁自律	业务审计部
法律责任	合规与风险管理委员会	COO	负责公司合规与风险管理事项的决策	法律事务部
	安全合规委员会	COO	负责公司产品与服务的安全合规管理	用户满意与质量部

b. 对组织的领导和治理机构成员的绩效及合规性进行评价，使其为决策和活动的影响承担责任

OPPO 决策委员会、人力资源委员会负责统筹高层领导及治理机构成员的绩效评价。按照《OPPO 干部绩效考评制度》，公司管理职级分为四个层级，并从业务、团队管理和文化价值观三大维度实施年度绩效评价（见表1.4-3），其结果应用于管理者的任命与晋升、调整与优化、薪酬和奖金等多个方面，对于不合格的干部强制实施相应举措，贯彻执行"能上能下"的机制。

表 1.4-3　OPPO 各管理层级的考核评价维度

评价维度	评价内容	M1	M2	M3	M4（LB）	M4（LF）
业务	组织 KPI：基于组织的核心职责，以及承接公司或上级组织的目标等，是用于衡量组织完成结果的关键指标	80%	50%	40%	40%	30%
	重点工作：从战略规划中解码的关键任务，支撑战略达成的优先工作		20%	20%	10%	20%
团队管理	1. 平衡计分卡中涉及团队管理的相关内容 2. 基于干部角色的要求，在组织、人才和文化等方面的相应内容	20%	30%	40%	50%	50%
文化价值观	对核心文化价值观的践行	单独评价（合格/不合格），不计分				

公司设立合规与风险管理委员会，建立由业务系统、合规部门、审计监察部门组成的"三道防线"。公司每年对各系统的合规建设情况实施评估，从合规运作架构、规划与推行、风险应对、内部沟通决策及合规文化建设等方面进行合规建设成熟度评价，并将合规管理事件作为扣分项纳入各级组织 KPI 管理，建立问责制度，确保相关责任人切实履责。此外，公司还设立公开的合规举报渠道，由专门的团队对举报和建议进行跟进、调查和处理。

c. 运用绩效评价结果改进自身和治理机构的有效性，促进组织发展

公司通过组织管理和发展与战略 DSTE（从战略到执行）流程的紧密结合，实现战略目标与组织资源及运行节奏的有效匹配，确保战略的顺利落地与组织的高效运作。公司每年 4 月开始进行外部洞察和组织诊断，对外实施对标研究和组织进化趋势研究，对内进行组织健康度调研，发现当前组织设置、权责、机制等方面的问题，同时匹配年度战略重点，从公司总部、业务系统层面剖析并确定年度组织优化方向，输出组织优化议题。每年 10 月开始，公司根据战略规划，制定和细化组织优化方案，保障组织调整到位，拉通人才调配、岗位设置与组织绩效，保障新组织顺畅运行。在次年战略规划实施前，公司通过对组织调整进行复盘，审视组织运行存在的问题，保障组织"诊断—优化—评价"闭环运行。

1.5 社会责任

a. 履行公共责任，包括质量安全、节能环保、资源消耗、低碳发展等方面的责任

OPPO 谋求与环境和谐发展，在取得合理利润与经济效益的前提下，积极投入先进的设备和技术，对公司运营中可能给社会造成的危害进行风险识别，严格遵照相关法律法规，采取各种有效的预防和治理措施，维护社会的公共利益。OPPO 履行公共责任的措施如表 1.5-1 所示。

表 1.5-1　OPPO 履行公共责任的措施

项目	措施
质量安全	1. 按照 TL 9000、ISO 9001、GMP、QC080000、ISO 27001、ISO 27701 等管理体系标准建立质量、有害物质、信息、隐私安全管理体系，严格遵守国家法律法规和标准 2. 按照各种产品认证要求，通过 CCC、CE、RoHS、REACH、PCI DSS 等各种认证，确保产品符合法律法规要求，为用户提供有质量、隐私安全保证的产品 3. 持续完善涵盖研发、采购、制造和服务的全面质量管理
环境保护	1. 按照 ISO 14001 标准要求建立环境管理体系，制定公司的环保方针，对环境管理体系的运行情况进行实时监控，保持体系的有效性，推动环保治理工作持续改进

续表

项目	措施
环境保护	2. 生产过程无工业废水，生活污水达标排放，点胶、固化、实验室环节产生的废气达标排放，监控厂界噪声达标排放，有毒有害废物回收处置率达到100%，工业固废交由资质单位回收处理，避免废弃物对公共卫生造成影响 3. 将环保与可持续发展理念融入产品生命周期管理，最大限度地减少对环境的影响和破坏，在产品设计过程中尽可能选用减废降耗的材料，如轻量化设计、减塑、使用可再生纤维、进行有害物质管控等，减少对环境的污染
低碳发展、能源节约	1. 积极响应CDP碳披露行动，根据ISO 14064国际标准，引入清洁生产评价体系，建立和实施温室气体数据收集与盘查机制，每年组织管理体系内审和外审，推动减少能耗和温室气体排放 2. 按照ISO 50001标准要求建立能源管理体系，严格遵守国家法律法规和标准。通过能源审计、识别节能改造的机会，制定节能目标与管理方案，有效开展节能减排活动，如采用高效集中型空压站、宿舍工程改造后采用闭式热水供应系统、自建低碳绿色数据中心、携手服务商共同推进数据中心节能改造等
资源利用	1. 建立产品回收体系，在国内外开展以旧换新业务，推动旧手机的回收和再利用，提升资源再利用率 2. 产品使用阶段采取模块化结构设计方案，提升产品的能源使用效率和耐用性，生命周期结束阶段采取整机以旧换新、零部件废弃回收等措施 3. 在制造运营阶段，建立废弃物的分类、标识、收集及处理程序，确保可回收废弃物得到再生利用，回收利用率超过90%，如公司建设并运行了实验室清洗废水回收利用系统，每年可节约250吨水
疫情防控	1. 公司建立疫情防控管理制度及应急预案 2. 研发内部健康打卡小工具，对员工健康情况进行监测，并为员工提供免费口罩

b. 建立道德规范，树立法治意识、契约精神、守约观念，建立质量诚信体系并实行产品召回制度

OPPO廉洁监察委员会对公司的道德行为整体负责，建立完善的道德行为监督体系与反贿赂管理体系，制定公司《廉洁守则》等相关制度与规范，健全监督机制，规范员工的行为并传递至相关方，将对违反道德行为的监察和处理贯穿到事前预防、事中控制、事后监督的全过程。OPPO的商业道德行为规范及措施如表1.5-2所示。

表 1.5-2　OPPO 的商业道德行为规范及措施

制度	适用对象	沟通与管控措施
《OPPO 商业行为准则》	1. 员工 2. 客户（代理商） 3. 供方	1. MO 宣传 2. 代理商大会宣讲 3. 供应商大会宣讲
《员工信息安全行为准则》	员工	1. 入职签署保密协议 2. 入职必修课程培训 3. MO 信息安全宣传、事件通报
《廉洁守则》	员工	1. 签署《廉洁从业承诺书》 2. MO 宣传、事件通报
《OPPO 供应商社会责任行为准则》	供方	1. 签署合同附件《廉洁协议》 2. OPPO 官网宣传 3. 供应商大会宣讲
《反贿赂合规手册》	员工	MO 宣传

OPPO 基于本分文化建立质量诚信体系，高层领导率先垂范，在公司倡导诚信、践行诚信。公司健全质量管理过程，从研发、采购、制造、服务方面对产品和服务实施全面质量管理及合规管理。在营销服领域，公司成立用户满意与质量管理委员会，全面保障公司营销过程中的用户满意工作，并将相关工作机制融入公司 IMS（集成营销与销售）流程中。

公司严格遵守《中华人民共和国广告法》《中华人民共和国价格法》《中华人民共和国产品质量法》《中华人民共和国消费者权益保护法》《中华人民共和国个人信息保护法》等法律法规的要求，制定《销售与服务业务合规手册》《电商业务合规手册》《代理商合规考核明细》等制度规范，确保公司及代理商在营销过程中的各项活动内容真实、合法，不存在虚假、夸大、误导消费者的问题，并在过程管控中设置相应的评审机制。同时，公司制定《品质召回处理流程》，对市场上出现安全及重大功能性问题的产品进行召回，履行企业义务，保障消费者权益。

c. 进行公益支持，参加社区活动，关爱员工，参加社会组织，发挥行业引领作用，营造重视质量、关注质量和享受质量的氛围

1. 进行公益支持，参加社区活动

公司积极关注公益领域，促进公司与社会、自然的全面和谐发展，与社会

"为善"。公司公关部门整体负责公司的各项公益支持项目，2019—2021 年在公益领域的投入超过 1.2 亿元。OPPO 主动发起的公益支持及社区活动如表 1.5-3 所示。

表 1.5-3　OPPO 主动发起的公益支持及社区活动

维度	具体内容
倡导环境保护	1. 联合美国国家地理学会，号召保护濒危野生动物，"留住消失的色彩" 2. 携手法国电信和德国电信主办第四届 CSRtech 社会责任科技创新峰会
关爱少数人群	1. 携手腾讯公益慈善基金会、北京爱的分贝公益基金会发起听障公益活动并捐款 2. 携手音书发起"城市传声人"项目 3. 联合中华少年儿童慈善救助基金会开展"留守儿童关爱计划"公益活动
助力青年赋能	与联合国开发计划署（UNDP）合作，组织青年创客挑战赛与青年创新加速营
发展人文艺术	1. 启动 Renovators 全球青年创作计划，已连续举办三届 2. 联合中国生物多样性保护与绿色发展基金会青年领袖基金发起公益拍卖，用于科技文艺复兴项目 3. 发起"民乐守艺人"活动 4. 联合巴基斯坦旅游局开展"探索巴基斯坦的面貌"主题活动
支持学习教育	1. 启动 OPPO 贝尔计划，促进全球年轻科研创新人才培养 2. 开展全球社区联动，帮助贫困学生接入线上课堂，实现教育平等惠及
防护公共卫生	OPPO 与全球社区联动，捐款并调配医疗物资，共同应对新冠疫情
支持扶贫救灾	1. 与 12306 合作，发起"共走扶贫路"助农活动，助力西部农产品销售 2. 捐款与提供救灾物资，支持河南省、山西省洪水灾区重建
开展社区活动	1. OPPO 联合国家反诈中心、微信支付，开展线下反诈活动 2. 重阳节期间，为老人分享智能手机知识，获央视、人民网等官媒点赞 3. 六一儿童节，发起"放下手机、'手'护亲情"主题活动

2. 关爱员工

OPPO 严格遵守联合国全球契约和适用的法律法规，对不同种族、民族、国籍、性别、宗教信仰等的劳动者一视同仁，切实维护员工的合法权益，并着力改善员工的工作和生活环境，提供多种福利，提升员工满意度。例如，设立员工活动中心，配备健身房、篮球场、足球场等设施，组织丰富多彩的员工活动，提供宿舍、通勤班车、食堂、五险一金及商业意外险、节假日礼品 / 礼金、免费健康体检等福利，为员工及亲属搭建就学与保险平台，并设立困难基金，为急需支援的员工提供帮助。

3. 参加社会组织，发挥行业引领作用

OPPO 积极加入全球范围内的各类行业协会及标准化组织，在相关领域开展标准制定、学术与人才交流活动和各类质量改进活动，推进科技发展、技术演进，营造全社会重视质量、关注质量、享受质量的良好氛围。OPPO 加入的社会组织如表 1.5-4 所示。

表 1.5-4　OPPO 加入的社会组织

组织名称	合作领域
电气电子工程师学会（IEEE）	2020 年 5 月，OPPO 与 IEEE 达成战略合作关系，在标准制定、学术与人才交流等方面进行合作，涉及 5G、人工智能、大数据等研究领域
3GPP（第三代合作伙伴计划）	OPPO 与 3GPP 共同承办 5G 会议，大力投入与运营商的标准互动，支持运营商的未来技术演进
全球媒体编码行业论坛（MC-IF）	通过围绕视频编码标准部署的非技术方面讨论，特别是专利许可业务，促进下一代视频编码标准技术的发展
中国增强现实核心技术产业联盟（CARA）	作为首批 CARA 成员、理事会成员，OPPO 致力于推动中国增强现实产业核心技术的创新与发展，提升我国在全球范围内增强现实领域的核心竞争力
广东省终端快充行业协会	作为副理事长单位，OPPO 致力于共同推进终端快充协议的统一
中国质量协会、广东省质量协会	积极参与中国质量建设，加入中国质量协会、广东省质量协会（理事单位），共同营造全社会关注质量的氛围
其他	加入联合国全球契约、阳光诚信联盟和中国企业反舞弊联盟，与联盟成员共同打造诚信阳光的商业和社会环境，为社会治理贡献力量

2　质量

2.1　管理体系

a. 管理体系的建设和融合

OPPO 在发展之初就注重采用国际标准推动自身管理体系的建设，迄今已经通过 TL 9000、ISO 9001、ISO 14001、ISO 45001、ISO 50001、ISO 27001 等 18 项管理体系的认证。

公司产品通过了包括 CCC、CE、FCC、RoHS、REACH、WEEE、TKDN、SDPPI、EAC、NTA 等在内的 60 项认证，这些认证的要求都已融入公司的业务过程之中。

OPPO 通过的认证（节选）如表 2.1-1 所示。

表 2.1-1 OPPO 通过的认证（节选）

序号	认证体系
1	TL 9000 电信业质量管理体系
2	ISO 9001 质量管理体系
3	IECQ QC080000 有害物质过程管理体系
4	ISO 14001 环境管理体系
5	ISO 45001 职业健康安全管理体系
6	ISO 27001 信息安全管理体系
7	ISO 27701 隐私信息管理体系
8	ISO 27018 云隐私安全管理体系
9	CSA STAR 云安全管理体系
10	ISO 50001 能源管理体系
11	ANSI/ESD S20.20 静电放电（ESD）控制管理体系
12	ISO 22301 业务连续性管理体系
13	GB/T 29490 企业知识产权合规管理体系
14	ISO 17025 CNAS 实验室认可
15	ISO 37001 反贿赂管理体系

OPPO 跟踪国际管理体系标准的发展，适时导入相关领域的管理体系标准，并结合自身的特点，将标准要求有机融入公司的流程框架中，实现与公司原有体系的融合。

例如，公司早年已建立并持续有效运行质量、环境、职业健康安全管理三大体系，在导入有害物质过程管理体系和电信业质量管理体系时，考虑到新的两个体系均采用过程方法，均是对过程进行质量、环境、职业健康安全管理，只是更突出产品无毒无害的要求和电信类制造商的特殊要求，因此将这五个体系的要求有机整合到一套统一的管理框架中,从而提升了过程运行效率。

又如,公司集成产品开发流程整合了 TL 9000、ISO 9001、ISO 14001、ISO 45001、ISO 27001、ISO 27701、ESD、QC080000 等各个管理体系的要求。

OPPO 管理过程框架如图 2.1-1 所示。

依据	战略定位 OPPO 致力于为全球用户提供多场景、无缝体验的数字生活		
	使命 科技为人,以善天下	愿景 成为更健康、更长久的企业	价值观 本分、用户导向、追求极致、结果导向

要求	五大相关方要求:顾客、员工、股东、供方、社会			
	卓越绩效指标准则 GB/T 19580	质量管理体系 TL 9000、 ISO 9001、GMP、QC080000	实验室认可 ISO 17025 CNAS	知识产权合规管理体系 GB/T 29490
	环境与职业健康安全管理体系 ISO 14001、ISO 45001	能源管理体系 ISO 50001	信息、隐私安全管理体系 ISO 27001、ISO 27701	业务连续性管理 体系 ISO 22301

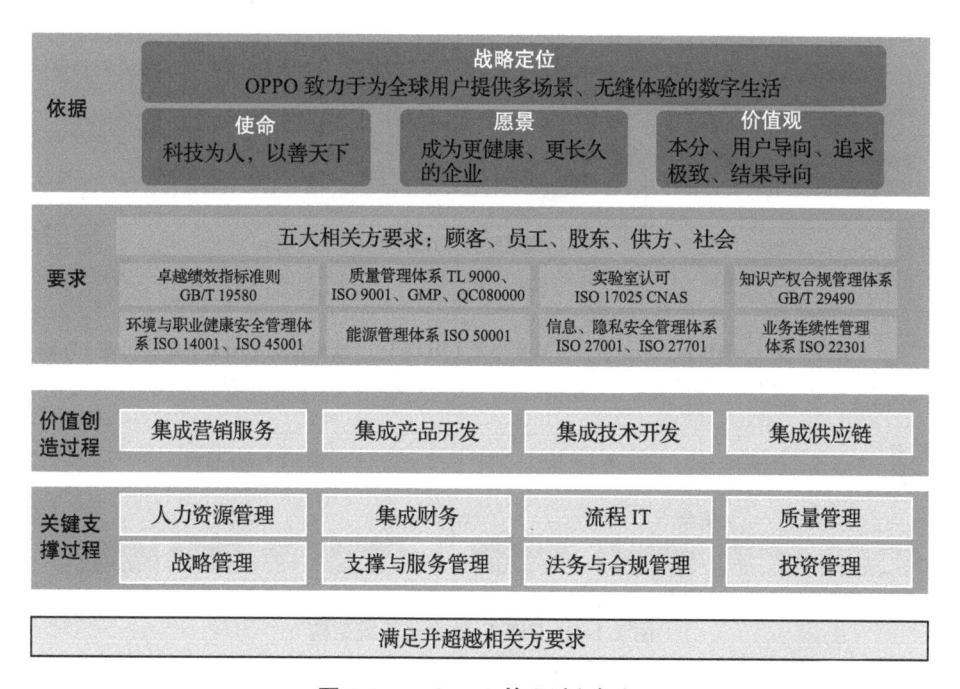

价值创造过程	集成营销服务	集成产品开发	集成技术开发	集成供应链

关键支撑过程	人力资源管理	集成财务	流程 IT	质量管理
	战略管理	支撑与服务管理	法务与合规管理	投资管理

满足并超越相关方要求

图 2.1-1 OPPO 管理过程框架

b. 运用互联网、物联网、大数据、云计算、5G 等新一代信息技术对物流、资金流和信息流进行有效控制和管理

公司经过 2019—2021 年三年的规划建设,累计投入 27 亿元,建成了数字化生产的十二大平台,具体如下。

管理领域:集成财务(IFS)、数字人力(DHR)、数字办公(DOA)、法务合规(DLC)、数字行政(DAS)。

业务领域:集成产品开发(IPD)、集成营销服(CRM)、集成供应链(ISC)。

数字化基础架构领域:企业大数据(EBD)、技术中台(TSP)、信息安全(IS)、运维服务(OPS)。

OPPO 数字化系统架构如图 2.1-2 所示。

统一门户	集成门户（支撑专业、垂直门户应用）		

企业大数据（EBD）
经营驾驶舱（G-OMC） | 运营分析罗盘（G-OAD） | 代理大数据（G-ABD） | 用户大数据（G-UBD） | 企业数据平台（G-DMP）

集成产品开发（IPD）
- 项目组合管理（G-PPM）
- 产品数据管理（G-PDM）
- 软件研发门户（G-SDP）
- 持续发布（G-RS）
- 敏捷协同（G-Agile）
- 持续集成（G-Code）
- 持续测试（G-Test）

集成营销服（CRM）
- 营销门户（G-CRMPortal）
- 营销管理（G-MKT）
- 服务管理（G-CSS）
- 全球交易管理（G-DEALS）
- 渠道管理（G-CSC）
- 集成市场管理（G-IMS）
- 全球零售管理（G-DRP）

集成供应链（ISC）
- 集成计划管理（G-IPLAN）
- 采购管理（G-SRM）
- 制造执行管理（G-MES）
- 物流管理（G-TMS）
- 仓储管理（G-WMS）
- 质量管理（G-QMS）

集成财务（IFS）
企业绩效管理（G-EPM） | 财务共享管理（G-FSC） | 企业资源计划管理（G-ERP） | 互联网电商结算管理（G-BSP） | 资金管理（G-CMS） | 企业资产管理（G-EAM） | 关务管理（G-CIS）

数字人力（DHR）
核心人事管理（G-CoreHR） | 人才管理（G-TDS） | 代理商人事管理（G-AHR）

数字办公（DOA）
沟通协作（TT） | 办公平台（MO）

法务合规（DLC）
法务合规管理（G-LCP）

数字行政（DAS）

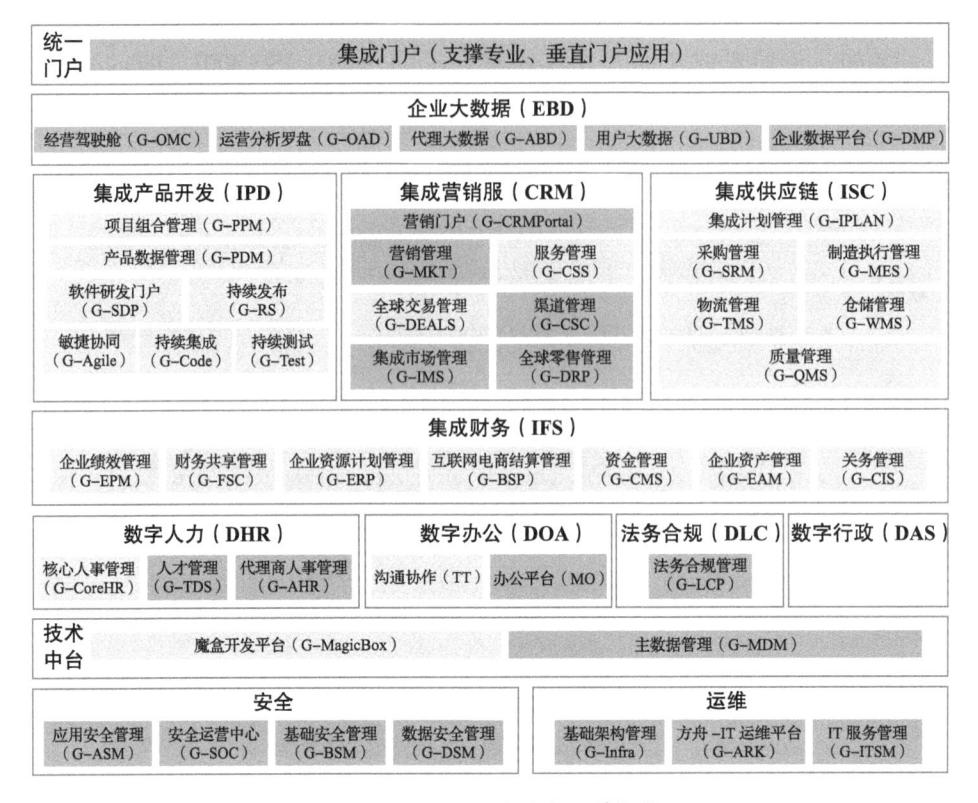

技术中台
魔盒开发平台（G-MagicBox） | 主数据管理（G-MDM）

安全
应用安全管理（G-ASM） | 安全运营中心（G-SOC） | 基础安全管理（G-BSM） | 数据安全管理（G-DSM）

运维
基础架构管理（G-Infra） | 方舟–IT 运维平台（G-ARK） | IT 服务管理（G-ITSM）

图 2.1-2　OPPO 数字化系统架构

在管理领域，以集成财务（IFS）为例，OPPO 建立了企业绩效管理（G-EPM）、财务共享管理（G-FSC）、互联网电信结算管理（G-BSP）等系统。以 ERP 为基础，公司在建立和完善财务账目管理的基础上，依托 EBD 数据湖的数据清洗与转换功能，拉通财务系统和其他业务系统，打通物料主数据、客户主数据、供应商主数据、人员主数据与财务基础数据，实现对财务数据的多方位透视，保证资金流的有效高速流转。

在业务领域，以集成供应链（ISC）为例，OPPO 建立并使用了制造执行管理（G-MES）、物流管理（G-TMS）、仓储管理（G-WMS）等系统。依托 IoT 和 5G 技术，构建可实时感知的试验环境和生产制造环境，配合云计算形成云、边、端一体化的工业互联网。同时，通过大数据和云计算技术，打造具备 EB 数据存储管理能力的统一数据湖。公司建立和发布了生产主数据，以主数据为驱动，整合从原材料到半成品、成品的物流、仓储数据，实现端到端业务流程的贯穿。在此基础上，基于大数据技术实现信息流的快速打通，推进业财一体落地和供应链体系升级，提升企业数字化、精细化、智能化管理控制水平，打造低碳、高效、高品质的制造企业标杆。

在数字化基础架构领域，以企业大数据（EBD）为例，OPPO建立了数据湖。各平台系统通过统一接口服务进行数据共享，集中开展大数据分析。公司通过大数据系统收集用户原始声音（VOC），通过数据湖实现全供应链数据洞察。通过企业大数据平台，OPPO实现了生产运营分析数据的完整直观展现。

c. 对管理体系进行监测和评审，不断提高其有效性和效率

OPPO设置了不同管理体系的行管部门（见表2.1-2）。同时，OPPO设置了公司级目标并进行分解，持续监控管理体系的运行情况和目标达成情况。

表2.1-2　OPPO管理体系行管部门（节选）

管理体系	行管部门
质量管理体系/电信业质量管理体系	用户满意与质量部
有害物质过程管理体系	用户满意与质量部
信息安全管理体系	信息安全部
静电放电（ESD）控制管理体系	品质部
环境管理体系	行政后勤中心
职业健康安全管理体系	行政后勤中心
能源管理体系	行政后勤中心
反贿赂管理体系	法务合规中心

1. 建立管理体系的度量系统，采用数字化手段监测体系运行

（1）制定和分解指标。公司基于总体战略目标，制定了公司级战略指标，并分解成各体系指标，再逐层分解。公司制定了《指标字典》，明确了指标名称、指标定义、计算公式、责任部门、指标管理部门、报告周期、评分规则等，由运营部统筹刷新，以保持对公司关键事务的监控。

以2022年质量类的KPI指标NPS（净推荐值）和FFR（市场退维率）为例，分解如下（见表2.1-3）。

表 2.1-3　NPS 和 FFR 分解示例

级别	指标			
公司级	NPS、FFR			
系统级	产品线： 中高端 NPS	硬件工程： 中高端 NPS/FFR	软件工程： 中高端 NPS/FFR	供应链系统： FFR
中心级	第一产品线： Find 系列 NPS	产品开发中心： F/R/A 系列 NPS	软件产品实现中心： 中高端 NPS 值 + 标签	资源与采购： 物料 FFR
	第二产品线： Reno 系列 NPS	硬件技术中心： 网络差评 + 充电好评	软件升级维护中心： 18 个月 NPS	—
	第三产品线： A 系列 NPS	多媒体产品中心： 拍照好评	软件品质中心： 中高端 NPS 值 + 标签	—

（2）KPI 关键数据的收集、监控和分析。公司建设运营可视化项目，收集 KPI 关键数据，实现对关键过程的动态监控与量化分析。围绕 IFS、IPD、CRM、ISC、HR 五大领域，进行流程变革与数据治理，完善 IT 系统，并打破数据孤岛，形成完整的数据仓库、数据中台，实现及时收集、多维分析、及时预警、问题溯因、追踪执行的闭环管理流程。

数据中台与经营决策分析平台架构规划图如图 2.1-3 所示。

OPPO 大数据产品蓝图

统一数据、统一平台、统一运营

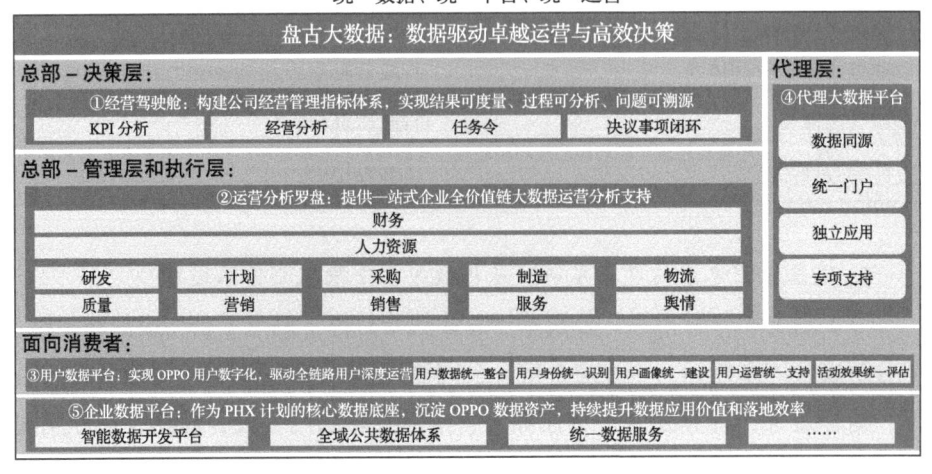

盘古大数据：数据驱动卓越运营与高效决策

总部 – 决策层：
①经营驾驶舱：构建公司经营管理指标体系，实现结果可度量、过程可分析、问题可溯源
KPI 分析　　经营分析　　任务令　　决议事项闭环

总部 – 管理层和执行层：
②运营分析罗盘：提供一站式企业全价值链大数据运营分析支持
财务
人力资源
研发　　计划　　采购　　制造　　物流
质量　　营销　　销售　　服务　　舆情

面向消费者：
③用户数据平台：实现 OPPO 用户数字化，驱动全链路用户深度运营　用户数据统一整合　用户身份统一识别　用户画像统一建设　用户运营统一支持　活动效果统一评估
⑤企业数据平台：作为 PHX 计划的核心数据底座，沉淀 OPPO 数据资产，持续提升数据应用价值和落地效率
智能数据开发平台　　全域公共数据体系　　统一数据服务　　……

代理层：
④代理大数据平台
数据同源
统一门户
独立应用
专项支持

图 2.1-3　数据中台与经营决策分析平台架构规划图

（3）定期评估各管理体系绩效和整体运营绩效，支持组织的决策、改进和创新。公司各部门借助信息系统收集底层数据，整理分析后形成经营报告，分层分级召开经营检讨会议，对销售、质量、财务、安全、开发、生产等各项指标进行差距分析、检讨、纠偏及应对。

在最高管理者主持下，各管理委员会通过定期会议对相关KPI进行检讨和评审，评价各管理体系的适宜性、充分性、有效性和运行效率，寻找改进方向，持续改进。

2. 建立多维度内外部审核机制，确保管理体系的运行

（1）内部审核。各行管部门负责，开展定期或不定期的监督审核和专项审核。如公司针对质量管理体系的关键过程制定了专门的盘点规范，每年开展两次内部审核。

（2）外部审核。公司每年接受沃达丰、德国电信、法国电信、日本软银等运营商客户对质量、环境、职业健康安全、企业社会责任等各方面的第二方审核。

公司每年也定期进行各管理体系的第三方审核，既确保认证证书的有效性，又从专业的第三方视角对公司各管理体系进行系统评价，识别改进机会，提升管理体系运行的有效性，实现管理体系的增值。OPPO各管理体系及对应的第三方审核机构（节选）如表2.1-4所示。

表2.1-4　OPPO各管理体系及对应的第三方审核机构（节选）

管理体系	第三方审核机构
TL 9000	瑞士通用公证行
ISO 9001	瑞士通用公证行、广州赛宝认证中心服务有限公司、英国标准协会、德国技术监督协会
ISO 14001	广州赛宝认证中心服务有限公司、英国标准协会
ISO 45001	广州赛宝认证中心服务有限公司、英国标准协会
ISO 50001	广州赛宝认证中心服务有限公司、英国标准协会
QC080000	广州赛宝认证中心服务有限公司
ISO 27001	广州赛宝认证中心服务有限公司、挪威船级社
ISO 27701	挪威船级社
ISO 37001	瑞士通用公证行

此外，公司邀请知名机构对不同的领域进行定制化审核，以评估管理体

系的成熟度。如公司与英国标准协会合作制定了 OPPO 专用的质量成熟度评价标准，从质量战略、质量体系、销售管理、设计开发等 16 个过程制定详细的审核标准和评分准则，共 1000 分，每年进行初评、整改、复评和再整改。2020 年公司得分为 865 分（金级），2021 年为 967 分（白金级），公司质量管理水平得到了极大的提升。

2.2 顾客需求

a. 识别并确定顾客及其他利益相关方的需求和期望，并将这些需求和期望转化到组织的产品和/或工艺设计、创新和质量改进中

OPPO 确定了利益相关方的沟通参与方式，识别顾客及其他利益相关方的需求和期望（见表 2.2-1），并将其转化为管理体系的关键过程及要求（见表 2.2-2），对各个过程进行持续改进。

针对顾客需求，OPPO 建立了完善的顾客需求管理流程，如图 2.2-1 所示。

一是收集原始需求，建立全生命周期的顾客需求洞察体系。一方面，各战区、销服收集外部原始需求，产品线系统等收集内部原始需求，核实后填写《客户需求卡》，将客户的明示和潜在需求转换为显性的、书面化的具体需求。另一方面，公司消费者洞察部门对消费者的消费特点和变化进行跟踪和调研，定期编制专项研究报告，如《手机最优配置分析》《Find 系列人群研究报告》，确保细分领域的客户需求得到收集、解读和确认。OPPO 全生命周期的顾客需求洞察体系如图 2.2-2 所示。

OPPO 原始需求获取途径（节选）如表 2.2-3 所示。

二是评审和确定客户需求和产品需求。OPPO 建立了需求管理数字化平台，统一管理并跟踪需求，需求管理仪表盘实时呈现需求状态，实现全流程可视化、透明化追溯，并对需求管理数据进行追踪、分析、预测，提高需求获取与协作效率。

三是转化为系统需求。公司通过集成产品开发过程（IPD），实现从需求和期望到过程、产品、工艺特性等的转化。同时，深度挖掘客户的潜在需求，探索魅力质量，推进创新和改进，引领行业发展。

表 2.2-1 利益相关方的需求和期望

相关方类别	股东与投资人	监管机构	客户	员工	供应商	社区	社会组织
相关方代表	• 投资人	• 各级政府 • 各国政府 • 相关监管部门	• 运营商 • 消费者	• 全职员工 • 兼职员工	• 生产资料供应商 • 服务类别供应商	• 工厂周边村镇 • 定点帮扶地区	• 高校与研究机构 • 媒体 • NGO • 行业协会等
相关方关注点	• 公司业务与基本面 • 长期发展规划与财务表现 • 公司治理与风险管控	• 守法合规运营 • 保护客户/员工相关方的权益 • 产品稳定运行 • 带动经济增长 • 清洁生产	• 优质的产品性能 • 信息安全与隐私保护 • 绿色产品标准 • 及时高效的客户服务	• 丰富的能力建设内容 • 公平透明的发展通道 • 工作生活平衡 • 稳定的企业发展 • 有竞争力的薪酬福利 • 工作场所健康安全	• 公平透明的遴选程序 • 稳定的财务表现 • 与付款政策 • 长期稳定的合作关系 • 公平、公正、公开、阳光透明的采购环境 • 合理的产品及其他要求	• 贡献社区持续发展 • 共享企业发展成果	• 良好的合作关系 • 及时分享企业经验与实践 • 透明的信息沟通与分享 • 行业共同发展
部分沟通与参与方式	• 沟通电话与邮箱 • 内部汇报与沟通 • 管理层绩效设定与考评	• 参与相关会议 • 行业协会等机构沟通	• 售前沟通 • 售后服务 • 常规沟通（如客户拜访等） • 高质量展会	• 在线沟通平台 • 员工代表大会 • 合理化建议	• 年度供应商培训与交流会议 • 现场审核与沟通 • 定期拜访 • 高层互访	• 面对面沟通 • 公益活动 • 投诉热线	• 定期沟通 • 项目合作

表 2.2-2　关键过程及要求

关键过程	利益相关方对关键过程的要求				
	客户	员工	供应商	监管机构、社区、社会组织	股东与投资人
集成营销服务	快速交付；良好的服务体验；及时响应和解决客户问题；有选择权、知情权	—	对营销与服务的交付要求清晰明确；按照合同及时付款	合规经营和纳税；确保用户数据和隐私安全；营销传播内容符合社会价值和当地风俗	销售规模和利润稳步提升；销售计划达成，效率提升
集成产品开发	功能满足要求，外观和性能优越，带来惊喜	—	清晰的规格、质量、交期、数量要求	满足法律法规、网络安全、隐私、公共安全的要求	决策基于市场和用户需求；投资收益明确
采购管理	通过开发优质的供应商，及时提供质量可靠、性价比高的物料	质量稳定，不返工	提供持续、稳定、明确的采购需求；遵守廉洁守则	符合法律法规以及政府采购政策规定的技术、服务、安全等要求；遵守廉洁守则	成本控制达标；无品质问题影响品牌形象
制造与品质	通过全流程质量管控保证质量优良；通过资源整合获得价格优势；通过柔性化生产管理保证及时交付	流程清晰；标准明确；制度稳定；生产环境健康安全	订单稳定；要求明确	环境无污染；安全生产；消防安全；履行社会责任；节能减排；技术领先	为股东创造价值
质量管理	产品安全健康，质量稳定可靠；产品体验良好；保护个人隐私；良好的售后体验、友好的补偿条款	质量管控简洁、高效、有保障；减少返工返修	清晰、合理的质量管控流程和标准	无影响重大的产品质量安全事故；产品符合质量、环保等法律法规要求	质量管控良好；降低质量成本；不出现重大质量事故

第一章　OPPO 广东移动通信有限公司

	原始需求	客户需求	产品需求	系统需求 （配置参数/特性/……）
定义	客户针对产品提出的原始建议	产品为解决客户问题需要什么能力，反映对手机产品表现力的高阶目标要求	产品上可验证、可交付的要求，作为客户与研发项目之间的信息桥梁	产品需实现的规格或特性"全集"，描述详尽，能由具体的物理模块来承载
责任主体	终端客户	需求提出方（如战区/GTM/MKT）	产品线	硬工、软工、研究院
载体	《客户需求卡》		《产品需求卡》	《产品需求表》《Feature 需求模板》

图 2.2-1　OPPO 顾客需求管理流程

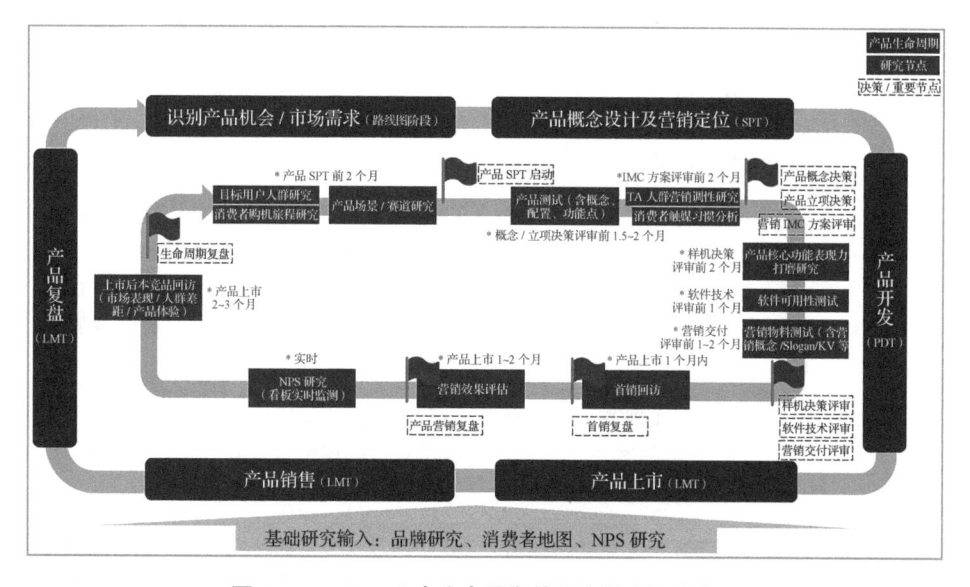

图 2.2-2　OPPO 全生命周期的顾客需求洞察体系

表 2.2-3　OPPO 原始需求获取途径（节选）

获取方式	顾客类型	频次	获取的顾客需求内容及相关应用领域
定量调研（如满意度、NPS 等）	消费者（现有顾客、流失顾客、潜在顾客）	月度/季度/半年	基于产品/营销/软件/品牌等业务模块的需求，通过结构化的问卷和专业的第三方调研机构（如 GFK、尼尔森、益普索、Kantar 等）收集用户反馈，用于产品定义、营销和销售策略的制定

续表

获取方式	顾客类型	频次	获取的顾客需求内容及相关应用领域
用户深访/座谈会	消费者（现有顾客、流失顾客、潜在顾客）	月度/季度/半年	基于产品/营销/软件/品牌等业务模块的需求，通过面对面的方式与用户深入交流，倾听用户反馈，深度挖掘用户需求，用于产品定义、营销和销售策略的制定
各层面市场走访	消费者（现有顾客、流失顾客、潜在顾客）	按需	通过深入一线销售市场来接触购买产品的顾客，了解产品实际购买人群、购机决策过程、产品使用体验及服务体验等，用于产品定义、营销和销售策略的制定
400热线、95018热线	消费者（现有顾客、流失顾客）	实时	提供 7×24 小时的线上服务，受理用户关于 OPPO 产品的咨询、建议与投诉，为用户提供高效、便捷的服务，提升用户满意度
微博、微信、抖音官方账号	消费者（现有顾客、流失顾客、潜在顾客）	实时	获取用户对公司产品或服务的评价、对营销活动的反馈意见等，与用户互动
电商平台	消费者（现有顾客、潜在顾客）	实时	倾听用户的购买需求、产品使用情况说明、售后诉求及投诉；通过电商平台的咨询服务，协助用户进一步了解 OPPO 的产品信息，解决购物过程中的疑问及服务诉求
舆情平台	消费者（现有顾客、流失顾客、潜在顾客）	实时	获取主要网络媒体中用户对公司及竞争产品或服务的评价与反馈，用于公司产品与服务的改善
市场考察、渠道普查	零售客户（竞争对手客户、潜在客户）	按需	收集新进入市场的环境信息，包括宏观环境、客户需求、消费者需求以及市场风险、财税风险、合规风险等，用于市场战略规划的制定
代理商年度策略沟通会	零售客户（现有客户）	年度	就重点国家下一年的经营目标与核心策略达成共识，收集其资源诉求，构建战略合作伙伴关系
客户例行周会、月会	零售客户（现有客户）	周/月度	收集当前与客户合作中存在的主要问题，以及客户在产品、品牌、营销等方面的意见和建议等，完善销服策略

b. 应用适宜的技术和方法有效管理顾客关系，并定期测量顾客满意度

1. 顾客关系管理

终端消费者顾客关系管理：公司从用户视角出发，由品牌、营销、零售、服务、产品线、研发、质量等各部门联合构建用户旅程地图，完成公司服务蓝图设计，通过售前、售中、售后的全生命周期管理，与用户保持良好的顾客关系，打造卓越的用户旅程体验，并建立顾客管理系统（CRM），实现高效管理。

代理及零售客户、运营商客户和电商客户关系管理：公司将零售客户分为 TOP 级、S 级、A 级、Others 四个等级进行管理，制定《零售商绩效考评标准》，对零售商开展绩效考评，实施动态评级。每年召开客户答谢会、年度代理商大会、年度策略沟通会等，与客户保持良好的沟通，实现互利共赢。

2. 全旅程顾客满意度测量和改善体系

公司建立了全旅程（品牌认知—营销推广—产品销售—产品体验—售后维修—增值服务）的用户满意度监测流程，每半年从行业视角进行用户 NPS 调查。同时，梳理用户全旅程体验中的关键体验场景，采用实时监测的方式，及时了解关键体验场景的体验水平和客户反馈，把顾客管理落实到每个业务的最小单元。公司设立品牌/营销、零售、产品、服务的 NPS 改善四大改善专项，持续实施用户体验改善，启动用户体验文化变革活动，有效提高产品质量和服务水平。

c. 快速有效地处理顾客的投诉和抱怨，并对其原因进行分析以推动组织及合作伙伴不断改进

OPPO 制定了《客诉处理流程》（见图 2.2-3），快速有效地处理客户投诉和抱怨。同时，建立了用户声音（VOC）管理平台和《VOC 市场问题运营规范》《市场问题危机预警机制》，将一线品质反馈、VOC 数据波动、线下走访等市场问题纳入闭环管理流程。

若涉及合作伙伴的问题，资源采购部协同合作伙伴通过 8D 报告、成立联合小组、派人驻厂、召开沟通会议等方式一起分析原因并改进。例如，2021 年监控到使用国产 OLED 屏幕的手机退维率较高，公司联合屏幕供应商 BOE，

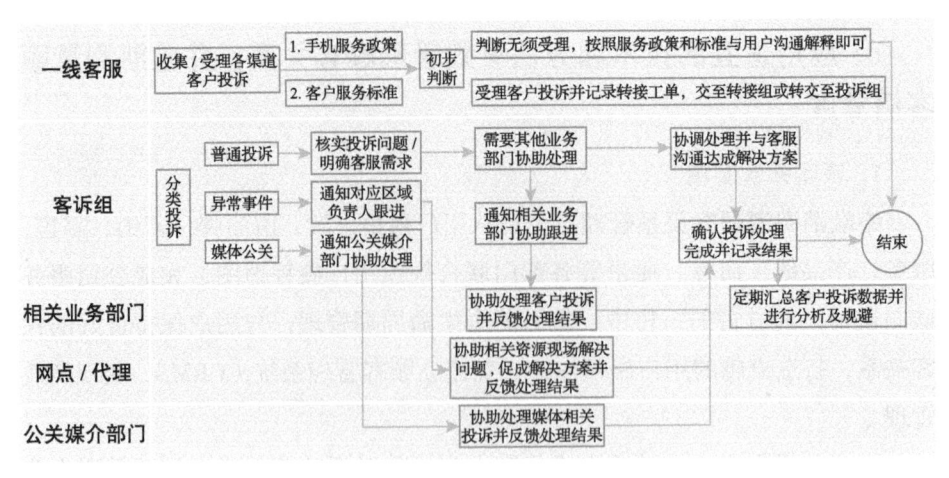

图 2.2-3　OPPO 客诉处理流程

通过失效分析、制程归一化管控、供应商端数据联动等举措，使供应商良率由 85% 提升至 96.5%，达到标杆水平，从而使屏幕导致的手机退维率改善 64%。

2.3　质量协同

a. 有效进行供应链管理，增强产业链自主可控能力，实现质量协同

1. 供应链管理流程

OPPO 推行业务连续性管理体系，识别供应链潜在风险并进行业务影响分析，通过国产化替代、战略物料储备等多种方式，增强产业链自主可控能力。

2. 供应链组织间的质量信息交流和质量改进

OPPO 建立了供应链的信息化系统，内部通过质量管理系统，实现质量数据的实时展示和反馈。针对外部供方，建立了供应商关系管理系统，实现全供应链信息的实时交互。同时，搭建了 IT 平台，将质量数据、质量反馈和改善信息在平台上集成和共享，促进供应链组织间的质量信息交流和质量改进。

OPPO 还通过现场稽核、绩效考评、供应商交流、供应商大会等方式丰富沟通渠道，实现多方位的供应链上下游的信息交流和质量改进。

b. 建立关键供方质量考核和保证制度,并在供应链上下游组织复制或推广公司的质量管理模式、方法或制度

OPPO 制定了《供应商管理流程》,在识别潜在供方时就对其相关资质进行评估,在供应商导入时进行现场审厂,评估供方质量,在持续供货的过程中对供应商的质量水平进行考核,并运用到供应商状态调整中。同时,制定了《物料认证流程》,对供应商的物料进行多维度认证批准。

OPPO 每年举办核心合作伙伴大会,宣贯公司质量管理理念、模式、优秀方法和事项,根据供应商的表现颁发奖项,树立优秀供应商标杆。受表彰的供应商总结其优秀的质量管理经验,进行示范和分享,有力地推动优秀质量管理方法在供应链中的复制和推广。

c. 测量和评估供方绩效,并向供方反馈以帮助其改进

OPPO 制定了《供应商绩效管理及发展流程》和多维度的供方绩效评价标准(见表 2.3-1),每季度对供方发起绩效评估,将供方绩效分为优、良、中、差四个等级(见表 2.3-2)。

表 2.3-1 OPPO 供方绩效评价标准

评价领域	权重	指标	评价项目
品质	25%	Q1	进厂批次合格率
		Q2	物料上线不良率
		Q3	批量性上线不良次数
		Q3*	批量性上线不良率
		Q4	市场失效比率
		Q5	市场失效次数
		Q6	重大品质事故
成本	20%	C1	招标中标率
		C2	招标中标次数
		C3	采购价格与市场价格的异常比率
		C4	采购订单降价比率
		C5	综合成本绩效

续表

评价领域	权重	指标	评价项目
交货	15%	D1	准时交货比率
		D2	交期横向对比
		D3	重大交货延迟次数
		D4	交货达成率
技术	15%	T1	行业地位（定制件）
		T2	技术开发能力（定制件）
		T3	技术表现（定制件）
		T4	行业地位（标准件）
		T5	技术开发能力（标准件）
		T6	技术表现（标准件）
服务	10%	S1	采购协作度：日常支持
		S2	采购协作度：异常问题处理支持
		S3	技术支持服务：新产品开发阶段
		S4	技术支持服务：量产阶段
		S5	客户沟通交流
加分项	5%	A1	新技术、新外观对OPPO产品的贡献
	5%	A2	成本优化建议采纳次数
	5%	A3	紧急交付的贡献

表2.3-2 供应商绩效等级标准

评选结果	得分
优	$X \geq 90$ 分
良	75 分 $\leq X < 90$ 分
中	60 分 $\leq X < 75$ 分
差	$X < 60$ 分

OPPO根据供应商绩效情况进行绩效交流，针对中、差等级的供应商开展改善辅导，改善的原则是"扶上马，送一程"，包括：辅导供应商使用改善工具，如8D报告等；分享类似问题的处理经验；派经验丰富的工程师驻厂跟进，手把手教导改善。

OPPO根据供应商绩效管理规则进行供应商状态调整，包括调整配额、暂停与恢复采购、淘汰等。

2.4 质量基础

a. 进行标准化、计量、检验检测、认证认可、知识产权等质量基础设施能力建设，提升管理水平

1. 标准化工作

OPPO建成了包括技术标准、管理标准和工作标准在内的完整标准体系，覆盖市场、研发、采购、制造、检测、售后全过程。

（1）成立专业的标准研究团队。OPPO研究院标准研究部组织架构如图2.4-1所示。OPPO研究院标准研究部各实验室的职责使命如表2.4-1所示。

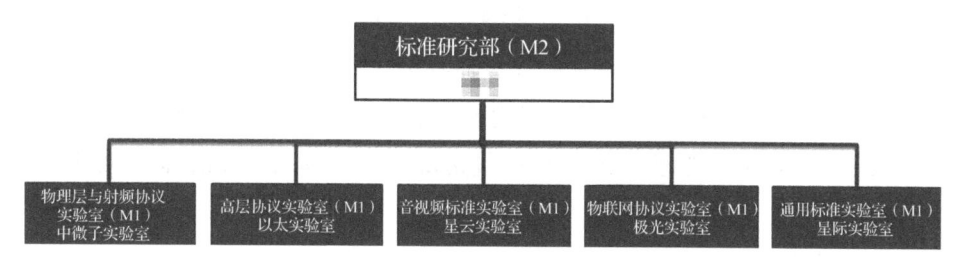

图2.4-1　OPPO研究院标准研究部组织架构

表2.4-1　OPPO研究院标准研究部各实验室的职责使命

实验室	职责使命
	布局中远期关键通信技术，支撑公司标准协议取得行业领先地位
中微子实验室	负责无线网络演进及下一代无线网络物理层、RF/RRM/Demod以及终端测试等方面的关键技术研究、知识产权储备/支撑、产品支撑工作
以太实验室	负责无线网络演进及下一代无线网络高层架构关键技术研究、知识产权储备/支撑、产品支撑工作
星云实验室	负责音视频编解码领域的标准研究及知识产权布局工作
极光实验室	负责物联网及短距离通信相关领域的技术研究和标准化工作，进行知识产权储备
星际实验室	负责公司产品服务相关技术标准的产业前瞻、组织推动以及标准化制度建设工作

（2）建立完善的运行机制。OPPO制定了《标准奖励管理办法》，每年度对标准研究做出贡献的伙伴进行奖励。

公司建立了名为"标准化管理平台"的知识管理空间，打造一站式标准化服务与观察平台，提供标准资讯与资料，每日推送标准最新动态，实现标准化知识共享。

（3）积极参与国内外标准化组织，取得了丰富的成果。截至2021年年底，OPPO参加的国内外标准化组织超过60个，覆盖5G、AI、物联网、音视频等核心领域。在3GPP提交的标准文件累计超过3000件，主导、参编的国家、行业、团体标准超过100项。与全球超过20家主流运营商开展5G标准化合作，与超过10家顶级大学实验室开展5G/6G、音视频解码领域的产学研合作项目，积极参与国际、国家、行业标准的制定。

2. 计量工作

OPPO设置专业团队使用计量器具进行计量，制定了《计量管理细则》，通过检定、内校、外校等对计量器具进行科学管理，做到计量人员有资质、计量过程有依据、计量结果有验收，确保计量器具的溯源性。公司上线EAM企业资产管理系统，将计量情况录入IT系统管理，防止超期和误用。

3. 检验检测工作

OPPO建立了全过程检测系统，包括技术检测中心、试验检测中心和失效分析中心（见图2.4-2）。

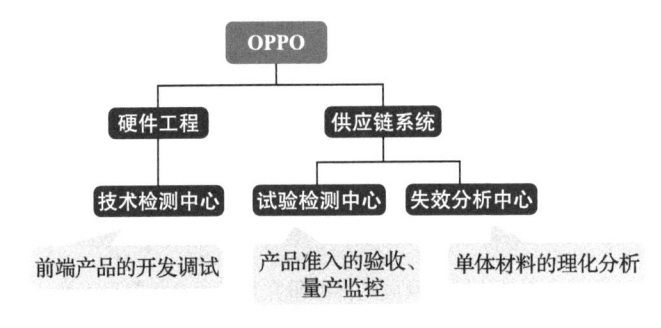

图2.4-2　OPPO全过程检测系统

OPPO检测中心介绍如表2.4-2所示。

表 2.4-2　OPPO 检测中心介绍

中心名称	说明
技术检测中心	占地面积 3500 余平方米，拥有各类检测仪器设备数百台/套，固定资产超过 25 亿元，人均实验面积、技术检测中心规格、实验设施等达到同行业先进水平，承接公司手机、智能穿戴、CPE 等产品的研发测试验收，支撑公司产品在全球市场的硬件合规性和品质竞争力。 技术检测中心于 2021 年通过 CNAS 认可，通过五大领域，涉及 YD/T、3GPP、EN、IEC、AS/NZS、CTIA 等的 46 个国内外标准，拥有 270 多项检测能力。检测项目覆盖射频、合规性、可靠性、音频、充电、温升、干扰、微波、基带、认证等。 技术检测中心采用实验室 IT 化管理系统 QLAB 平台，实现实验室从任务接收、问题过程跟踪到报告输出的全测试流程管控
试验检测中心	总部设在东莞，下设重庆以及印度、印度尼西亚、孟加拉国等分部。其中，东莞总部面积约 5500 平方米，截至 2021 年年底，本科及以上工程师 30 人，专职实验员 280 余人，各类检测仪器设备 1200 余套，固定资产超过 2 亿元，人均实验面积、规格、实验设施等均达到同行业先进水平。试验检测中心已于 2020 年通过 CNAS 实验室认可。试验检测中心的范围覆盖合规性、可靠性、音频、影像、微波、射频、基带、认证等八大领域，并建成 LIMS 系统，实现检测过程的流程化和信息化
失效分析中心	占地面积约 800 平方米，配置各类大型分析设备超过 100 余台，可针对整机、零部件、电子件等进行物理、电性能失效分析，以及对各类物料成品、高分子材料、复合涂层材料等进行环境合规性检测、化学成分剖析和化学类失效分析

4. 认证认可工作

截至 2021 年年底，OPPO 通过 20 余项国际管理体系认证，通过全球 51 个国家的 60 项产品认证。OPPO 还是国家安全生产标准化三级企业、AA 级信用单位。

5. 知识产权管理工作

OPPO 建立了知识产权管理体系并通过认证，设置了知识产权部，制定了《OPPO 知识产权管理规定》，明确了 OPPO 知识产权的构建、风险管理、挑战应对、资产运营、平台与资源管理以及奖惩机制，对知识产权实施全面管理。

公司知识产权管理 IT 系统的功能包括提案管理、案件管理、代理机构对接、系统管理等。

b. 运用成熟的管理制度、方法和/或工具对生产或服务现场进行质量管理，并提升生产或服务管理的智能化、数字化或信息化水平

1. 制度方面——制定制造与品质流程

OPPO 制造与品质流程说明（节选）如表 2.4-3 所示。

表 2.4-3　OPPO 制造与品质流程说明（节选）

流程	下一级流程	业务目标	主要活动
制造执行	制造准备	根据项目试产状况和生产计划，准备产品加工所需资源及进行预防点检，确保制造任务按时进行	1. 评估生产计划和改线计划 2. 准备开拉资源 3. 搭建拉线 4. 试跑及验收拉线
	制造过程控制	通过对工单执行过程中关键点的识别与管控，对执行过程中的技术、物料、品质等异常问题发起、处理及追踪，达成保质保量交付的目的	1. 实施开拉点检 2. 领料 3. 教导工艺 4. 制作首件 5. 点检关键工艺 6. 处理异常（含重工、维修） 7. 成品入库
	制造资源管理	……	……
自动化设备管理	设备规划	根据车间布局及资源规划、制造技术规划、DFX 要求，结合先进智能技术发展趋势，制定新设备规划，满足生产需求，提高自动化竞争力	1. 分析需求 2. 洞察行业 3. 制定设备技术路线 4. 发布设备年度导入计划
	设备导入	根据设备规划或临时需求，建立与 IPD 协同的设备导入周期模型，有序完成设备的开发导入，确保与使用方交接的新设备满足产品高质量生产需求	1. 评审需求 2. 设计技术方案 3. 管理采购 4. 跟踪制作 5. 管理验收
	设备使用管理	……	……
制造质量管理	质量标准制定	根据质量目标要求以及目标用户研究，通过一系列的标准管理活动，实现质量标准的合理有序运行	1. 制定可靠性标准 2. 制定整机外观标准 3. 制定 PCBA 外观标准 包含制定、实施、维护及废弃过程

续表

流程	下一级流程	业务目标	主要活动
制造质量管理	制程质量控制	对生产要素（人、机、料、法、环、测）的符合性进行监控，确保生产过程可控，实现制造品质稳定可靠	1. 首检 2. 巡检 3. 抽检 4. 控制异常
	成品质量控制	依据成品品质最终结果进行监控，确保出厂成品质量满足顾客、法律法规等的要求	1. 执行成品检验 2. 检查静态存储 3. 控制库存品质 4. 执行例行测试
	市场品质控制	依据市场 FFR 目标、市场退维数据，监控市场 FFR 品质状态，保证能及时、全面地发现并处理市场品质异常	1. 监控退维数据 2. 进行市场走访 3. 分析市场数据 4. 处理市场品质异常
	制造质量改进	通过质量数据的分析，识别当前制程的质量差距，组织团队分析改善，提升制程质量	1. 分析质量数据 2. TCPN 专项改善 3. 处理品质异常
	可靠性测试管理	……	……

2. 使用先进的方法和成熟的工具提升生产现场的质量管理水平

OPPO 生产现场使用的先进方法和成熟工具如表 2.4-4 所示。

表 2.4-4　OPPO 生产现场使用的先进方法和成熟工具

领域	先进方法/成熟工具	使用效果
生产管理	1. ORACLE-ERP 系统 2. 精益生产模式 3. MES 制造执行系统 4. 6S 管理 5. TPI 事务管理	1. 物料分类控制，形成周密的生产及采购计划，控制合理库存量 2. 跟踪采购订单，组织过程不断得到优化，生产成本控制水平不断优化 3. 对生产过程进行控制，采集数据，实现产品品质追溯及无纸化 4. 6S 管理保证车间整洁有序，提升员工素养 5. TPI 事务管理对生产过程进行改善提升，不断优化生产过程能力
设备管理	1. TPM 全员生产维护 2. 改善周活动 3. 搭建 SCADA 数据采集能力 4. 自研设备运行软件应用	降低设备故障率，延长设备故障周期，提升设备可靠度，减少非预期停机损失，增强设备人员的素质及自主维护的观念，减少设备备件库存成本，提升设备管理精益度

续表

领域	先进方法/成熟工具	使用效果
质量管理	1. 质量管理信息化 2. 先进管理体系标准的导入、实施 3. NPS体系的导入 4. ISO 17025实验室管理体系的成功实施	1. 通过对客户声音、舆情、缺陷管理、产品质量管理、测试桌面、高性能仿真云平台、质量看板生产过程MES/SPC系统等质量项目的建设，有效提高了全过程的质量把控能力，使质量管控可视、及时，对异常进行识别和预警 2. 通过导入ISO 9001、TL 9000、GMP、QC080000、ISO 27001、ISO 27701等管理体系，对顾客和相关方关注的产品质量安全、信息隐私安全等进行全面质量管理，通过体系推行，保证过程良好运行，保障产品质量和安全 3. 通过NPS体系的导入，OPPO理清了用户旅程中的所有触点，明确了在续航、信号、拍照、外观、流畅性等各维度的用户体验标准，设定了NPS目标，牵引各领域协同改善用户体验，提升顾客满意度。自2019年导入NPS体系以来，总体的NPS从10%提升到22%，其中Reno5 Pro+首次实现了30%的突破，助力OPPO在2021年第一季度夺得国内销量榜首 4. 实验室进行了全面的流程梳理与能力补全，提升了检测数据的信度和效度，2020年通过CNAS实验室认可

3. 大力推进生产数字化建设

OPPO重视数据治理，推进全过程数字化建设，全面提升生产和服务管理的智能化和数字化水平。OPPO生产和服务使用的信息化系统（节选）如表2.4-5所示。

表2.4-5 OPPO生产和服务使用的信息化系统（节选）

系统名称	供应商	用途	功能模块及实现效果
G-MES	麦康	统一的制造业务平台，含总MES、SMT-MES	具有生产主数据管理、制造命令管理、制程管理、作业管理、看板管理、数据采集、数据分析等功能，支撑数字化工厂建设及智能制造落地
G-WMS	Infor	工厂仓储管理	入库、出库、执行、配置、管理、越库配送、工作订单、预约、仓库查看器、波次、收费、人工、报告、日程安排程序等

续表

系统名称	供应商	用途	功能模块及实现效果
G-SRM	汉德	供应商关系管理	供应商管理、价格库管理、供应商绩效管理、模具管理、物品管理、协议管理、寻源管理、质量品质管理、物料管理等
ERP-ISC	Oracle	企业资源规划	WP工单管理、主数据集成、库存交易及存货管理、QM销售订单管理（含关联交易）、PO采购订单管理（含关联交易）、成本管理等
G-IPLAN	JDA	集成计划系统	产销计划、供应计划、计划工作台等
SCADA	美云	数字采集	设备管理、驱动管理、采集管理、计算服务等
G-TMS	Oracle	物流管理	正向物流管理、逆向物流管理、物流费用、物流运营等
G-OAD	VOC中易科技	客户声音管理	为全公司提供及时、全面的用户声音动态，集合"线上咨询""退维修""智能机器人""舆情电商"等多渠道的用户声音，提供用户声音收集、可视化分析、问题监控识别、问题分发和闭环管理的一站式服务，助力公司产品和服务质量提升
	自研	营销高管决策	营销BI的App端，为总部高层、核心业务人员及代理高层提供营销服数据可视化门户及决策看板
G-ABD	永洪	DRP数据看板	专卖店精细化运营，门店PSI、预定、成本经营等精细化运营，会员、积分等用户运营

c. 建立质量安全保证和风险防控机制

OPPO参考COSO框架及ISO 31000标准的理念，构建公司风险管理体系，对公司运行过程进行全生命周期、全要素风险识别与管理，重点防范质量、安全、环保、合规方面的风险，贯穿于公司的全运营过程。OPPO风险管理框架如图2.4-3所示。

OPPO成立合规与风险管理委员会，建设和完善合规与风险管理体系，指导组织和能力建设，强化全员风险意识，推动组织的持续经营。OPPO风险管理组织架构如图2.4-4所示。

针对质量、安全领域，OPPO还成立了用户满意与质量管理委员会、环境健康安全委员会，对风险进行专门管理，确保质量、安全风险得到妥善管控。

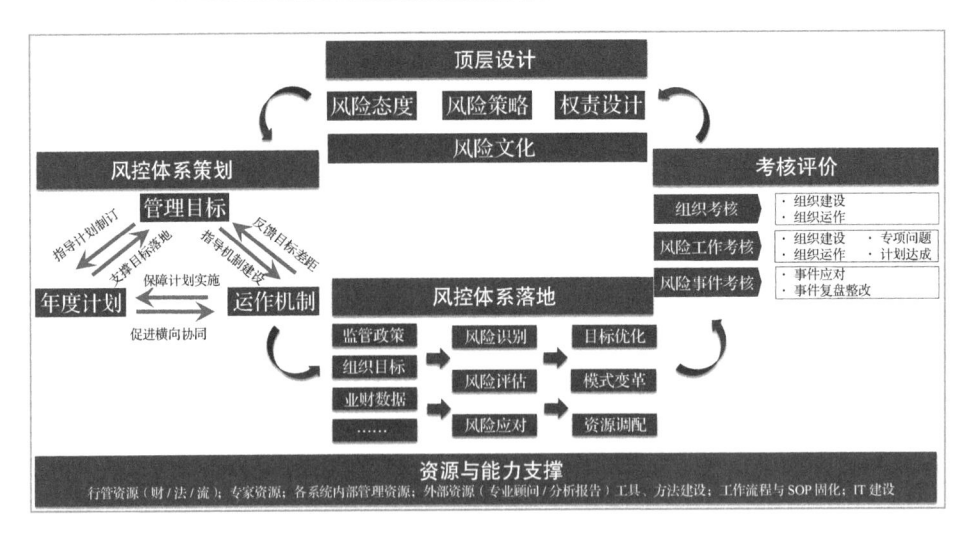

图 2.4-3　OPPO 风险管理框架

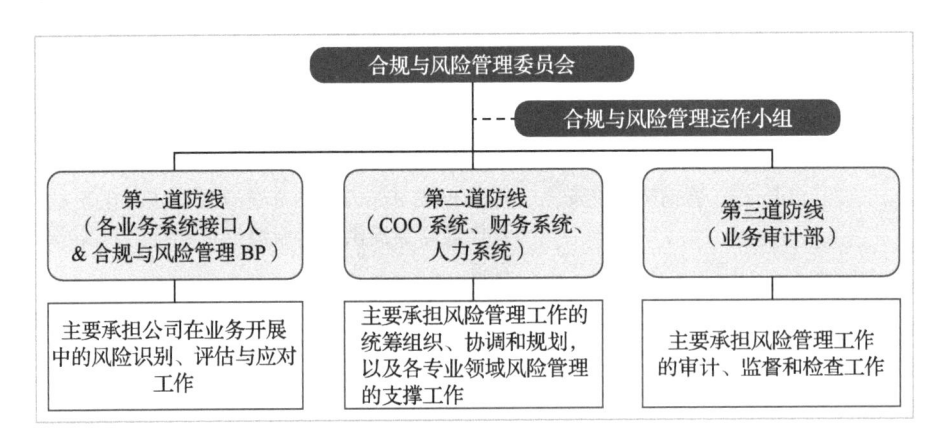

图 2.4-4　OPPO 风险管理组织架构

收集信息，确定风险类别：OPPO 从内外部视角对营销、研发、采购、制造、互联网服务、人力资源等各领域的风险进行全面识别，每年更新风险地图，确定风险类别。

风险识别和评价：OPPO 制定《风险管理基本制度》和《风险管理工作手册》，规范风险评价和分级管控。

每年公司合规与风险管理运作小组启动风险识别和评价工作，以风险地图为索引，全面系统识别风险，对风险发生的可能性与影响程度进行评价。

公司将风险分为重大风险、重要风险、一般风险、轻微风险、可忽略风险等五级。

风险应对：OPPO 根据风险等级对风险进行分级管理，组织制定对策措施，并监控措施的执行和风险的变化情况。对于公司级 TOP 风险，每季度向合规与风险管理委员会汇报，实现风险监控。

2.5 教育培训

a. 对公司战略进行分解，建立人才子战略，树立"人才是第一资源"的理念

OPPO 坚持"人才是公司的第一资源"的理念，建立完善的职业发展通道，构建以人为本的工作环境，将员工个人发展与公司的使命、愿景、战略目标及发展规划相融合，推动公司可持续发展。

OPPO 人才发展战略如图 2.5-1 所示。

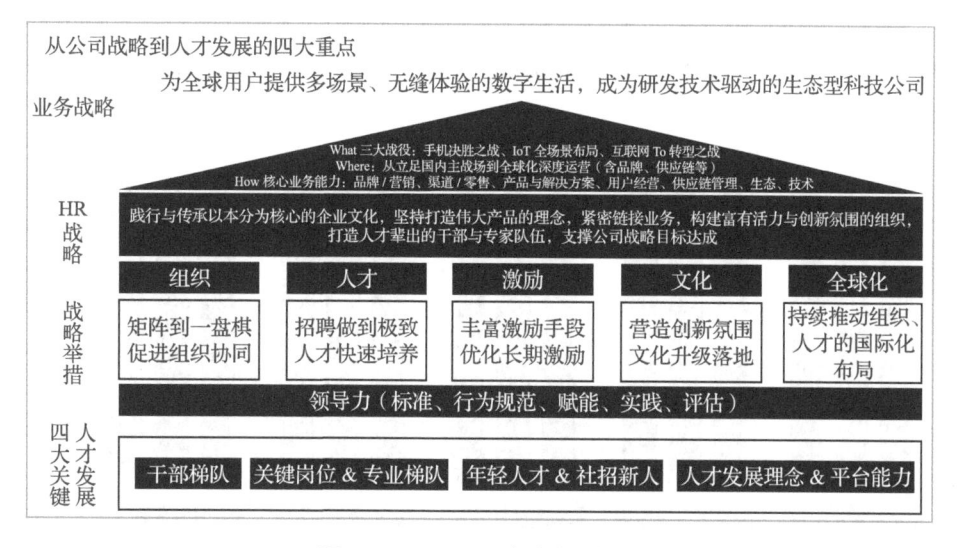

图 2.5-1　OPPO 人才发展战略

1. 通过人才盘点确定人才规划

每年公司确定业务战略后，就解码关键能力的变化，将其分解到未来组织设计和人才设计。对人才现状和人力基线进行盘点分析，发现人力数量、结构、能力、人效等方面的差距，结合行业洞察，确定未来人才队伍关键岗位上的管理者、专业员工的需求数量、能力层级、配比模式等。

OPPO 人才战略解码如图 2.5-2 所示。

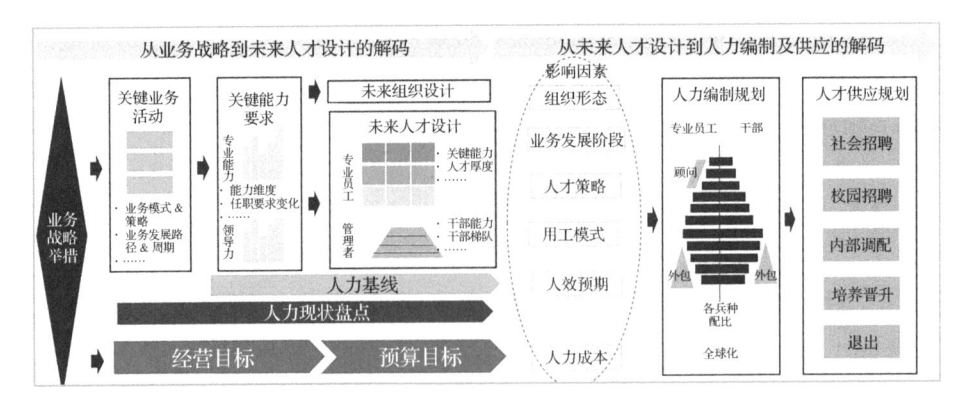

图 2.5-2　OPPO 人才战略解码

2. 建立完善的发展通道，牵引人才能力提升

公司根据各职位工作性质、工作内容、任职条件的相似性，职业发展方向的一致性，进行职位族、职位类、职位子类的划分，并根据公司战略对员工能力的要求，结合员工能力现状、人才成长的自然规律等因素，有针对性地确定员工的任职资格通道和发展路径。OPPO 员工职业发展通道如图 2.5-3 所示。

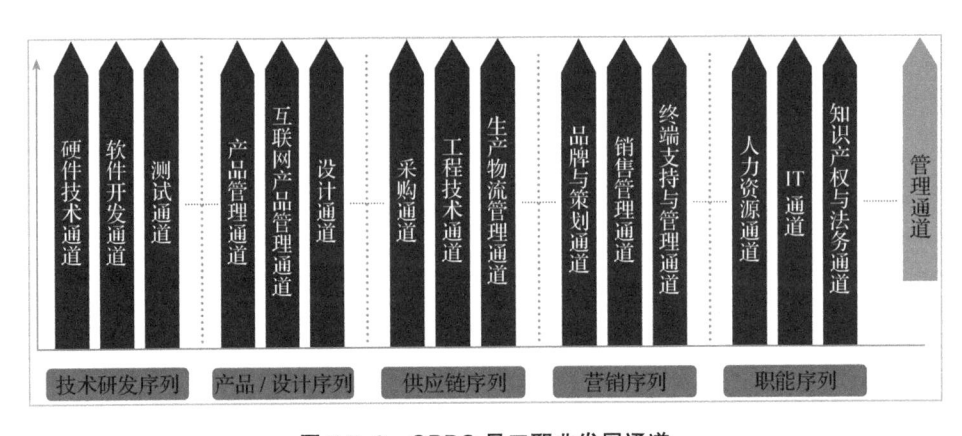

图 2.5-3　OPPO 员工职业发展通道

3. 打造共创共享的薪酬激励体系

公司打造让员工变成"主人翁"的共创共享的薪酬激励体系，坚持利益共享，让员工分享公司的经营成果。员工可购买公司股票，与公司共创价值，共享公司长期发展成果。

4. 营造以人为本的适宜工作环境

公司在硬件方面提供各项服务（班车、食堂、宿舍、员工优惠等），让员工工作舒心,并举办各类比赛等团建活动,让员工在工作之余加强沟通。公司提倡简单纯粹的工作氛围,实行看似冷酷的亲属禁止政策,但该政策维护了这种简单纯粹的同事关系,让大家不必担心因裙带关系而影响工作。

b. 建立员工的质量激励机制和质量考核制度,引导、鼓励和鞭策员工积极参与组织的改进和创新

OPPO制定了《质量激励问责制度》,引导、鼓励和鞭策员工积极参与组织的改进和创新。公司设立了质量奖(见图2.5-4、表2.5-1),在年度质量大会上隆重颁奖。另外,特别设置"勾践奖"作为负向激励,期待表现不好的项目团队知耻后勇,奋起直追。

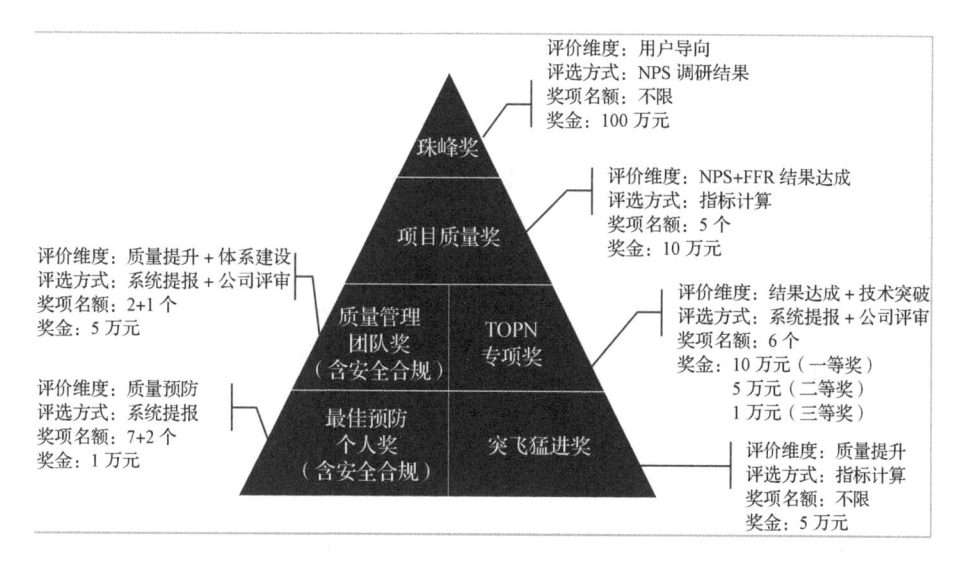

珠峰奖
- 评价维度:用户导向
- 评选方式:NPS调研结果
- 奖项名额:不限
- 奖金:100万元

项目质量奖
- 评价维度:NPS+FFR结果达成
- 评选方式:指标计算
- 奖项名额:5个
- 奖金:10万元

质量管理团队奖(含安全合规)
- 评价维度:质量提升+体系建设
- 评选方式:系统提报+公司评审
- 奖项名额:2+1个
- 奖金:5万元

TOPN专项奖
- 评价维度:结果达成+技术突破
- 评选方式:系统提报+公司评审
- 奖项名额:6个
- 奖金:10万元(一等奖)/ 5万元(二等奖)/ 1万元(三等奖)

最佳预防个人奖(含安全合规)
- 评价维度:质量预防
- 评选方式:系统提报
- 奖项名额:7+2个
- 奖金:1万元

突飞猛进奖
- 评价维度:质量提升
- 评选方式:指标计算
- 奖项名额:不限
- 奖金:5万元

图2.5-4 OPPO质量奖

表2.5-1 OPPO年度激励奖项

奖项	数量	对象	标准	奖金
珠峰奖	不限	产品	NPS排名首次达到行业第一,且连续两次调研均处于第一名	100万元
项目质量奖	5	产品	退维率和NPS各占50%,排名前五	10万元
质量管理团队奖(含安全合规)	3	质量管理团队	优秀的质量管理团队,由评委专家打分,进行排名	5万元

续表

奖项	数量	对象	标准	奖金
TOPN 专项奖	一等奖 1 名 二等奖 2 名 三等奖 3 名	TOPN 专项	优秀的 TOPN 专项，由评委专家打分，进行排名	一等奖 10 万元 二等奖 5 万元 三等奖 1 万元
最佳预防个人奖 （含安全合规）	9	个人	按标准评选，评委打分，进行排名	1 万元
突飞猛进奖	不限	业务团队	背负的质量指标提升超过 30%	5 万元
勾践奖	不限	业务团队	未达目标，造成质量事故	负向激励

OPPO 将质量事故从品牌伤害和经济损失两个方面分为四级（见表 2.5-2），落实"领导是第一责任人"的理念。

表 2.5-2　OPPO 质量事故等级

等级	责任人	责任主管	责任部长/中心 GM	责任高管
Ⅰ级	辞退且取消当年度年终奖金	辞退且取消当年终奖金	辞退且取消当年度年终奖金	辞退且取消当年度年终奖金
Ⅱ级	辞退或者职级降一级，留公司察看半年	辞退或者职级降一级，留公司察看半年	辞退或者职级降一级，留公司察看半年	月薪减半，为期一年
Ⅲ级	记过一次；年度绩效考核结果不高于 C	处罚 1000 分	职级降一级，留公司察看半年	—
Ⅳ级	处罚 200 分	处罚 500 分	处罚 1000 分	—

c. 开展教育培训以提升员工素质

OPPO 重视教育培训，2021 年投入 3000 万元用于员工培训，通过内部培训和外部培训相结合，提升员工素质。

1. 内部培训

重视讲师队伍建设：OPPO 制定了《讲师管理制度》，规范讲师队伍管理。截至 2021 年年底，拥有 400 人的专/兼职讲师队伍，并对讲师进行培训和认证，按岗位、价值贡献、能力要求将讲师分为初级、中级、高级、特级等四个级别。OPPO 内部讲师享有特有的荣誉和权益，包括证书、课酬、优先学习机会、年度评优重奖、长期耕耘特别激励等。OPPO 内部讲师能力模型如图 2.5-5 所示。

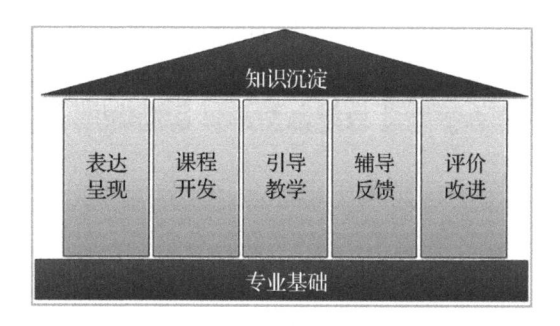

图 2.5-5　OPPO 内部讲师能力模型

新人培养系统化：OPPO 按不同人员的类型，开展新人培养，包括面向实习生的"寻梦者"计划、面向校招生的"逐梦者一阶""逐梦者二阶""逐梦者三阶"项目、面向社招人员的"筑梦者"计划，以及面向社招高端领军人才的"本分之心"计划。OPPO 新人（0~8 年）看护全景图如图 2.5-6 所示。

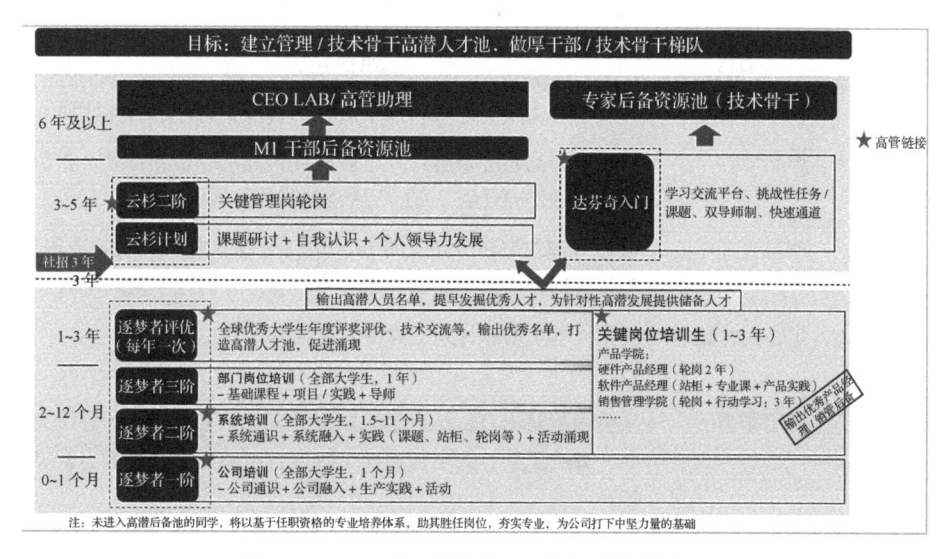

图 2.5-6　OPPO 新人（0~8 年）看护全景图

丰富的学习课程：根据公司发展和员工需求开发各类课程，通过线下授课、线上学习等方式对员工进行培训。

OPPO 课程中心如图 2.5-7 所示。

OPPO 人才发展项目和课程体系如表 2.5-3 所示。

图 2.5-7 OPPO 课程中心

表 2.5-3 OPPO 人才发展项目和课程体系

模块	项目	课程体系
领导力	领导力发展	针对 LB、LF、LL、LO 四个层级的管理者制订了培养计划
专业人才发展	产品学院	软件类产品经理培养计划、硬件类产品经理培养计划、整机产品经理培养计划、IoT 产品经理培养计划
	项目管理学院	项目管理攻坚班 – 硬工专班、项目管理攻坚班 – 软工专班、项目管理青训营 – 硬工专班、项目管理青训营 – 软工专班
年轻人才发展	年轻人才培养	校招大学生培养计划、高潜人才培养计划
通用能力课程	通用能力	从公司战略出发，结合组织发展需求，从自我管理、思维突破、方法工具、人际沟通四个维度，打造员工通用能力发展体系

2. 外部培训

公司与麦肯锡、IBM、深圳益策等多家科研机构或培训、咨询机构建立了长期的人才培养合作关系，每年选派员工进行相应课程的培训。

公司按照国家法律法规的要求开展安全生产管理、压力容器操作等相应岗位人员的培训，并邀请 SGS、广州赛宝等认证机构到公司进行 ISO 9001、

ISO 45001 等管理体系内审员培训，支撑管理体系的运行。

公司还鼓励相应岗位的人员参加对应的专业培训和考试，如项目管理 PMP、注册会计师，以及国家人社部门组织的职称资格评审等。

2.6　工匠精神

a. 树立精雕细琢、精益求精的工匠理念，培育新时期的工匠精神，提高员工素质和整体水平

1. 提炼工匠精神，融入企业文化，树立工匠理念

OPPO 企业文化中的"追求极致"就是对工匠精神的表达。"追求极致"的诠释如表 2.6-1 所示。

表 2.6-1　"追求极致"的诠释

序号	诠释
1	热爱产品，致力于打造伟大产品，崇尚强有力的产品表现
2	秉持工匠精神，对产品持续不断地推敲、打磨、优化
3	对待问题刨根问底，把工作做到极致
4	追求卓越品质

OPPO 的质量方针，即"不懈进取，精益求精，为用户提供令其完全满意的产品和服务，我们的品牌必须是高质量的象征"，也是对工匠精神的具体表达。

2. 通过岗位设定引导和鼓励员工专注于专业领域

OPPO 通过岗位设定引导和鼓励员工长期对专业领域进行钻研。公司将岗位划分为不同的岗族，具体包括管理族、技术族、专业族、操作族四大族，并设定基于技术和各专业领域的晋升通道。

在高职级的技术族和专业族岗位，其待遇可达到高级管理岗水平，如资深架构师可达到公司副总裁的待遇，首席架构师可以达到公司高级副总裁的待遇，从而引导专业技术人员深耕本领域。

3. 设置奖项鼓励"追求极致"

为鼓励"追求极致"的工匠精神，在 OPPO 荣誉体系中专门设置了极致体验奖，对持续打磨、精益求精，成为行业标杆的团队进行激励。OPPO 极致体验奖说明如表 2.6-2 所示。

表 2.6-2　OPPO 极致体验奖说明

项目	具体说明
评奖对象	全公司个人/团队
评选标准	符合年度极致体验奖标准，且达到业界顶级标杆水平
评选周期	年度
名额	不限
激励措施	定制奖杯，奖金 100 万元

b. 发扬工匠精神，打造高质量的产品，提高组织的核心竞争力

OPPO 发扬工匠精神，秉承长期主义，自成立以来一直专注于电子消费行业。公司从 2008 年进入手机行业，至今已十余年，2021 年成为中国份额第一，全球份额前三。

1. 赞美宣传工匠精神

OPPO 通过对体现工匠精神的文化案例进行分享，在公司范围内营造"追求极致"的氛围，发扬工匠精神。

2. 选定方向，长期投入，提高组织的核心竞争力

OPPO 自 2008 年以来一直专注于手机行业，经历功能机、智能机时代，洞察到充电、影像、新形态手机等领域可以极大地提升用户体验，并在这些领域不断打磨，发扬"追求极致"的工匠精神，取得了重要成果。

（1）充电领域。截至 2021 年，OPPO 全球 VOOC 闪充用户已突破 2.2 亿人次，该领域申请的专利超过 3300 项。随着 OPPO 在充电领域的不断投入，充电领域的人才也得到了极大的成长。例如，从闪充技术研发之初就开始在此领域研究的张加亮，被誉为充电领域的"闪充之父"。OPPO 在充电领域的突破如表 2.6-3 所示。

表 2.6-3　OPPO 在充电领域的突破

年份	事件
2014	OPPO 首次发布 VOOC 闪充技术，"充电 5 分钟，通话 2 小时"成了耳熟能详的广告语
2018	OPPO 发布 Super VOOC 超级闪充，创造性地提出了串联双电芯方案，使功率提升到 50W，进一步增强了 OPPO 手机的竞争优势

续表

年份	事件
2019	Super VOOC 2.0 面世,"充电 5 分钟,开黑 2 小时"的黑科技继续在商用市场一骑绝尘
2022	OPPO 发布 150W 长寿超级闪充,以及 240W 超级闪充,再次引领行业

（2）影像领域。OPPO 早在功能机时代就以主打"OPPO 拍照手机"占据行业领先地位和用户心智,之后在影像硬件、影像软件、影像算法等领域持续投入,不断为用户带来充满惊喜的影像体验。截至 2021 年年底,公司在影像领域的专利超过 9800 项。

（3）新形态手机领域。产品结构形态的创新也是 OPPO 长期专注的领域,新形态能让消费者感受到科技的进步。OPPO 历代新形态手机如表 2.6-4 所示。

表 2.6-4　OPPO 历代新形态手机

年份	产品	说明	图片
2013	OPPO N1	拥有 206 度自由停旋转摄像头	
2014	OPPO N3	N1 的升级版,电动旋转摄像头	
2018	OPPO Find X	采用双轨潜望结构,获得第二十一届中国专利奖外观设计金奖	
2020	OPPO X 2021	卷轴屏概念手机	

2022年发布的折叠屏手机Find N，是OPPO工程师团队在四年时间内迭代六代折叠方案的结晶。Find N的"水滴铰链"方案，可以实现"零感折痕""无缝折叠"体验，仅铰链方面就申请了125项专利技术。

在研发过程中，研发团队获得了极大的成长，正如央视所报道的：他们玩命追赶，追成了"大神"。团队成员在"追求极致"的过程中成长为专业领域的工匠，企业在"追求极致"的过程中形成核心竞争力，工匠精神在OPPO生根、发芽并茁壮成长。

2.7 质量变革

a. 提升产品的质量水平，通过不断改进产品质量，形成产品的独特竞争优势和对产业链的参与优势

OPPO注重产品质量，通过高水平的质量策划、快速彻底解决质量问题以及持续不断的质量改进，提升产品的质量水平。2021年，OPPO手机产品的退维率达到历史最好水平，产品NPS持续提高，形成产品的独特竞争优势。

1. 高水平的质量策划

OPPO重视质量策划，建立了完善的IPD流程，采用行业最严格的验收标准，覆盖软件、硬件、材料、外观、可靠性、用户体验等方面；提前识别风险，积极采取措施，并对风险实时监控；对新技术在管控上保证周期，尊重客观规律，减少新变量，降低管控难度，做好周全验证。

2. 不断改进产品质量

在产品上市初期，公司快速解决质量问题，不断改进产品质量。每个项目都成立品质改善团队，上市初期每日召开品质改善例会，通过监控市场数据、退维修数据，分析失效原因，制定纠正措施，快速解决初期质量问题。在处理问题时秉承"三现""四不放过""黄金72小时""月闭环"原则。对于共性的难点质量问题，成立TOPN质量专项，以专项运作的方式彻底解决。OPPO的TOPN专项运作机制如图2.7-1所示。

公司在质量激励中设立了TOPN专项奖，激励全员攻坚克难，提升质量水平。

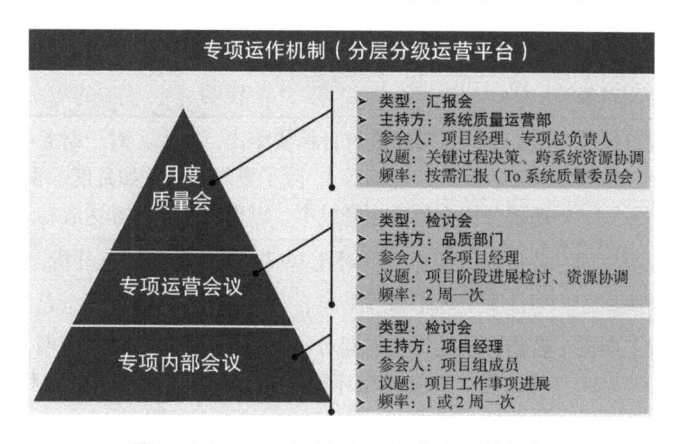

图 2.7-1　OPPO 的 TOPN 专项运作机制

3. 联合合作伙伴共同解决问题，形成独特的竞争优势和对产业链的参与优势

通过对各方面的洞察，OPPO 联合产业链伙伴共同解决问题和开展创新，在充电、影像、屏幕、周边生态等领域获得了独特的竞争优势。

例如，通过与联发科长期合作，OPPO 在 2022 年首发联发科天玑 9000 旗舰处理器，获得先发优势；通过与三星联合开发，OPPO 在折叠旗舰手机上首次使用 UTG 玻璃屏，极大地提升了用户体验；通过与武汉大学联合开发，OPPO 采用新型散热材料的手机壳，创新性地使手机温度降低了 2.5℃。

b. 改善产品或服务质量、工艺技术及管理水平等方面的差距，以提升产业链组织的稳定性

1. 定义维度和标准，识别并确定差距

公司通过 DSTE 流程，建立《指标字典》，构建"公司—部门—岗位"的目标分解体系，收集目标的达成情况和趋势，进行内外部对比，识别差距。

（1）内部对比。为确保实现战略目标，保持可持续发展，公司选择关键绩效指标进行预实分析、同比分析、环比分析，组织改进和创新。内部对比分析类型如表 2.7-1 所示。

（2）外部对比。公司定期与标杆和竞争对手进行外部对比，包括信息收集整理、差距分析、制订行动计划、持续改善四个环节。外部数据信息收集一览表如表 2.7-2 所示。

表 2.7-1　内部对比分析类型

分析类型	对比对象	说明
预实分析	跟目标比	KPI 指标的实际值与目标值相比，其中，对于财务类指标（如销售量、收入、利润等），除了要与当期（如月度、季度）目标比，还要分析全年目标完成率，以审视全年目标达成有无风险
同比分析	跟历史同期比	若指标有历史同期对比基线，则需进行同比分析，如销售收入、中高端手机销量等指标
环比分析	跟上期比	若指标缺乏历史同期对比基线，或数据波动不定期，不具备同期可比性，则应进行环比分析，并通过趋势进行过程能力分析对比，如 NPS 指标

表 2.7-2　外部数据信息收集一览表

类别	数据和信息内容	收集渠道	部门	频次
行业分析	行业政策分析与研究、市场监测信息、行业新闻动态解读	战略传播小喇叭、HiO 情报所	战略中心	每天
	销量统计	BCI、GFK 等第三方报告	战略中心	每月
行业调研	品牌调研信息	品牌调研	市场营销部	每季度
	质量 & NPS 调研信息	NPS 调研、客诉平台、电商评论数据	质量部	每月
产品技术	专利、期刊文献资料、标杆企业与竞争对手的新产品信息	专利网站、期刊以及市场	研发部	实时
	同行技术	参观、交流、研讨	研发部、战略中心	不定期

公司采用纵向对比和横向对比两个维度，对竞争对手和行业标杆的关键数据和信息进行对比分析，寻找差距和改进点，对比分析指标如表 2.7-3 所示。

表 2.7-3　OPPO 与竞争对手和行业标杆对比分析指标

类别	主要对比分析指标	责任部门	分析频次	分析形式
研发技术	技术领先性、壁垒专利包、研发费用率、高级技术专家占比等	研发部	季度	技术检讨会

续表

类别	主要对比分析指标	责任部门	分析频次	分析形式
产品竞争力	核心产品的规格、功能、品质、产品NPS、成本、毛利率等	产品线、供应链、质量部	月度	质量会议、月度经营检讨会
市场营销	核心产品声量、搜索指数、核心市场品牌知名度、品牌偏好度等	市场营销部	月度	月度经营检讨会
渠道销售	销售收入、价格（ASP）、销量、利润额、行业排名、手机市场份额、线上线下结构、中高端销量结构、核心客户销量占比等	销服战区、中国区	月度	月度经营检讨会
用户运营	用户数、ARPU、服务NPS、内容投入、好评率等	互联网服务战区	月度	月度经营检讨会
费用效率	营销费用率、销售费用率、管理费用率、人均利润、项目人月投入等	财务部、各业务部	月度	月度经营检讨会
管理效率	流程成熟度、IT系统覆盖率、线上审批率等	流程IT部	月度/半年	月度凤凰计划会议/半年流程调研
人力资源	领军人才招聘率、员工学历结构、员工流失率、员工敬业度等	人资中心	月度/半年	年度人力资源委员会会议

2. 评审差距并采取改进措施

识别差距后，由各领域进行决策。通过检讨会议地图，基于收集的内外部数据，对各项指标进行检讨，快速发现问题，制定纠偏、改进策略。OPPO绩效差距分析方式如表2.7–4所示。

公司通过投资决策会、经营检讨会、年度重点工作检讨会、变革项目管理会、合规与风险管理季度例会以及各系统、各部门会议，将反馈的绩效问题和不足转化为改进项目与任务，纳入决议事项进行管理。

为了聚焦重点，有序管理，运营部将决议事项进行分类，并按照影响程度、紧急程度，以及管理层在不同阶段反复提及的次数，进行了优先级排序，筛选出重点关注事项，从而集中精力推动该部分事项的落地（见表2.7–5）。

表 2.7-4 OPPO 绩效差距分析方式

层次	分析方式	分析内容	频率	分析结果传递方式	主导部门
公司层面	投资决策会	批准投资项目的决策	不定期	投资计划书、会议纪要等	投资部
	战略研讨会	基于有效的市场洞察，分析内外部环境，识别公司所面临的机遇和挑战，挖掘公司自身的优劣势，确定公司未来发展战略的方向和目标	季度	市场洞察报告、战略发展规划、战略专题报告等	战视中心
	人力资源委员会	讨论公司重大人事任免等事宜	月度	人资专题报告、会议纪要等	人资中心
	经营检讨会	基于财务及运营的视角，审视任期经营成果，运营状态、识别重大经营风险，挖掘根因，输出改善举措；基于目标分解及滚动经营预测，输出把握市场动机及达成下期经营目标的行动计划，解决重大资源诉求，促进公司经营目标达成	月度	经营检讨报告、财务分析报告、会议纪要等	COO 系统、运营部
	年度重点工作检讨会	检视公司年度重点工作各里程碑及指标的达成情况、分析根因，讨论改善举措，促进公司战略在当年的落地	月度	重点工作检讨报告、会议纪要等	COO 系统、运营部
	变革项目管理会	审视公司重点管理变革项目里程碑及目标的达成情况、分析差距根因，制订追赶计划，协调公司资源，保障变革项目的有效落地	月度	管理变革项目报告、会议纪要等	COO 系统、流程及 IT 中心
	合规与风险管理季度例会	批准并推进合规与风险管理的战略规划、建设和完善合规与风险管理体系，审议和批准合规与风险管理重大事项，审视合规等扣分项指标根因及指导制定改进举措	季度	重大事项专题报告、合规与风险计划报告、会议纪要等	COO 系统、法务合规中心
	质量季度检讨会	分析产品和服务质量，解决共性问题，提高业务效能与质量经营水平	季度	分析报告、会议纪要等	COO 系统、质量部
	高管述职会	审议公司高管述职报告，开展个人绩效考核	半年度	述职报告等	人资中心

续表

层次	分析方式	分析内容	频率	分析结果传递方式	主导部门
部门层面	月度经营检讨会	基于财务及运营的视角，审视任期经营成果，运营状态，识别重大经营风险，挖掘根因，输出改善举措；基于目标分解及滚动经营预测，输出把握市场机会及达成下期经营目标的行动计划，促进部门经营目标达成	月度	经营检讨报告，财务分析报告，会议纪要等	各系统运营部
	系统人力资源委员会分会	部门人力审视及干部任命决策	月度/不定期	专项报告，会议纪要等	系统HR部
	产品质量月会 产品NPS月会	围绕产品质量情况展开检讨，分析质量管理水平，输出改善举措	月度	质量分析报告，会议纪要等	系统质量管理部
	财务沟通会	分析收入、利润，成本预算管理实施情况等	月度	财务报表等	各利润中心财经部门
	职能管理例会	审视系统职能部门工作进度，寻找差距根因，输出改善计划，明确奖惩方案	月度	工作报告，会议纪要等	各系统
	部门工作例会	审视部门指标达成情况，分析工作差距的原因，审议部门重要人事安排及工作调整	每周/双周/月度	工作计划跟踪表，会议纪要等	各部门
	系统管理干部述职会	审议系统高管述职报告	半年度	述职报告等	系统HR部
关键岗位层面（员工层面）	干部述职会	审议部门主管的述职报告，开展干部绩效考核，述职会，以及绩效面谈	半年度	述职报告等	HR部
	员工述职会	审议骨干员工的述职报告，开展员工个人绩效考核，绩效面谈	半年度	述职报告等	

表 2.7-5　OPPO 决议事项优先级筛选

决议类别		决议事项	重要和紧急程度	提及次数	提及场合
策略	产品策略	减少 SKU（减事）	重要且紧急	2	BP 决策委员会补审；Q1 经营检讨会
		确定产品节奏（OPPO、OnePlus）	重要且紧急	2	3月决议汇报；Q1 经营检讨会
		Find/Reno 卖点深挖，与竞品的差距分析、复盘	重要且紧急	2	Q1 经营检讨会；2月营销服联席会
	销售策略	确定电商策略（618、天猫、京东）	重要且紧急	2	3月决议汇报；919 决策委员会会议
		安排海外销售工作（亚太地区、印度地区、西欧地区向决策委员会定期汇报；亚太地区向中国看齐；印度电商专供操盘）	重要不紧急	3	BP 决策委员会会议；3月决议汇报；Q1 经营检讨会
组织人才		人力顶层设计	重要不紧急	2	3月决议汇报；4月人力资源委员会会议
		激发管委会成员	重要不紧急	2	2020 年上半年检讨、Q3 经营检讨会

按照决议事项的优先次序，先在组织内实施改进和创新举措，并传递到关键供方和合作伙伴，以改善产品质量、工艺技术及管理水平等方面的差距，提升产业链的稳定性。

若改进和创新涉及关键供方和合作伙伴，则由市场营销、投资、供应链等部门协助，以内部承接部门为主责方，制订详细计划。然后主动与外部伙伴进行合作协商，通过协同开发、战略联盟、业务合作等方式，定期沟通，共同推进创新，提升产业链的稳定性。

c. 开展质量改进活动

公司建立务实的绩效改进体系，在对绩效数据进行测量与分析的基础上，实施公司、部门、个人层面的绩效改进活动，通过"制订改进计划—实施改进措施—评价改进绩效—反馈改进结果"的 PDCA 循环，有效促进公司各部门、各层级绩效与质量提升。OPPO 改进项目推进方法如图 2.7-2 所示。

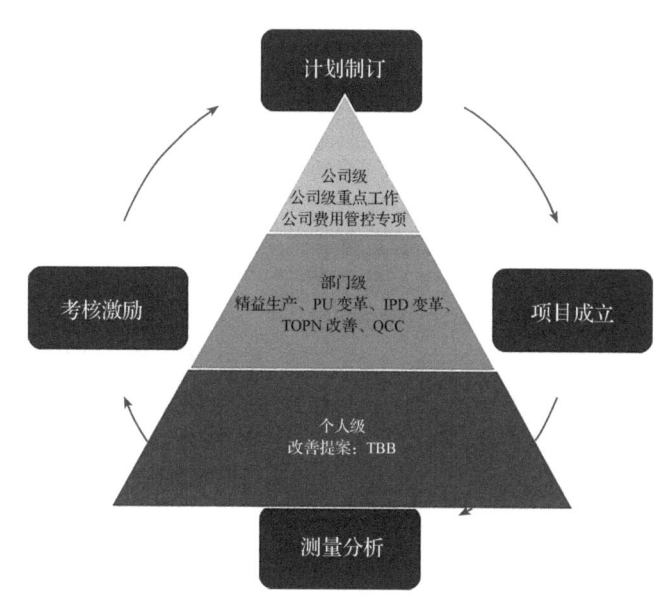

第一章 OPPO 广东移动通信有限公司

```
        计划制订
       /\
      /公司级\
     /公司级重点工作\
    /公司费用管控专项\
   /------------\
  /    部门级    \
 / 精益生产、PU变革、IPD变革、\
/    TOPN改善、QCC    \
/------------------\
/      个人级       \
/    改善提案：TBB    \
/_____\

考核激励 ← → 项目成立
        ↓
      测量分析
```

图 2.7-2　OPPO 改进项目推进方法

OPPO 各层级改进说明及部分成果如表 2.7-6 所示。

表 2.7-6　OPPO 各层级改进说明及部分成果

层级	方法/工具	内容说明	管理部门	成效
公司层	重点工作	重点工作是公司级战略规划解码出来的关键任务在本年度的具体措施。公司级重点工作一般不超过10项	运营部	高端手机销量同比增长100%，中高端手机NPS达26%，环比增长10个百分点。电商销量同比增长500%，付费用户数提升40%，软硬工研发效率提升20%，等等
	费用管控专项	费用专项整治联合工作组制定专项管控目标，明确短期与中长期实施方案	运营部	纳入费用管控的系统有10个，识别出精简项目共304项，费用较同期减少5亿元
部门层	精益生产（TPS）	精益1.0到精益3.0，从组织上进行端到端的流程梳理和变革，承包到户，推行厂长责任制	供应链	建立OPPO供应链精益运营体系，输出精益方法论工具包，推广至全球工厂，完成各精益支柱国内标杆车间的建立。发布OPPO供应链精益带级人才认证管理机制，持续培养精益人才

续表

层级	方法/工具	内容说明	管理部门	成效
部门层	PU 变革	结合当前业务痛点（采购方法缺失、组织能力无沉淀、CEG 前端支撑不足等），优化采购策略和 CEG 运作模式，调整组织机制	供应链	规范 CEG 组运作机制，提升采购代表的专业性和影响力。提升 OPPO 采购端到端的交付能力与组织运作效率；输出采购工作原则，从理念和认知定位上指导业务开展
	IPD 变革	运用 IPD 方法进行流程优化改进	产品线	流程夯实及数字化运营：IPD 流程补全完善，L4 级流程覆盖率达 95%；建立 IPD 与供应链、IMS、架构设计、路线图规划等协同机制，启动研发 IT 数字化能力建设，并入公司级 IT 建设（凤凰计划）之中，构建技术竞争力指标体系，为技术项目管理数字化奠定数据基础
	质量 TOPN 改善专项	支撑公司质量目标及战略达成，承接质量重点工作，围绕 FFR、NPS 等指标专项改善，攻克重点难题	质量部	产品质量有了极大提升，从 2015 年至 2021 年，手机返修率降低近 50%，达到历史最好水平，产品口碑大幅提升，节省大量返修成本
	QCC（质量控制圈）	运用全面质量管理思想、方法，实现全面、全员、全过程质量管理	质量部	通过开展 QCC 活动进行全员工作改善，激发广大员工的积极性和创造性，从 2017 年至 2021 年，开展了超过 120 项 QCC 活动，创造了良好的经济效益
个人层	改善提案：TBB	对工作现场、业务痛点等立即改善，自己采取措施解决并取得效果	质量部	激发了广大员工的积极性和创造性，2021 年参与超过 3742 人次，实现改善参与者的自我价值，也创造了良好的经济效益，每年节约成本超过 5 亿元

3 创新

3.1 动力变革

a. 将创新理念融入组织之中，建立、实施和保持创新管理体系

1. 将创新理念融入企业文化中，发展成为技术研发型企业

OPPO将创新理念融入公司使命"科技为人，以善天下"中，始终致力于"致善式创新"，以科技的手段，实现每一个人对美、对想象力、对人性的追求。

OPPO本分文化中的"用户导向、追求极致"强调从用户角度出发，不断打磨，通过持续积累达到创新突破，可见创新理念已刻入OPPO的DNA。

OPPO近年来投入大量的资源进行各领域的创新和变革，形成了广泛的创新氛围，已发展成为技术研发型企业。

2. 建立、实施和保持创新管理体系，提高组织效益和竞争优势

OPPO成立技术决策委员会、前沿研究组织，制定《创新项目管理办法》、绩效改进和创新激励机制，从组织架构、制度、过程监控、成果转换等方面全方位促进创新。

（1）技术决策委员会负责公司技术方向选择和技术能力积累，驱动公司长期发展。技术决策委员会由公司CTO担任主任，各技术线高管为成员，负责制定公司技术战略，决定公司技术架构顶层设计及重大技术投资，营造技术创新文化氛围，建立适配的研发技术组织和人才体系。

（2）前沿研究组织OPPO研究院对技术创新负责，采用"总部—研究所—合作创新中心"三层模式进行创新管理。

（3）建立绩效改进体系，开展各层级的改进创新活动，包括公司、部门、个人层面的改进创新活动。

OPPO重大创新性改进项目（节选）如表3.1-1所示。

表 3.1-1　OPPO 重大创新性改进项目（节选）

项目	年度	投入
凤凰计划 1.0	2021	6.5 亿元
NPS 体系导入	2020	800 万元
ALM（缺陷 & 需求管理工具）IT 项目	2020	990 万元
非生产采购流程梳理及 IT 建设	2020	500 万元

b. 发现创新机会并管理创新过程

公司"自上而下"和"自下而上"地发现创新机会并管理创新过程。

自上而下：公司通过战略洞察和规划，提出新业务方向和机会，以战略执行流程进行创新管理。对新业务机会，招募并确定项目负责人，开展创新项目。

自下而上：项目发起人发现创新机会，主动发起立项申请。

OPPO 制定《创新项目管理办法》，对创新项目进行管理。

1. 发现创新机会

为发现创新机会，OPPO 确定了创新项目的基本原则（见表 3.1-2）、业务范围（见表 3.1-3）以及责任部门（见表 3.1-4）。

表 3.1-2　OPPO 创新项目的基本原则

序号	基本原则
1	业务开展符合公司战略规划
2	业务有利于形成公司在万物互融时代的生态护城河
3	业务自身具备成长性，可以实现自负盈亏
4	坚持市场化竞争原则，不损害公司整体利益

表 3.1-3　OPPO 创新项目的业务范围

序号	业务范围
1	在公司新赛道解决方案侧的各类机会点，如健康、金融、教育、大文娱、智能家居、出行、办公等新赛道
2	新的产品品类，如音箱、平板等硬件产品，或新软件产品
3	可能形成新商业模式的服务，如快递服务、教育服务等
4	能够增强产品竞争力的新技术或者技术创新，如 Cyber Real 等
5	跨行业、跨模式的新业务机会，如家居前装市场、校园教育市场等

表 3.1-4　OPPO 创新项目的责任部门

责任部门	职能
决策委员会	决策机构
评审委员会，成员包括但不限于业务负责人、战规负责人、财经负责人	评审机构
战略与业务发展中心、财务中心	投后跟踪机构

2. 管理创新过程

OPPO 管理创新活动说明如表 3.1-5 所示。

表 3.1-5　OPPO 管理创新活动说明

活动	说明
立项评审	在发现创新机会后，由评审委员会进行立项评审，并由决策委员会决策
确定负责人及团队	公司根据创新项目的特点及其与公司现有业务的协同和关联程度，设立新项目事业部或独立公司进行运作。创新项目负责人应具备经营意识、创新思维及组织领导能力，具有追求卓越、敢于挑战的创业精神。创新项目负责人被任命为事业部或独立公司总经理，负责组建团队和管理团队，对项目结果负责
跟踪管理	1. 评审委员会、决策委员会、战略与业务发展中心、财务中心负责对创新项目进行立项评审、投资决策和投后跟踪 2. 决策委员会决定新项目团队整体绩效与分配的基本原则，新项目总经理自行规划和实施新项目的分配细则 3. 财务中心及时监督新项目的财务状况和经营情况，并对投资效果进行评价；每季度向评审委员会书面报告项目的实施进展 4. 财务中心年度总结分析公司创新项目的整体运营情况并向决策委员会汇报 5. 财务中心年末对组织绩效进行考核。考核指标主要分为战略导向指标（市场占有率、品牌影响力、新增技术创新点、行业领先的产品卖点等）和业务基本面指标（销量、收入、现金收入、净利润、费用预算执行率等）
退出机制	项目在合适时机进行退出和中断

3. 建立创新激励机制

OPPO 建立多层级的技术创新激励机制，如鼓励获得知识产权和专利成果、针对突破性创新制定荣誉管理制度。

（1）鼓励获得知识产权和专利成果。公司制定《OPPO 知识产权管理规定》，激励研发人员开展技术创新工作，获得知识产权和专利成果。OPPO 专利奖励条款细则如表 3.1-6 所示。

表 3.1-6　OPPO 专利奖励条款细则

国家或地区	专利申请奖励
欧洲各国、美国、日本、韩国、澳大利亚、新西兰、以色列	1000 美元
中国（包括港澳台地区）	3500 元人民币（提案等级优秀） 1500 元人民币（提案等级良好） 500 元人民币（提案等级达标）
印度、泰国、越南、印度尼西亚、马来西亚及其他	400 美元

（2）制定《OPPO 荣誉管理制度》，多维度激励创新。《OPPO 荣誉管理制度》对为公司发展做出突出贡献的伙伴或团队进行肯定，营造不断追求卓越、为他人喝彩的良好氛围。

OPPO 荣誉评价维度如表 3.1-7 所示。

表 3.1-7　OPPO 荣誉评价维度

序号	维度
1	围绕"All for one"的战略宣言，基于用户体验打造伟大产品和领先服务
2	敢于质疑、敢于创新、敢于突破，主动发起引领行业趋势的核心技术突破，并产生显著的商业和用户价值
3	开创局面，扭转局势，开疆拓土，超预期完成业务目标，引领业务领域变革，促进业务重大转型和发展
4	开放共赢、高效协作，积极构建生态，发挥产业链价值

OPPO 荣誉体系如图 3.1-1 所示。

OPPO 公司级荣誉奖项介绍（部分）如表 3.1-8 所示。

表 3.1-8　OPPO 公司级荣誉奖项介绍（部分）

奖项名称	评奖对象	评选标准	评选周期	名额	激励措施
科技引领奖	全公司个人/团队	通过技术解决用户核心痛点，为公司的产品和服务带来引领行业趋势的核心技术突破，有显著的经济效益，并提升科技品牌力	年度	不限	定制奖杯；奖金 100 万~300 万元
科技贡献奖					定制奖杯；奖金 50 万元
课题奖					定制奖杯；奖金 5 万~50 万元

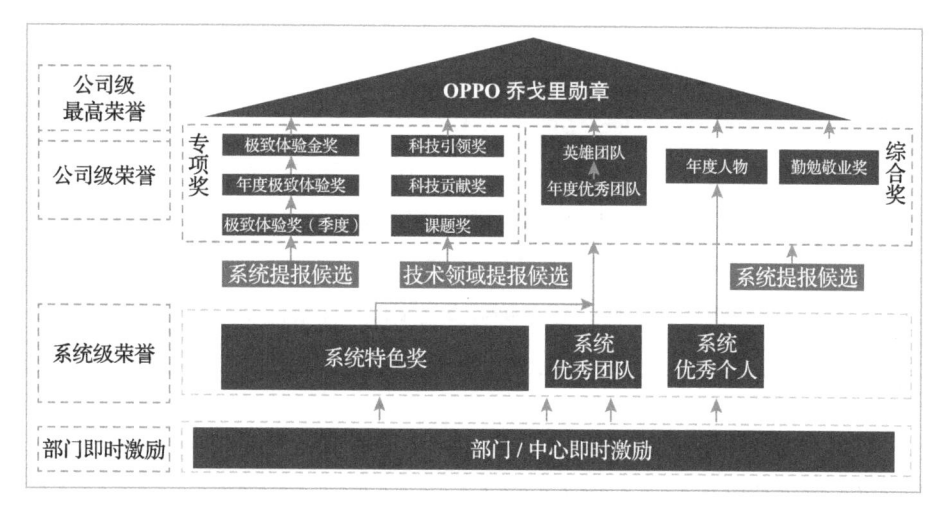

图 3.1-1 OPPO 荣誉体系

OPPO 系统级荣誉由各系统评选，以硬件工程系统为例，2021 年设置了千万级奖金。OPPO 系统级荣誉奖项介绍（部分）如表 3.1-9 所示。

表 3.1-9 OPPO 系统级荣誉奖项介绍（部分）

荣誉名称	荣誉资格和奖励导向	驱动要素	奖励金额
硬工英雄团队/年度人物	候选人/团队从系统季度优秀个人/优秀团队中产生；激励整年度工作有突出亮点，对产品成功、技术突破、实现行业领先有显著贡献者	结果导向、追求极致、突破创新	24 万元
技术创新、体验创新	激励组织内部涌现敢于突破、追求卓越、潜心技术创新的人员/团队，助力组织创新氛围营造及创新结果产出	突破创新	450 万元
高端机品质必达专项奖	对高端机项目级领域质量目标达成有重大突破的个人和团队进行嘉奖	突破创新	240 万元

c. 追求被认定为可实现/可控制的风险的机会，以及在合适的时机中断此活动以支持更优先的机会

公司基于风险和机会可控原则，将业务根据成熟度分为 H1、H2、H3、H4 四类，其中 H3 和 H4 业务是保障公司健康长久发展的创新业务，匹配了弹性资源投入。业务成熟度分类确定了公司对不同级别业务的风险容忍度，从而既控制风险，又抓住机遇，大胆创新。OPPO 业务级别及说明如表 3.1-10 所示。

表 3.1–10　OPPO 业务级别及说明

业务级别	定义	说明	资源投入比例
H1	基石业务	公司长期稳健发展的基石，如手机硬件业务	高
H2	增量业务	三年后成为利润主要来源，如线上业务	中
H3	探索业务	构建未来长期增长机会与优势，如 IoT 业务	低
H4	孵化业务	探索下一代产业，如 6G 及终端形态探索、VR 等	资源封顶投入，控制亏损，不求短期回报

公司立足中长期战略规划，对行业、企业未来发展趋势进行深入分析，得出以下关键战略机会（见表 3.1–11）。

表 3.1–11　OPPO 关键战略机会（部分）

机会	机会内容和意义	业务
新形态手机	传统形式的手机已基本饱和，折叠屏等新形态手机将创造新的业务增长点	折叠屏手机
万物互融	随着智能时代的到来，从单一设备发展为各个设备相互链接已成为一种趋势，多设备战略将提高品牌影响力、用户黏性和产品销量	硬件：无线数据终端 CPE、智能电视、平板、智能手表、无线耳机 软件：跨屏互联、投屏、智慧家居（控制空调、门锁等）
芯片	高端品牌必须有自己的核心技术，芯片作为技术难度最大的产品，必须攻克，以提升品牌影响力，解决"卡脖子"问题	芯片

以芯片研发为例，2019 年，OPPO 启动了马里亚纳计划，该计划由公司 CTO 主导。同时，公司成立了芯片技术委员会，在全球范围内广纳贤才，组建起一支超过 500 人的芯片团队。历经三年的不懈努力，OPPO 首款芯片于 2021 年 12 月正式发布，这款芯片具备顶级性能，并应用于 OPPO 高端旗舰手机 Find X5 中。

公司制定了《创新项目管理办法》，明确规定了创新项目的退出机制。当新项目经营过程中出现资金使用超出限定值、持续亏损、资金链断裂，以及其他对品牌产生重大不利影响的情况时，创新项目将被终止，以便及时回笼资源，投入到更具潜力的机会中。

3.2 创新能力

a. 建设创新平台和打造科研创新团队,并保持创新平台的有效运行

1. 建设创新平台和打造科研创新团队

OPPO 致力于打造软硬服一体化的技术体系,建立了完善的技术创新管理组织。OPPO 的技术创新管理组织与技术领域相对应,通过 36 个技术管理组(Technology Management Group,TMG)持续对各技术线进行精细化管理和提升。OPPO 技术创新管理组织如表 3.2-1 所示。

表 3.2-1 OPPO 技术创新管理组织

技术创新管理组织	技术领域	技术线
硬件工程系统	硬件技术	硬件技术线(14 个) 芯片技术、硬件架构、硬件平台、Memory、影像等
软件工程系统	软件技术	软件技术线(10 个) 基础软件平台、Android 系统、多媒体应用等
数智工程系统	数智技术	数智技术线(6 个) 大数据服务、云侧安全、云服务等
OPPO 研究院	先行技术	先行技术线(6 个) AR 技术、标准研究、语音语义算法等

以 OPPO 研究院来说,其总部坐落于深圳,在全球设有六大研究所,分别位于中国的深圳、东莞、北京、上海,以及美国、日本。OPPO 研究院聚焦语音语义、计算机视觉、数据智能、情境智能、材料科学、电源科技、标准协议、软件架构、硬件架构这九大技术领域,开展前沿研究,以此构建 OPPO 的核心技术能力。

在组织架构上,OPPO 研究院构建了"研究院总部—研究所—联合实验室和创新中心"的三层模式:研究院总部承担着总体规划管理工作,同时开展特定方向的技术预研与突破,推进技术的工程化落地;研究所专注于特定方向的技术预研与突破;联合实验室和创新中心则通过与企业、高校、外部科研机构携手,开展联合技术攻关,充分发挥产学研协同创新的优势。

OPPO 研究院六大研究所及运作模式如图 3.2-1 所示。

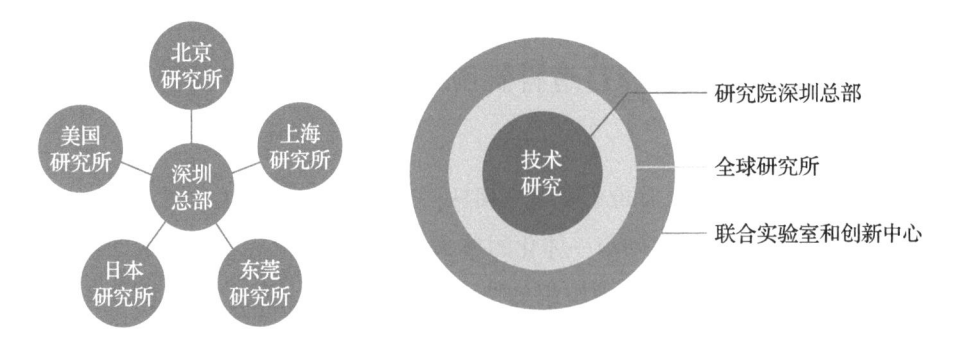

图 3.2-1　OPPO 研究院六大研究所及运作模式

OPPO 技术平台所获荣誉如表 3.2-2 所示。

表 3.2-2　OPPO 技术平台所获荣誉

所获荣誉	颁发部门	年份
国家高新技术企业	全国高新技术企业认定管理工作领导小组	2020
国家企业技术中心	国家发展和改革委员会	2020
国家知识产权示范企业	国家知识产权局	2019
国家工业设计中心	工业和信息化部	2019
省级工程实验室	广东省发展和改革委员会	2018
省级企业技术中心	广东省经济和信息化委员会	2017
省级工业设计中心	广东省经济和信息化委员会	2017
省级工程技术研究中心	广东省科学技术厅	2015

2. 保持创新平台的有效运行，以提升组织的核心竞争力

OPPO 持续投入高额研发费用，以确保创新资源充沛：2019—2021 年，OPPO 累计投入 340 亿元，用于 5G/6G、人工智能、AR、大数据等前沿技术的研究，不断夯实底层硬件核心技术，以及软件工程与系统能力，从而筑牢 OPPO 的技术护城河。

建立完善的技术开发流程：集成技术开发流程涉及技术规划、技术开发与合作、技术运营等方面。

打造高效的信息化系统：公司建立起多个创新研发系统和平台，有力推动各层级创新工作的开展与深度合作。以 OPPO 的产学研合作平台为例，该

平台主要负责联合实验室、科研项目合作、顾问聘请、学术大赛等相关事务的管理。自平台上线至 2021 年年底，已产出 182 项专利、24 篇论文，完成 39 项技术储备。

b. 积极学习和应用先进技术和方法，系统进行知识管理，持续提高组织能力，实现关键核心技术自主可控，解决"卡脖子"问题

1. 积极开展产学研合作，学习和应用先进技术和方法，推进技术创新

OPPO 通过建立联合实验室和创新中心，构建以企业为主体、市场为导向、产学研相结合的技术创新体系。OPPO 与斯坦福大学、清华大学、纽约大学、北京大学、浙江大学、电子科技大学等国内外 40 所知名高校开展科研合作和学术交流，并与清华大学、浙江大学两所顶尖高校成立了联合研究中心。OPPO 产学研项目如表 3.2-3 所示。

表 3.2-3 OPPO 产学研项目

名称	合作内容	相关图片
Keysight 联合实验室	5G 智能设备研发：持续优化 5G 产品的稳定性和可靠性，在通信软件开发、天线设计等方面开展合作	
爱立信联合实验室	共享 5G 先进技术，优化 5G 产品与网络体验，加速 5G 在全球范围内的规模化部署与普及	
浙江大学 - OPPO 联合创新中心	整合双方的优势科研资源与能力，借助学术研究性课题和技术开发课题两种方式，在 AI、机器视觉、嵌入式人工智能、感知计算、感知安全、生物特征、操作系统等未来趋势性技术领域进行联合探索与创新	

续表

名称	合作内容	相关图片
清华大学-OPPO未来终端技术联合研究中心	围绕人机交互技术、认知计算、计算机视觉、计算摄像学方面的研究工作，与未来终端及可穿戴设备行业应用紧密结合，实现多学科领域的交叉融合，服务国家创新驱动发展战略	清华大学—OPPO未来终端技术联合研究中心揭牌仪式暨管委会第一次会议

2. 对运营过程中产生的知识进行系统管理，持续提高组织的纠错能力、应变能力和创新能力

公司制定了《OPPO知识管理制度》，规范知识管理，同时建设了知识分享平台。OPPO的知识管理过程如图3.2-2所示。

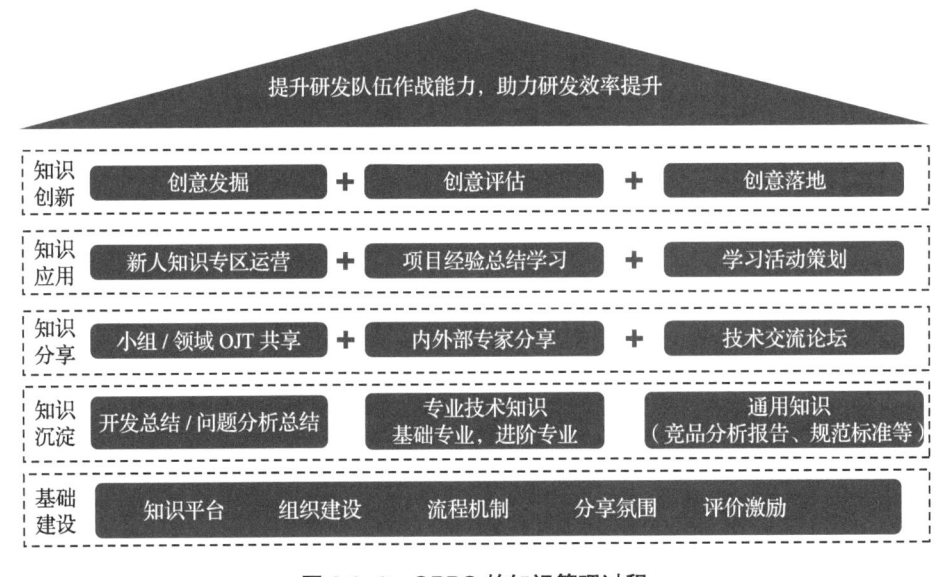

图 3.2-2　OPPO的知识管理过程

截至2021年，OPPO的知识管理平台HiO已累计沉淀23万篇知识文档，完成7000多条视频分享。平台借助直播、线下分享等多元化方式，广泛传播知识与经验，已成功构建起1100多个团队知识空间。

OPPO通过开放链接、持续孵化、优先实现三个环节实现知识创新。OPPO的知识创新流程如图3.2-3所示。

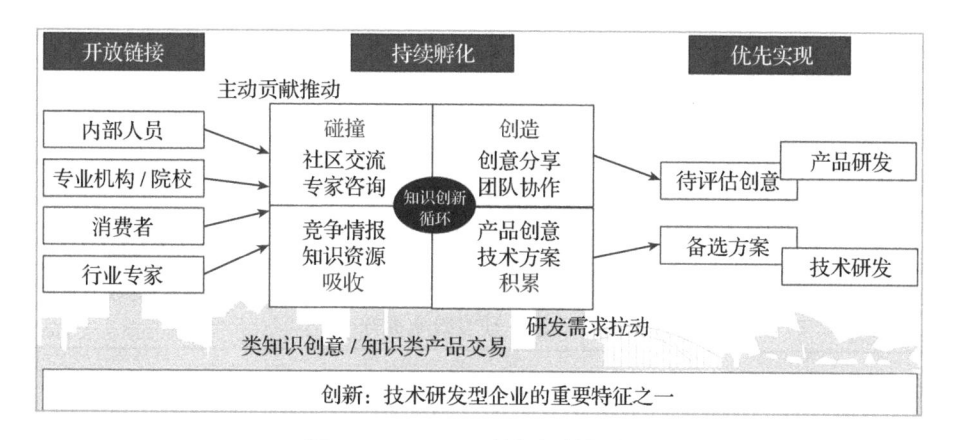

图 3.2-3　OPPO 的知识创新流程

OPPO 在 HiO 平台开设创意库专区，采用社区化运营模式，积极鼓励员工充分发挥创意。员工产生的优质创意会及时反馈至业务部门，以便展开进一步评估论证。截至 2021 年年底，创意库已累计收纳 3000 多个创意点。

3. 实现关键核心技术自主可控，解决"卡脖子"等技术难题，发明专利硕果累累

通过系统化的知识管理，OPPO 大力推进技术创新，成功实现部分关键核心技术的自主可控，有效化解"卡脖子"技术难题，收获了一系列傲人成果。多年来，OPPO 的专利数量在全球范围内持续名列前茅，在多个关键技术领域的专利储备极为可观：影像领域专利数量超 9800 件，5G 应用领域超 4500 件，快充领域超 3300 件，AI 领域超 2600 件。值得一提的是，OPPO 自主研发的芯片马里亚纳 X 已成功应用于 OPPO 手机中。

3.3　管理创新

a. 积极推动管理创新

根据战略任务，OPPO 制定年度重点工作，有计划地推动管理创新。例如，2021 年公司从产品、运营等各个维度进行管理创新。OPPO 公司级重点工作清单（2021 年节选）如表 3.3-1 所示。

表 3.3-1　OPPO 公司级重点工作清单（2021 年节选）

序号	重点工作
1	高端（市场、品牌、产品）突破
2	技术领先性提升
3	PU 变革及精益生产
4	凤凰计划实施
5	研发效率提升

凤凰计划：OPPO 以手机业务为主，以物联网（IoT）、互联网、电商等相关周边产品业务为辅，积极开展横向业务拉通与纵向业务垂直整合工作，全力构建 OPPO 数字化发展蓝图。凤凰计划紧密围绕公司战略目标与远景规划，通过实施全面流程治理，引入数字化管理手段，打造组织业务高效协同机制，规范管理流程并融合行业最佳实践经验，全方位支撑 OPPO 及其相关业务在全球范围内的布局。同时，制定分步实施策略，有力推动公司全球化战略稳步实现。

OPPO 凤凰计划三年路径如图 3.3-1 所示。

图 3.3-1　OPPO 凤凰计划三年路径

OPPO 凤凰计划目标如图 3.3-2 所示。

凤凰计划是 OPPO 在数字化管理方面的重大创新，涵盖了研发、营销、供应链、财经、人力资源等公司运营的各个领域。OPPO 从集成产品开发（IPD）、集成供应链（ISC）、集成营销服（CRM）、集成财务（IFS）、人力资

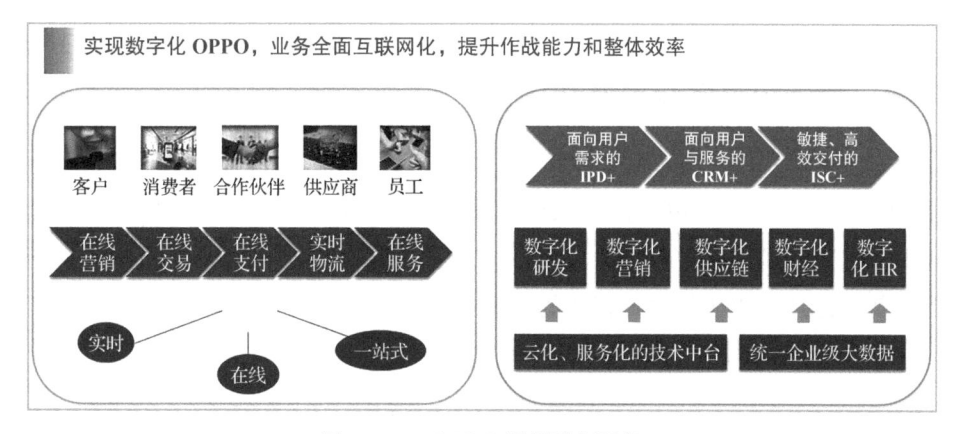

图 3.3-2　OPPO 凤凰计划目标

源（HR）这五大关键领域入手，全面推进横向业务的贯通融合以及纵向业务的有力支撑。同时，借助数字化手段落地实施，并依托多种工具赋能，实现组织间的高效协同以及业务数据的快速流转，最终达成对内显著提升运营效率，对外切实增强经营能力的目标。

NPS 体系引入：OPPO 深刻认识到"质量并非仅仅关乎产品退换维度，更核心的是用户体验"，进而建立起一套以净推荐值（NPS）为核心指引的用户体验监测与改进体系。该体系全方位覆盖品牌、零售、产品、服务等各方面的体验质量，完整贯穿从洞察顾客需求到实现顾客满意的端到端全流程。

OPPO 的 NPS 体系如图 3.3-3 所示。

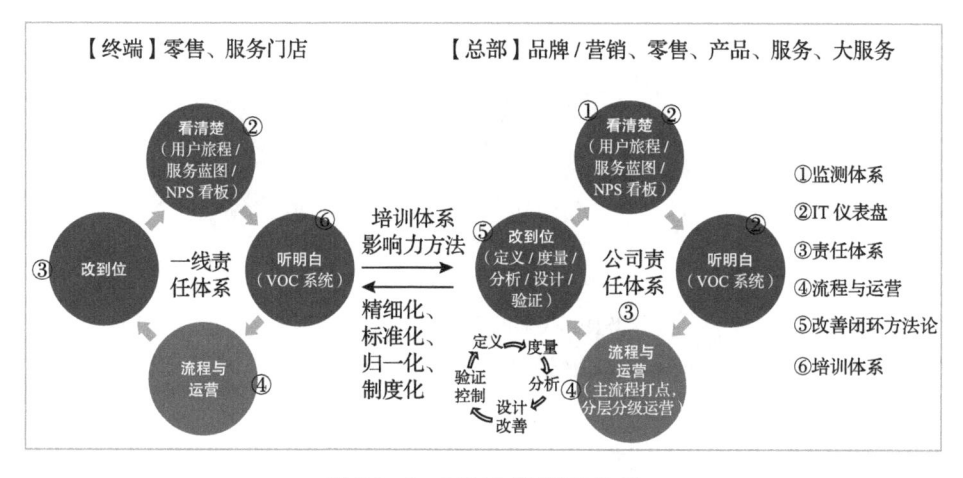

图 3.3-3　OPPO 的 NPS 体系

b. 积极推进管理模式、经营模式、商业模式创新，提高组织效益，增强组织核心竞争力

OPPO 凭借对市场动态与行业趋势的敏锐洞察，制定并执行战略规划，在管理模式、经营模式以及商业模式上持续创新。随着万物互融时代的到来，OPPO 成功转型为一家软硬服一体的多元化公司，推出丰富多样的多场景产品，为全球用户提供便捷、智能的数字生活体验。

OPPO 不同时代的主营业务创新如表 3.3-2 所示。

表 3.3-2 OPPO 不同时代的主营业务创新

时间	时代	主营业务创新
2004—2008 年	播放器时代	蓝光播放器、MP3、MP4
2008—2011 年	功能机时代	功能机
2011—2018 年	智能终端时代	智能手机
2019 年至今	万物互融时代	智能手机、IoT 业务（智能穿戴、平板、智能电视、无线数据终端、音频等）、软件、互联网服务等

OPPO 万物互融时代产品全景图如图 3.3-4 所示。

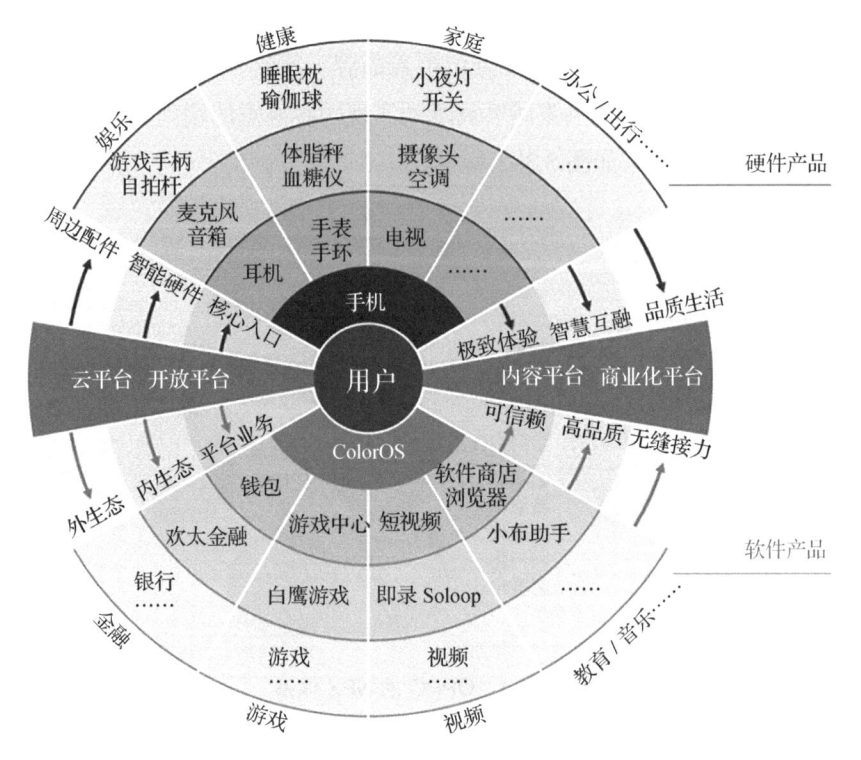

图 3.3-4 OPPO 万物互融时代产品全景图

OPPO "All for one" 用户体验质量管理模式如图 3.3-5 所示。

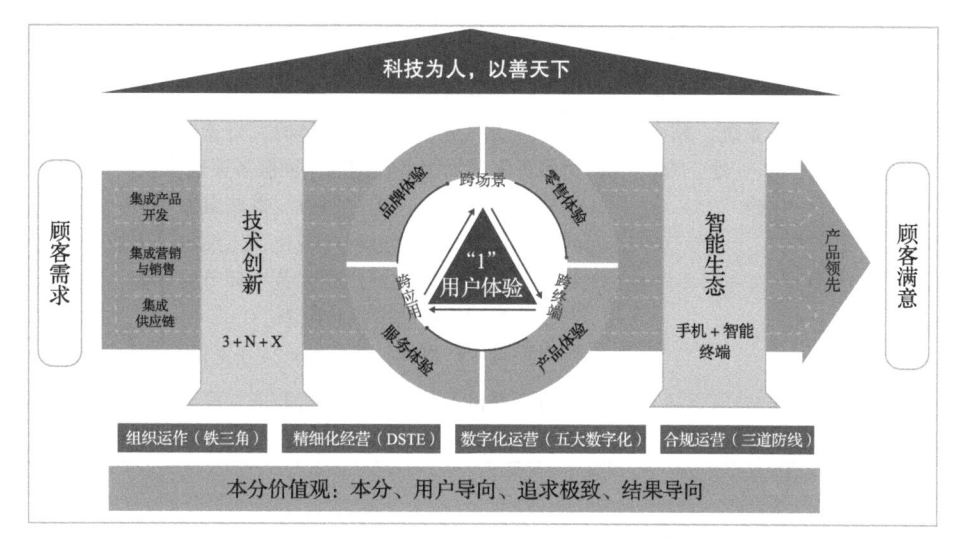

图 3.3-5　OPPO "All for one" 用户体验质量管理模式

在商业模式方面，OPPO 基于互联网、计算机及 AI 技术的发展，持续探索个性化的软件产品和服务，塑造融合体验的智能化生活，提升公司的核心竞争力。

OPPO 的个性化服务 / 产品介绍（部分）如表 3.3-3 所示。

表 3.3-3　OPPO 的个性化服务 / 产品介绍（部分）

个性化服务 / 产品	用途	介绍
定制化产品	手机、手表等与知名 IP 联名定制	OPPO 联名产品走在行业前列。迄今已与故宫、迪士尼、英雄联盟、柯南等众多 IP 联名定制产品，深受好评
	使用先进工艺和技术，实现科技感、个性化	Find X3 摄影师版实现皮革与玻璃的完美结合，Reno 系列采用电致变色工艺等
ColorOS	OPPO 手机、电视、手表等设备操作系统	支持 90 种语言，截至 2021 年年底，覆盖超过 140 个国家，全球月活跃用户数 4.6 亿，开启用户智能化生活
小布助手	OPPO 手机、电视、手表等内置的语音助手	覆盖超过 2 亿设备，月交互次数超过 20 亿，月活用户超过 1 亿。实现"解放双手，高效操作"的新形态人机互动，可轻松实现内容的语音直达服务

续表

个性化服务/产品	用途	介绍
售后服务	全球的专业售后服务系统，贴心服务每一处、每一位用户	通过运用互联网技术，实现跨渠道、跨区域联动，为用户提供无缝衔接的服务体验，打造包括自服务、交付服务、现场服务在内的全面服务渠道体系。 搭建了远程服务、上门服务、寄修服务等多元服务模式，不仅实现维修过程可视化，还推出以旧换新等创新服务，全方位关怀用户在各个环节的体验，覆盖从产品购买到使用的全体验旅程。 针对高端用户群体，提供 7×24 小时的个性化服务
OPPO 商城	OPPO 官方网上商店	通过互联网提供产品的销售服务，作为线下售卖方式的有效补充

3.4 技术创新

a. 引进、消化、吸收、开发适用的先进技术和先进标准，形成组织的技术体系，有效保护自身的知识产权

OPPO 秉持"Focus & Open"的多元化发展理念，一方面坚持核心技术自主研发，牢牢掌控关键知识产权，构筑坚实的技术壁垒；另一方面，积极与产业链上下游的供应商、制造商建立战略合作伙伴关系，致力于营造共生共赢的良好产业生态。同时，OPPO 深度参与产业和高校的前沿技术研究，以及国家和行业标准的制定，通过持续加大技术投入，把握未来科技发展趋势，高度重视知识产权管理，有效保护自身知识产权。

OPPO 制定了"3+N+X"科技跃迁战略，明确主要的技术储备方向。其中，"3"代表硬件、软件和服务三大基础板块；"N"指代能力中心，涵盖 AI、互联互通、隐私安全、多媒体等领域；"X"则是 OPPO 独具差异化的技术，包括闪充、影像、新动态和增强现实技术等。

1. 核心技术自研

OPPO 的核心自有技术（节选）如表 3.4-1 所示。

表 3.4-1　OPPO 的核心自有技术（节选）

核心技术	先进性及发展历程说明
VOOC 闪充技术	提升充电速率，保证安全性。截至 2021 年年底，快充领域专利数量超过 3300 件。 2014 年，行业内首发 OPPO VOOC 闪充技术。 2016 年，行业内首发 SuperVOOC 50W 充电功率闪充技术。 2019 年，发布 65W SuperVOOC 2.0 版本和 30W 无线 VOOC 闪充技术。 2022 年，发布 150W SuperVOOC 长寿版，同时发布 240W 超级闪充技术
5G/6G 技术	OPPO 作为 5G 先行者，不断推进 5G 标准制定、技术研究、产品开发以及应用场景探索，全面支持 5G 全球化商用。截至 2021 年年底，5G 应用领域专利数量超过 4500 件。 2015 年，OPPO 成立通信标准团队，开启 5G 研究。 2018 年 5 月，OPPO 实现全球首个采用 3D 结构光技术的 5G 视频通话演示；8 月，OPPO 利用 R15 5G 版样机，在中国首次打通 5G 信令和数据链路连接，并于 10 月首次实现 5G 上网；10 月，OPPO 打通全球首个 5G 手机微信多人视频通话；12 月，OPPO Find X 5G 样机首次支持 n41、n78 双频段连接，展现出出色的 5G 性能，具备完整的通信能力。 2019 年 2 月，OPPO 展示首部 5G 手机，并在西班牙巴塞罗那的 MWC 2019 展馆进行全球首次 5G 微博视频直播，同时演示 5G 手机云游戏的现场体验；4 月，OPPO 联合广州联通与爱立信，在 3.5GHz 频段实现国内外场首次端到端 1Gbps 下载速率；此外，OPPO 还与中国移动和中兴通讯合作，在外场 5G 网络环境中实现超过 1.5Gbps 下载速率。 2021 年 7 月，OPPO 正式发布首部 6G 白皮书——《AI-Cube 赋能的 6G 网络架构》。该白皮书是业内针对人工智能（AI）如何赋能 6G 系统架构的系统性阐述，为下一代通信网络架构设计提供了更为详尽的解决方案
影像技术	OPPO 早在功能机时代，就以主打的"OPPO 拍照手机"，在行业中占据领先地位，深深植入用户的心智。此后，公司在影像硬件、影像软件、影像算法等领域持续加大投入，不断为用户带来令人惊喜的影像体验。截至 2021 年年底，影像领域专利数量已超过 9800 件。 2012 年，OPPO U701 凭借前置 500 万自拍功能，开创了行业内手机美颜自拍的新时代。 2018 年 6 月，OPPO Find X 引入 3D 结构光技术，能为用户脸部进行 3D 建模，提供个性美颜方案；8 月，OPPO R17 Pro 首次搭载 TOF 3D 立体摄像头，实现了 3D 拍照、体感游戏、AR 尺子等功能，完成了手机影像从 2D 向 3D 的飞跃；为提升超清夜景表现力，OPPO 特别打造了全新的 AI 超清引擎。 2019 年 4 月，OPPO Reno 10 倍变焦版搭载 10 倍混合光学变焦技术，从超广角到长焦覆盖等效焦距 16mm–160mm 常用焦段，实现全焦段覆盖，为构图提供了更多的可能性；该机型运用复合多帧降噪和多帧 HDR 技术，实现降噪、手持防抖、高光压制、提升动态范围等一系列复杂算法，仅需 2~3 秒，就能拍摄出亮处不过曝、暗处有细节的优质夜景照片；此外，其 Audio Zoom 指向式录音功能，可让用户选择性精确定位和放大音频

2. 与一流元器件厂家开展战略合作

手机产品的性能指标,很大程度上取决于核心元器件的性能表现。为切实保障公司产品具备卓越性能与品质,OPPO 在 5G 技术、影像、屏显、影音等关键技术领域,与全球顶尖品牌展开深度合作,整合各方优势资源,共同研发,致力于打造出更具竞争力、品质更优的产品。OPPO 的合作技术如表 3.4-2 所示。

表 3.4-2 OPPO 的合作技术

类别	物料	战略供应商	合作价值 / 技术优势
影像	摄像头	索尼	Sensor 领先性技术
	模组	Semico	模组领先性技术,整合能力强
显示	屏	三星	OLED、柔性屏、折叠屏技术领先
		天马	TFT 屏技术领先
外观	玻璃	蓝思	玻璃工艺制程领先,整合能力强
	膜片	昇印	膜片工艺能力领先
	陶瓷	三环	技术领先
5G	平台	MTK	需求定制,平台首发
		高通	需求定制,平台首发
	天线	硕贝德	需求定制,技术领先
	射频	QORVO	需求定制,技术领先
充电续航	电池	ATL	技术领先
影音	音频	杜比	3D 音效算法定制,技术领先
		AKM	耳放性能领先
		NXP	降噪算法定制,技术领先

3. 积极参与国家、行业标准的制定

OPPO 组建了专业的标准研究团队,长期聚焦于 5G/B5G/6G 等移动通信标准、Wi-Fi / 蓝牙 / UWB 等短距离通信标准、物联网标准、音视频编解码标准、人工智能标准、显示标准、泛支付标准等领域的研究,并积极推动相关标准的制定工作。

在 5G 领域,早在 5G 标准制定伊始,OPPO 便开展了深入研究。由于在 5G 试验前期做出了重要贡献,2018 年,OPPO 作为唯一的终端厂商,参与了中国 IMT-2020（5G）推进组的第三阶段技术规范的制定工作。

4. 有效保护自身知识产权

OPPO 高度重视知识产权保护工作，组建了一支规模超 80 人的专业知识产权团队，其中包含 20 名知识产权律师，构建了完善的知识产权创造、管理、运用及保护机制。OPPO 在各领域的专利排名以及专利许可均位居全球前列，为其深度参与全球市场竞争打下了坚实基础。

面对全球范围内的知识产权挑战与纷争，OPPO 积极主动应对，全力维护自身合法权益。"OPPO 诉夏普禁诉令案"入选最高人民法院发布的"2020 年度中国法院知识产权十大案例"。最高人民法院对该案给予了高度评价，认为其对我国从"规则跟随者"转变为"规则引导者"具有重要推动作用。2021 年 10 月，OPPO 与夏普宣布达成专利交叉许可协议并开展合作，该协议覆盖双方终端产品实施通信技术标准所需的全球专利许可。

b. 建立、实施和保持技术评估体系，与竞争对手和标杆进行比较分析，不断提高组织技术水平

1. 自我评估

针对市场动态及产品反馈信息，OPPO 每月组织召开技术领域经营检讨会议，并且在半年度与年度节点开展经营检讨与复盘。通过持续不断地进行自我评估、自我反思，以及实施改善优化举措，OPPO 得以稳步提升自身技术实力和产品竞争力。OPPO 自我评价后的战略意图如表 3.4-3 所示。

表 3.4-3　OPPO 自我评价后的战略意图

战略意图	核心技术布局	市场竞争力
硬件：构建芯片的战略控制点，突出硬件架构和连接能力，持续打造让用户喜爱的有形产品	在电源、充电器、摄像头、Sensor 基础器件持续突破，形成硬件的差异化表现力	手机影像领域的产品竞争力达到行业 Top1
软件：通过打造分布服务协同、端云协同的战略控制点，形成万物互融时代的软件生态系统	围绕三品牌交付、基础体验突破、安全可信赖三大主题保障基本面，实现工程能力提升、完成 360 度全方位流畅体验增强、全链路 HDR 项目交付任务	1. ColorOS 与安卓版本保持同步，面向全球同步发布 2. 智能互联在连接速度、时延等方面处于安卓阵营 Top1

续表

战略意图	核心技术布局	市场竞争力
服务：构建基础技术能力，为公司提供高效且安全的算力、数据、算法服务，提升业务运营效率	1. 自建推荐算法能力，推荐算法在核心产品（软件商店、浏览器、视频理解等）中赢得100%的流量 2. 实现公司所有业务的数据驱动	1. 云存储成本环比降低60%以上 2. 云平台成本环比降低30%以上 3. 应用能力构建完成率达到100%
AI：通过软硬件结合，围绕用户数据和算法，形成公司统一的AI能力平台	1. 完成端边云协同智慧视觉引擎的开发工作，为语音助手、影像处理、相册管理中的图像与视频处理，以及推荐搜索服务提供有力支撑，确保用户获得最佳体验 2. 交付融合定位与感知平台，支撑前端交互背后的推理和服务能力	1. CV相关算法达到行业Top2 2. 形成统一的AI能力平台，赋能2个以上的业务线
技术生态：构建关键技术支撑体系，打造统一开放接口，将开放能力赋能到各业务环节，有力支撑公司生态战略	构建统一的账号体系，实现数据和内容的互融互通；通过O Units、O Cloud Units、HeyThings Units的能力开放，统一能力开放平台	账号用户体验对齐行业标杆A公司，能力开放平台覆盖头部开发者的30%

2. 用户/客户评估

TO-C用户评估：每代手机产品上市后，公司都会主动通过机构调研、卖场走访、电话访谈、售后走访等方式调研产品的市场表现，收集用户对产品和技术的反馈。

通过对用户关键购机要素、用户满意度和NPS（净推荐值）的评估分析可知，OPPO产品的外观设计和拍照技术是吸引用户购机的关键因素。同时，用户对OPPO产品操作系统的易用性以及硬件功能体验的满意度最高。

TO-B客户评估：终端厂商若要进入全球各地的运营商体系，产品和技术必须获得各大运营商的认可。OPPO凭借自身实力，成功通过了国内三大运营商以及国际主要产品市场主流运营商的认可。

2021年，中国移动发布《智能硬件质量报告》，OPPO名列前茅。

3. 与竞争对手和行业标杆对比

公司通过产品表现力和技术能力两方面，与竞争对手和行业标杆进行对比。

产品表现力：OPPO 的优势是贴近用户，产品定义能力强，捕捉差异化用户体验的能力强，技术支撑和实现差异化的能力强。另外，OPPO 具有外观差异化设计优势和影像、充电性能优势。

技术能力：OPPO 的优势是拥有完整的软硬服全链路技术，拥有行业优质的供应链资源，在外观差异化设计上保持一定的领先性。

2022 年手机品牌 NPS 排名对比如图 3.4-1 所示。

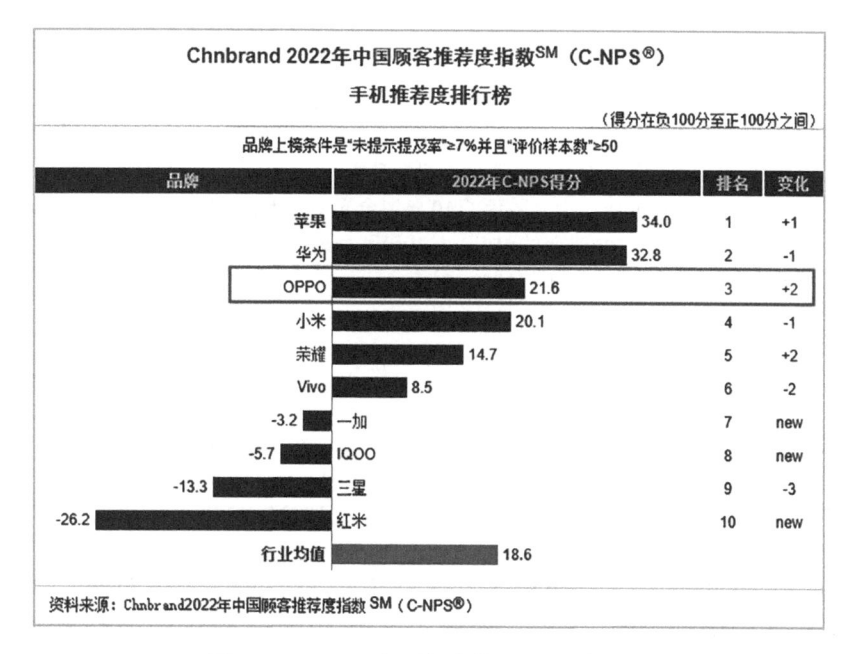

Chnbrand 2022年中国顾客推荐度指数SM（C-NPS®）手机推荐度排行榜

（得分在负100分至正100分之间）

品牌上榜条件是"未提示提及率"≥7%并且"评价样本数"≥50

品牌	2022年C-NPS得分	排名	变化
苹果	34.0	1	+1
华为	32.8	2	-1
OPPO	21.6	3	+2
小米	20.1	4	-1
荣耀	14.7	5	+2
Vivo	8.5	6	-2
一加	-3.2	7	new
IQOO	-5.7	8	new
三星	-13.3	9	-3
红米	-26.2	10	new
行业均值	18.6		

资料来源：Chnbrand2022年中国顾客推荐度指数SM（C-NPS®）

图 3.4-1　2022 年手机品牌 NPS 排名对比

4. 第三方机构评估

公司积极委托泰尔实验室、DxO、DisplayMate 等第三方专业机构，对自身技术成果进行检测和评估，以此评定公司的研发技术水平及产品质量，并与同行业竞争对手的技术能力展开对比，进而持续衡量和提升自身水平。在充电技术、影像技术、显示技术等关键领域，OPPO 通过第三方公正客观的评测，充分证实了自身的技术实力，这些评测结果也成为 OPPO 品牌极具说服力的背书。

5. 行业展会评估

OPPO 积极参加每年的世界移动通信大会（Mobile World Congress，MWC），展现 OPPO 的最新技术成果。通过展示 OPPO 的创新技术，不断扩大自身的科技影响力。同时，OPPO在大会上了解行业及标杆企业的发展状态，探讨未来技术发展趋势，积极推动自身技术进步和整个行业向前发展。

OPPO在MWC展示的科技成果如表3.4-4所示。

表3.4-4　OPPO在MWC展示的科技成果

展会年度	OPPO展示的科技成果
2017	影像5倍无损变焦技术，搭配"潜望式结构"镜头设计，巧妙的结构让镜头模组可以完美融入轻薄机身
2019	1. 在上海MWC上首次发布无网手机长距离自组网重要技术 2. 在上海MWC上首次发布屏下摄像技术 3. 在MWC创新大会上展示了10倍混合光学变焦技术 4. 在西班牙巴塞罗那的MWC上进行了全球首次5G微博视频直播，并演示了5G手机云游戏的现场体验
2021	1. OPPO首个5G毫米波CPE 2. OPPO X 2021搭载OPPO隔空充电技术 3. OPPO X 2021卷轴屏概念机 4. 发布闪充生态合作伙伴计划，将闪充革命性技术授权到全球范围内的芯片制造、电子设备、汽车等行业的领军者阵营

c. 利用互联网、物联网、大数据、云计算、5G等新一代信息技术进行诸如研发设计、制造工艺和产品性能等创新和改进

OPPO拥有1500人的流程IT及智能数字团队，使用互联网、物联网、大数据、云计算、5G等新一代信息技术在各个领域进行创新和改进。新一代信息技术在研发设计、制造工艺和产品性能方面的应用（节选）如表3.4-5所示。

表3.4-5　新一代信息技术在研发设计、制造工艺和产品性能方面的应用（节选）

领域	信息系统	功能及内容	使用技术
研发设计（软硬工）	G-PDM	研发产品的图纸、物料、变更认证、产品仿真等管理	互联网、大数据、云计算
	G-PPM	单项目管理、项目看板管理、项目组合管理	互联网、大数据
	G-Agile	项目协同、缺陷管理及需求管理	互联网、大数据、云计算

续表

领域	信息系统	功能及内容	使用技术
研发设计（软硬工）	G–Test	自动化测试、实验室设备管理及测试管理	互联网、大数据、云计算
	G–Code	软件配置、软件开发构建服务、软件代码托管服务，做到持续集成	互联网、大数据、云计算
	G–RS	制品发布与持续运营、制品仓服务、软件代码质量与安全、代码质量扫描	互联网、大数据、云计算
制造工艺	麦康MES系统	统一的制造业务平台，进行数字化工厂建设及智能制造落地	互联网、物联网、大数据、云计算
	美云SCADA	链接物联设备，进行数字采集	互联网、物联网、大数据、云计算
产品性能	天网	通过向用户推送调查问卷，收集产品满意度信息，并对信息进行分类，确定改善点，不断提升产品性能	互联网、大数据、云计算、5G
	LIMS实验室管理系统	实验室管理系统包括基础信息管理、实验管理、样品管理、设备管理、文件管理、耗材管理、人员管理等功能	互联网、物联网、大数据
	云科技GSIM平台	仿真设计	互联网、云计算

OPPO设有云计算中心，构建遍布全球的数字化基础设施，拥有海量数据存储及计算能力，为云相册等数百个OPPO业务提供支持，实现了数百PB数据的稳定存储。

基于海量的数据采集和存储，OPPO以高效的方式运用这些大数据，为市场、制造、采购、质量等各个领域的业务分析和决策提供支撑，寻找改进和创新的机会点。

4 品牌

4.1 品牌规划

a. 基于顾客的需求和期望进行品牌定位，建立以品牌核心价值和特性为中心的品牌识别系统

OPPO 品牌于 2001 年完成全球注册，致力于成为浪漫科技的探索者与引领者，打造万物互融时代的多智能终端及服务，为人们创造美好生活。OPPO 品牌将奋发向上的中产阶层作为目标群体，在内部将这一群体定义为"爬坡者"，他们的需求和期望如表 4.1-1 所示。

表 4.1-1　OPPO 目标群体"爬坡者"的需求与期望

需求与期望	描述
期待实现自我价值	不仅要终身学习，还要能玩会造、兴趣变现（工作与职业/自我表达与创造）
渴望掌控生活节奏	不仅要自主定义生活，还要营造氛围、全局沉浸（休闲娱乐）；不仅要养成运动习惯，还要敏锐觉察、身心自知（健康管理）
追求稳健从容的姿态	不仅要有清晰的远景视野，还要淡定耐心、稳扎稳打
需要同频共振的伙伴	不仅要彼此陪伴和激发，还要精神共鸣、有所创造

基于对"爬坡者"需求与期望的洞察，2021 年，由 CEO 发起，公司启动品牌焕新计划，明确 OPPO 的品牌顶层基因和定位，刷新公司品牌屋（见图 4.1-1）。

OPPO 的品牌主张是"微笑前行"。OPPO 基于领先的科技实力和创新能力，围绕生产、学习、文娱、健康等智慧主题，创造美好的智慧生活，让"爬坡者"们拥有更多的获得感和幸福感。同时，作为科技行业的"爬坡者"，OPPO 坚信对的路就不怕远，通过智慧服务，助力"爬坡者"对抗颓废，进取向上。

第一章　OPPO广东移动通信有限公司

	企业愿景
我们希望创造的未来	第一阶段：持续创造伟大产品的科技公司 下一阶段：为社会发展解决关键问题的科技公司
我们存在的意义	品牌使命 科技为人，以善天下
我们的差异	品牌定位／我们的立场 引领智慧生活的全球化科技品牌
我们的受众	"爬坡者"
我们的主张	微笑前行 OPPO基于强大的科技实力和创新能力，构建生产、学习、文娱、健康等智慧场景，创造美好的智慧生活，让"爬坡者"们拥有更多的获得感和幸福感。作为科技行业的"爬坡者"，OPPO坚信对的路就不怕远，始终与"爬坡者"并肩，微笑前行
品牌认知	科技创新的、高端的、人性化的、可信赖的

图 4.1-1　OPPO 品牌屋

为契合"爬坡者"的人群特点以及OPPO品牌定位的核心信息，在公司高层的领导下，OPPO成立了品牌视觉识别项目组。项目组携手外部专业设计公司，推出全新标志、品牌色彩体系，并发布品牌定制字体。简约、开放、灵活与统一是OPPO品牌全新视觉系统的重要主旨。这套全新的视觉系统不仅是品牌的象征符号，更寄托着对充满朝气的美好明天的展望，有力地凸显了OPPO品牌的核心价值与独特性。

OPPO品牌管理规范总览如图4.1-2所示。

企业/品牌规范	产品定义规范	品牌设计规范	品牌传播规范	销售与服务规范
1. 品牌命名管理规范 2. 小欧应用管理规范 3. 用户运营品牌体验系统 4. 品牌语气语调指南	1. 手机产品系列定位 2. 手机产品命名管理规范 3. IoT硬件产品命名规范	1. VI规范 2. 综艺节目logo使用规范 3. 型号字规范 4. 辅助图形使用规范 5. 品牌设计语言指南 6. 品牌视觉风格指南 7. 产品视觉风格 8. ID设计语言指南 9. UI设计语言指南 10. 空间设计语言指南 11. 营销设计语言指南	1. 品牌合作管理规范 2. 明星合作管理规范 3. 异业合作规范 4. 社交媒体管理规范 5. 品牌Campaign规范 6. 品牌广告评审原则 7. 品牌危机公关手册 8. 品牌官网管理规范	1. 品牌商标授权管理规范 2. 终端活动推广规范 3. 销售类广告投放规范 4. 终端门头管理规范 5. 电商平台管理规范 6. 门店运营手册 7. 售后服务手册

图 4.1-2　OPPO 品牌管理规范总览

b. 制定和实施品牌规划

OPPO 品牌管理委员会是公司品牌管理的最高管理与决策机构。在其领导下，由公司品牌部主导，科学合理地开展 OPPO 品牌规划的制定工作，并协调整合相关资源要素，明确具体的核心承接项目，确保品牌规划真正被有效实施。

在方法论上，OPPO 品牌规划的制定要全面考量 OPPO 品牌定位、主要竞争者的发展态势、用户需求与特点、政策导向以及技术发展趋势。同时，要整合内外部专业资源，由公司高层牵头启动，组织专业的跨系统项目团队，确保品牌规划得以切实落地。在操作细节上，OPPO 品牌规划工作覆盖了从品牌定义到品牌表达的全触点相关工作，如从前期的品牌诊断和审计，到中期确定品牌定位和长期目标，再到后期明确品牌实施的战略和传播推广的策略方案。

OPPO 品牌规划实施信息屋如图 4.1-3 所示。

图 4.1-3　OPPO 品牌规划实施信息屋

OPPO 品牌规划建设核心承接项目如图 4.1-4 所示。

c. 组织有价值的活动，提升品牌知名度、认知度、忠诚度和美誉度

公司契合用户特点，运用多元化、矩阵式的品牌传播策略，搭配丰富多样的产品传播方式，表达品牌精神和定位，传递科技创新、高端、人性化、可信赖的品牌认知，提升 OPPO 品牌的知名度、认知度、忠诚度和美誉度。

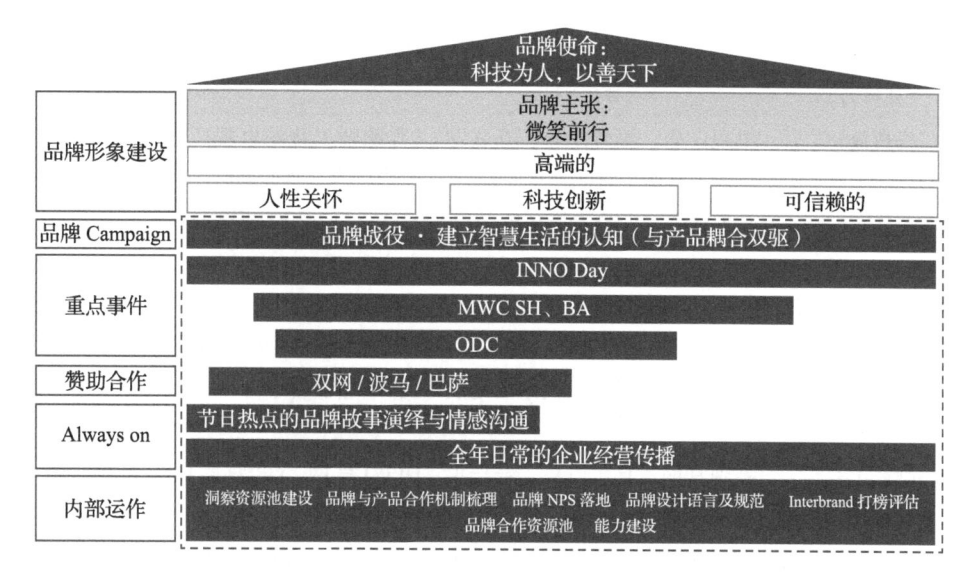

图 4.1-4　OPPO 品牌规划建设核心承接项目

OPPO 品牌传播活动示例如表 4.1-2 所示。

表 4.1-2　OPPO 品牌传播活动示例

分类	举例	辐射范围
科技类沟通会	参加 INNO Day（OPPO 未来科技大会）、MWC（世界移动通信大会）、ODC（开发者大会）	全球
品牌赞助类	公司通过赞助体育活动、体育团队，冠名娱乐节目及游戏赛事等形式，提升品牌影响力。例如，赞助温网、法网公开赛，与巴塞罗那足球俱乐部（FCB）达成合作，与兰博基尼开展联动，冠名综艺《明星大侦探》等	欧洲、中国
设计合作类	参加伦敦国家设计周（LDF），与 Nendo（佐藤大设计工作室）、RCA（皇家艺术设计学院）等合作	亚太、欧洲
品牌 IP 合作类	与英雄联盟、高达、故宫、EVA、James Jean、皮卡丘、柯南、Marvel 等合作	全球

在产品传播方面，OPPO 同样重视多样化的品牌建设和投入，通过各种方式和渠道与目标受众沟通，贴合各个产品线的全生命周期进行传播布局，成功建立起与目标用户的稳固联结，传递产品气质与品牌精神。

OPPO 产品传播的主要方式如表 4.1-3 所示。

表 4.1-3　OPPO 产品传播的主要方式

宣传方式	内容范围	宣传举例
广告投放	电视广告、影院广告、互联网广告、社媒广告、分众广告	《奔跑吧》特约电视广告、《人世间》片头广告、核心商圈户外广告
明星代言	品牌代言人、品牌挚友等	1. 姜文 Find X3 系列 2. 周冬雨 Reno 系列
主播/网红推荐	合作的 KOL 等公众人物	1. OPPO Enco 久石让 2. OPPO Pad James Jean
品牌线下活动	品牌发布会、各类技术活动展会、其他线下活动	OPPO 新品发布会
品牌线上宣传	品牌官网、自营电商、合作第三方电商平台	OPPO 官网、OPPO 商城、天猫、京东商城
品牌线下宣传	线下品牌专卖店、品牌售后中心、合作手机卖场的平台	OPPO 线下门店、顺电、国美、苏宁等

4.2　品牌管理

a. 实施品牌管理，抓住时机进行品牌延伸扩张，并有效回避品牌延伸的风险

公司始终保持对行业动态和商业发展趋势的前瞻性洞察，密切关注新兴业务，并积极探索其中的发展机遇，以此为基础精心规划 OPPO 的品牌延伸路径，将探索成果融入五年战略规划之中，描绘出清晰的业务发展蓝图。

OPPO 打造了一支专业的品牌管理团队，从前端的战略规划，到业务规划、品牌定位、命名以及 VI 设计，都构建了清晰的工作路径。团队严格把控品牌延伸的每一个环节，全力保障品牌资产的有效积累与建设。在 OPPO 内部，业务品牌化至少要经历三次必要性评估，即分别从消费者及市场角度、OPPO 品牌形象定位与战略规划角度、内部业务准备情况角度进行全方位审查，只有通过审查，才会将相应业务以品牌形式推向市场。

目前，公司主要依托 OPPO、一加（OnePlus）、realme 这三个品牌进行市场区隔与差异化运营，以满足不同市场和用户的需求。同时，随着移动互联网时代的发展，公司也十分重视各类 IoT 产品及软件服务等的品牌延伸，如音频领域的 Enco 系列，以及软件服务 ColorOS 等。此外，公司还适度向上下

游供应链拓展，涉足芯片研发、手机回收等领域。OPPO三品牌定位如表4.2-1所示。

表4.2-1　OPPO三品牌定位

品牌	目标人群	定位	品牌主张	渠道
OPPO	"爬坡者"——社会中坚力量	智慧科技品牌	微笑前行	全渠道
一加（OnePlus）	开放好奇、追求品质、重视个性、自我实现的用户	品质科技	不将就	线上渠道
realme	热爱科技、敏于潮流、具有个性的年轻新潮用户	新潮设计	敢越级	线上为主

OPPO品牌的主要商标布局如图4.2-1所示。

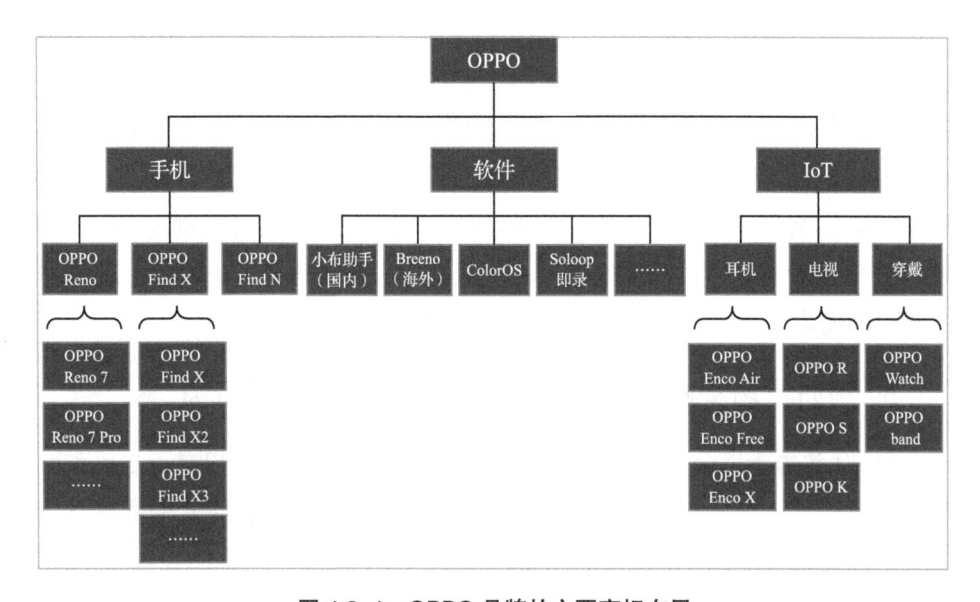

图4.2-1　OPPO品牌的主要商标布局

OPPO品牌的主要产品及定位如表4.2-2所示。

表4.2-2　OPPO品牌的主要产品及定位

产品	定位
Find X 系列	Find X 系列是OPPO高端旗舰产品，代表对未来的探索和对美好梦想的追求
Reno 系列	Reno 系列是OPPO中高端产品，主打人像和外观，是引领潮流的浪漫表达

续表

产品	定位
A 系列	A 系列是实用优品,用轻松、愉悦的方式讲述用户生活中真实浪漫的快乐故事
K 系列	K 系列是均衡高性能的代表,是硬核少年的热血浪漫与英雄梦想的体现
IoT 产品	IoT 产品主打温暖自在的美好陪伴,随心随行,随时随地,自在连接
ColorOS	ColorOS 操作系统旨在为全球亿万用户提供智能高效的用户体验
小布助手	小布助手是 OPPO 内置智能 AI 助理,具备"无须安装,唤醒即用"的能力,实现"解放双手,高效操作"的新形态人机互动

品牌延伸的风险管控主要通过三个机制来实现。其一,综合考量全球各国的司法保护水平、人均 GDP、智能手机保有量、平均价格等因素,提前进行品牌延伸与布局,及时获取各个国家的品牌权利。其二,法务团队与销售团队每季度共同研讨并确定市场拓展计划,提前半年开展品牌布局工作。其三,在业务团队进行商业计划评审时,引入法务团队对各项法律要素进行评审,评估是否需要拓展品牌覆盖的国家范围、拓宽品牌涉及的品类。除此之外,公司还制定了《OPPO 商标管理制度》《OPPO 著作权管理制度》《OPPO 域名管理办法》等一系列制度流程,通过优化内部流程,有效管控品牌延伸过程中的风险。

b. 预防市场垄断、不正当竞争、倾销等不合规行为

OPPO 致力于以公平、正当、良善的方式参与市场竞争,以君子之风对待竞品同行,禁止以故意损害他人商誉、使用商业贿赂、侵犯商业秘密等不正当竞争方式破坏公平的市场竞争环境。

公司基于不同的业务区域与场景,开展全面的风险评估工作,依照法律法规要求,对横向垄断、纵向垄断、滥用市场支配地位、不当经营者集中、倾销行为等各类风险场景进行精准识别,并持续紧密跟踪法律法规与行业动态变化。公司通过建立健全相关制度和流程,结合合规打点管控措施以及针对业务的赋能培训,构建起一套完善的合规风险防御体系。针对政府调查以及各类案件纠纷,公司组建了专业团队,制定了专门处理流程,在第一时间响应监管要求,全力维护市场的公平竞争环境,切实保护公司的合法权益。

公司持续对海内外立法、执法动态进行追踪、解读和分析,开展合规培

训和宣贯，提升全员的合规意识。同时，持续对公司的合规体系进行升级，为公司长久合规经营提供坚实保障。

OPPO 的反垄断、反不正当竞争工作机制全景图如图 4.2-2 所示。

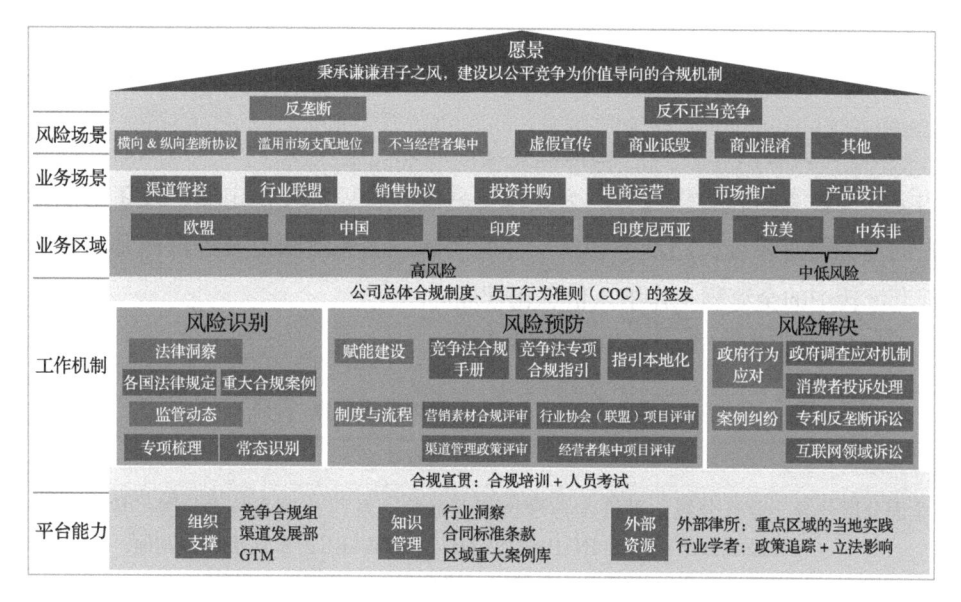

图 4.2-2　OPPO 的反垄断、反不正当竞争工作机制全景图

c. 开展品牌资产管理，实现品牌资产的保值和增值

OPPO 根据不同市场的品牌发展阶段、市场规模以及用户特征，实施分层分级管理。针对不同国家和细分市场，OPPO 科学合理地设定与之匹配的发展目标和监测指标，以此高效落实品牌资产管理工作。与此同时，OPPO 采用品牌与产品双轮驱动的传播策略，全方位打造品牌知名度、美誉度，强化品牌联想，切实达成品牌资产的保值与增值目标。

OPPO 的品牌知名度、偏好度监测如表 4.2-3 所示。

表 4.2-3　OPPO 的品牌知名度、偏好度监测

区域	分层分级	管控方式	频次
中国	H1	品牌偏好度	月度
印度	H1	品牌偏好度	月度
亚太	H1	品牌偏好度	月度
南亚	H1	品牌偏好度	半年度

续表

区域	分层分级	管控方式	频次
西欧	H2	品牌知名度	季度
中东非	H2	品牌知名度	半年度
拉美	H1/H2	品牌知名度	季度/半年度

OPPO 拥有的品牌资产包括近 2 万件商标、1500 余个互联网域名，以及约 200 件各类品牌著作权等。为实现更高效的管理，公司定制开发了行业领先的商标管理系统，将业务团队、品牌团队、法务团队以及外部律师在权利资产流转中的全流程工作纳入信息化管理。

OPPO 的品牌资产管理如表 4.2-4 所示。

表 4.2-4 OPPO 的品牌资产管理

项目	具体内容
全面分层分级	业务分级：手机 & 芯片 & 互服品牌；系列 & 核心技术品牌；常规项目 区域分级：CN；IN+ID+MY+TH+PH+TW+EU；常规市场；其他 类别分级：消费电子及销售；防御类别；其他监控类别 域名后缀分级：通用顶级域；国家顶级域；核心新顶级域；其他……
以 IT 系统管控海量的权利档案	期限管理：2000+ 并行的案件，上万个期限管理 档案管理：10 万+件 合理分工：品牌维度 or 区域维度 外部资源：泰国→东南亚；莫斯科→独联体；德国→欧盟；西班牙→拉美

4.3 品牌保护

a. 品牌保护及组织注册国内外商标的情况

OPPO 品牌保护工作由商业团队、品牌团队、法务团队共同负责。其中，商业团队负责明确商业活动的内容、预期的传播方向、品牌调性以及传播对象等；品牌团队负责将业务的品牌诉求融入公司的整体品牌资产体系之中；法务团队则管控全球范围内的品牌资产全生命周期流程，包括风险排查、资产管理以及使用证据收集等工作。

在品牌保护方面，OPPO 还与外部律师事务所、市场监督管理部门、法院、各国知识产权局建立起紧密联系，充分运用品牌权利资产，借助司法与行政程序，全力维护 OPPO 的品牌权益。

OPPO 品牌保护全景图如图 4.3-1 所示。

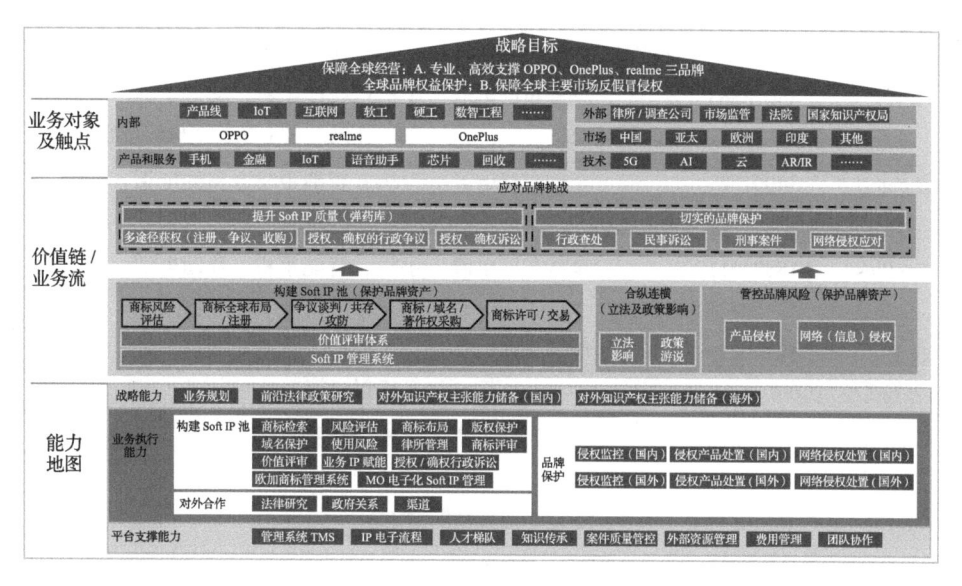

图 4.3-1 OPPO 品牌保护全景图

公司旗下拥有 OPPO、realme、OnePlus、Find、Reno、Enco、ColorOS、欢太等多个商标。截至 2021 年年底，公司在管商标近 2 万件，其中国内商标申请约 8400 件，已注册商标 5600 余件，海外商标申请约 11000 件，已注册商标 7000 余件。

OPPO 商标注册情况如图 4.3-2 所示。

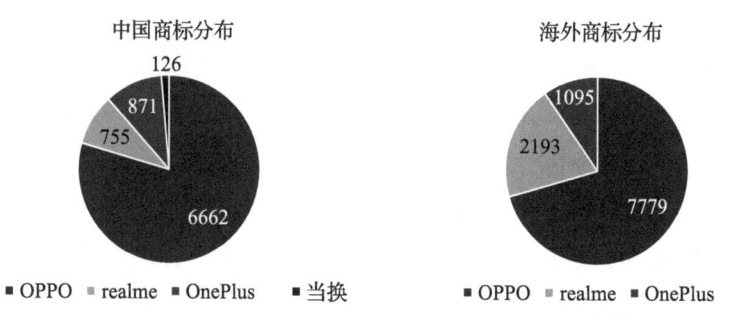

中国商标分布
126
871
755
6662
■ OPPO ■ realme ■ OnePlus ■ 当换

海外商标分布
1095
2193
7779
■ OPPO ■ realme ■ OnePlus

布局类别：全部 45 个类别
核心类别：9、35、36、38、41、42
核心商标：OPPO、realme、一加 /OnePlus/1+

OPPO 核心国家 / 地区：印度、印度尼西亚、欧盟、泰国、越南、菲律宾、马来西亚、中国台湾
realme 核心国家 / 地区：印度、印度尼西亚、越南、菲律宾、马来西亚、泰国、巴基斯坦、埃及
OnePlus 核心国家 / 地区：中国、印度、欧盟、美国

图 4.3-2 OPPO 商标注册情况

OPPO 主要注册商标示例如表 4.3-1 所示。

表 4.3-1　OPPO 主要注册商标示例

商标名称	申请／注册号示例	国家／地区	主要产品
OPPO	35073563	全球布局申请	手机、智能手机、移动电话、智能手表、耳机、可下载的手机应用软件等
realme	34001320	全球布局申请	手机、智能手机、移动电话、智能手表、耳机等
OnePlus	18874011	全球布局申请	手机、智能手机、移动电话、智能手表、耳机等
欢太	38799428	中国大陆	可下载的手机应用软件、可下载的计算机程序等
ColorOS	47733375	全球布局申请	手机、计算机程序、可下载的手机应用软件等
Find X	30219657A	全球布局申请	手机
Reno	36034244A	全球布局申请	手机
OPPO Enco	38231089	全球布局申请	耳机

b. 快速协调解决顾客投诉，有效避免潜在品牌风险

OPPO 秉持"贴心、专业、共同成长"的服务理念，以"求责于己，客户为先"的服务态度，始终致力于为客户提供超越行业标准、媲美国际一流水平的优质服务。公司构建了规范的投诉处理流程，持续优化系统平台建设，大力提升员工专业素养，深度梳理用户诉求，切实解决用户痛点。

公司从四个方面来确保顾客投诉的快速与有效解决，维护用户的合理权益，不断提升用户的服务体验，全力维护 OPPO 的品牌形象。一是强化服务意识，将用户感知作为衡量投诉服务工作的唯一标准；二是深化能力建设，不断加强一线赋能，授权其快速处理、灵活响应用户诉求，同时完善投诉处理系统，实现投诉信息流转全流程可视化，做到每一个环节都有记录、可溯源、能追责；三是提升处理效率，保证客户投诉问题 100% 跟进并闭环处理；四是注重质量监督，通过对投诉问题追根溯源，推动服务不断完善。

OPPO 顾客投诉处理流程及层级图如图 4.3-3 所示。

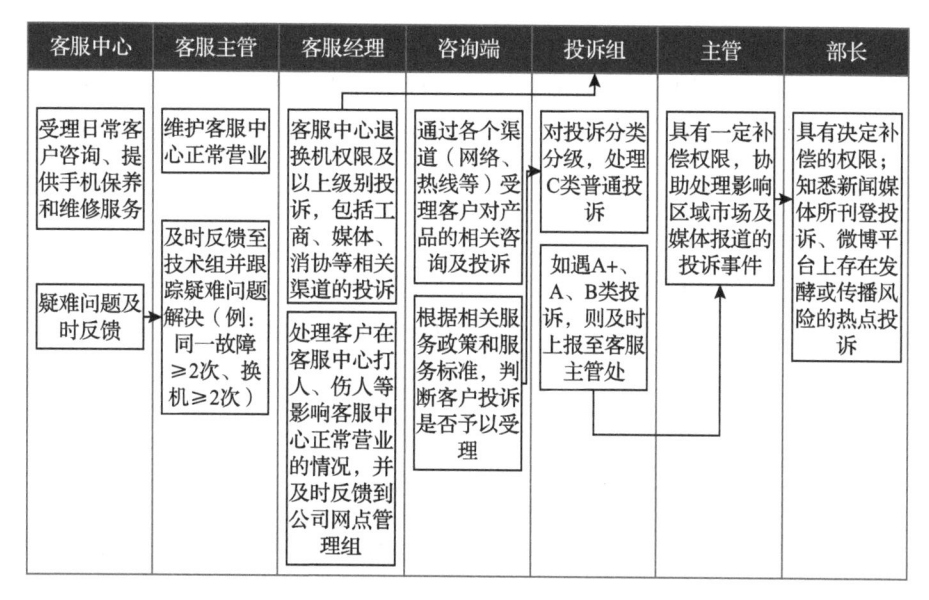

客服中心	客服主管	客服经理	咨询端	投诉组	主管	部长
受理日常客户咨询、提供手机保养和维修服务	维护客服中心正常营业	客服中心退换机权限及以上级别投诉，包括工商、媒体、消协等相关渠道的投诉	通过各个渠道（网络、热线等）受理客户对产品的相关咨询及投诉	对投诉分类分级，处理C类普通投诉	具有一定补偿权限，协助处理影响区域市场及媒体报道的投诉事件	具有决定补偿的权限；知悉新闻媒体所刊登投诉、微博平台上存在发酵或传播风险的热点投诉
疑难问题及时反馈	及时反馈至技术组并跟踪疑难问题解决（例：同一故障≥2次、换机≥2次）	处理客户在客服中心打人、伤人等影响客服中心正常营业的情况，并及时反馈到公司网点管理组	根据相关服务政策和服务标准，判断客户投诉是否予以受理	如遇A+、A、B类投诉，则及时上报至客服主管处		

图 4.3-3　OPPO 顾客投诉处理流程及层级图

OPPO 客诉等级划分如表 4.3-2 所示。

表 4.3-2　OPPO 客诉等级划分

级别	范畴	处理时限
一级（重大、严重）	1. 重大品质事故（人身财产受到损失的异常事件） 2. 批量产品性能品质问题 3. 信息安全事件 4. 涉及法律法规、政治敏感 5. 主流媒体曝光对公司的不利新闻等	2 小时内做出响应，24 小时解决问题
二级（重要）	1. 投诉内容在普通媒体曝光 2. 在社区网站上出现对产品类问题的集中批量性投诉 3. 客户有意采取有可能对公司产生负面影响的激烈措施 4. 规定时限内未解决的投诉、客户重复投诉 5. 需要本地管理层介入处理的投诉	8 小时内给予回复，48 小时解决问题
三级（普通）	1. 维修、返修、换机、退款等售后环节未按承诺兑现 2. 服务人员无法解决客户问题或态度恶劣 3. 对产品或服务品质不满	处理时限不超过 72 小时

c. 建立品牌危机预警和应急处理系统，评估公关方案的及时性和有效性，消除品牌的负面影响

公司制定《OPPO 全球公关危机管理手册》，在面对可能发生的风险与危

机情景时，通过及时、准确和有效的措施，最大限度地降低风险与危机事件给 OPPO 声誉带来的损害。当前新媒体盛行，危机传播速度快，公司从媒体曝光、社交媒体扩散、政府动作、对企业的影响等维度对品牌危机进行分级，可分为 PREP 预警级、L0 敏感、L1 问题、L2 事件和 L3 危机等五个级别，如表 4.3-3 所示。

公司成立危机管理小组，其核心架构如图 4.3-4 所示。在实际运作中，公司会根据具体情况，调配区域/国家的最高负责人以及相关主要业务部门负责人提供支援，各区域/国家团队也依据此模式，组建各自层级的危机管理小组。

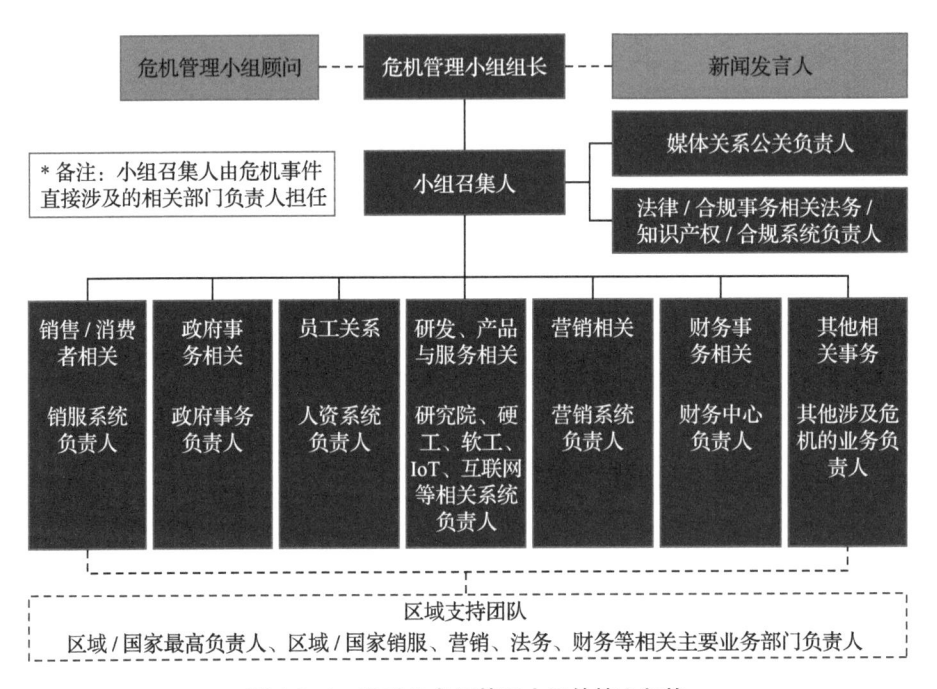

图 4.3-4　OPPO 危机管理小组的核心架构

当品牌危机事件发生时，公司会立即启动危机管理预案。主责的危机管理小组迅速集结，共同研讨并制定应对策略与处理计划，全力确保所有决策都能得到切实有效的贯彻执行，以此控制危机态势，最大限度地降低危机对企业声誉造成的损害。待危机平息或解除后，公司会针对危机发生的原因、沟通与传播的应对方式，以及最终的处理结果展开全面、深入的评估，并将评估内容整理归档，形成危机处理报告，作为日后处理类似危机事件的重要

表 4.3-3 OPPO 品牌危机等级分类

维度	PREP 预警级：主动行为	PREP 预警级：突发事件	L0 敏感	L1 问题	L2 事件	L3 危机
维度一、二：媒体曝光、社交媒体扩散	个别特殊事件，尚未对外披露，未形成舆论环境	个别特殊突发事件，尚未形成舆论环境	报道媒体/自媒体影响力小，影响范围仅限于单一国家部分地区	报道媒体/自媒体影响力有限，影响范围限于单一国家	报道媒体/自媒体具有一定程度的影响力，影响范围为单一国家全国范围，甚至扩散至单一区域的多个国家	报道媒体/自媒体极具影响力，影响范围扩散至多个国家区域甚至全球
维度三：政府动作	无特别动作	无特别动作	无特别动作	无特别动作	相关部门已开始关注，并进行问询	政府部门已立专项调查，或根据调查结果发布强制命令，如停止生产或销售
维度四：对企业的影响	其结果预估将对企业的品牌形象、消费者口碑、销售、利益相关方造成一定程度或严重影响	其结果预估将对企业的品牌形象、消费者口碑、销售、利益相关方造成一定程度或严重影响	对品牌形象、销售、消费者口碑、利益相关方没有影响	对品牌形象、销售、消费者口碑、利益相关方造成轻微影响	对品牌形象、销售、消费者口碑、利益相关方造成一定程度的影响	对品牌形象、销售、消费者口碑、利益相关方造成严重影响

参考资料，从而进一步优化公司危机管理与应对流程。

OPPO 危机处理流程如图 4.3-5 所示。

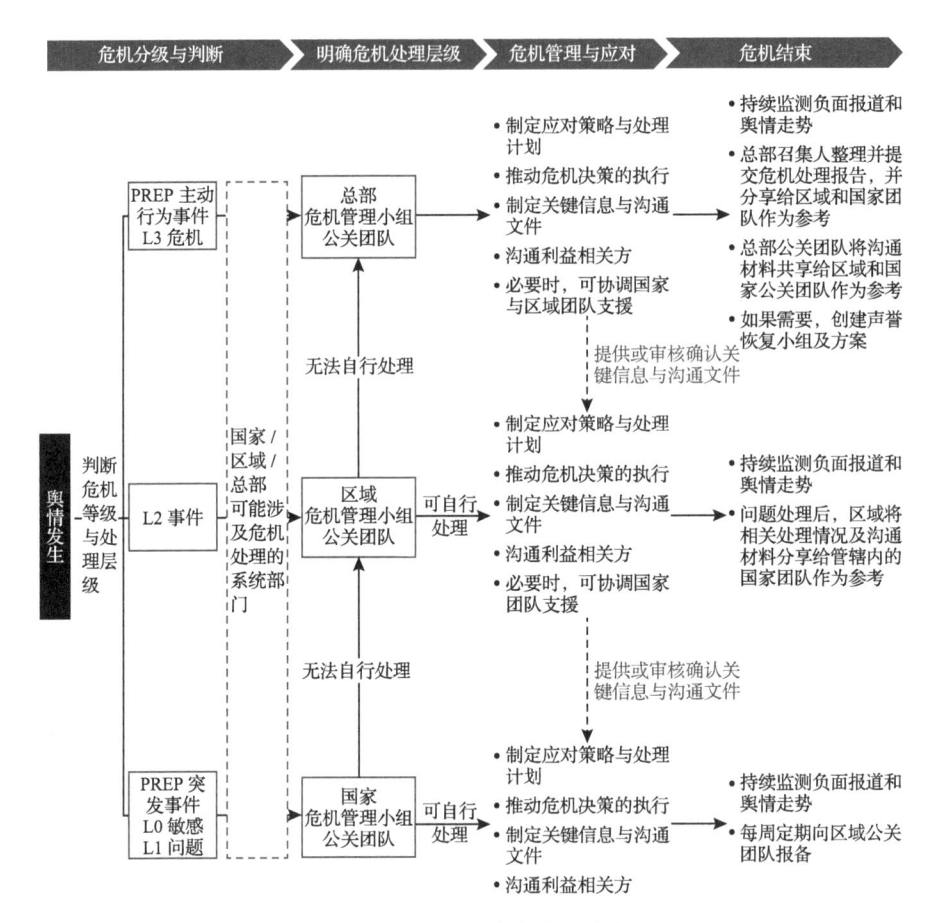

图 4.3-5　OPPO 危机处理流程

5　效益

效益部分涉及公司较多的商业数据，本书不再一一展示。

第二章 优利德科技（中国）股份有限公司

1 领导

1.1 企业家精神

a. 弘扬企业家精神，引领组织高质量发展

1. 振兴民族工业，加强国产替代

优利德科技（中国）股份有限公司（以下简称优利德或公司）成立于2003年，业务是提供测试测量产品及综合解决方案。公司参加了多项国家标准的起草，多次获得专利优秀奖，掌握了行业内的多项核心技术，形成了自主核心技术体系。公司先后被认定为广东省仪器仪表工程技术研究中心、东莞市仪器仪表工程技术研究开发中心、2019年度国家知识产权优势企业。在以董事长洪少俊为首的领导层的带领下，公司秉承"成为世界一流的中国仪器仪表品牌"的企业愿景，不断开拓创新，为振兴民族工业、加强国产替代贡献企业力量。

2. 持续推进自主创新，引领行业发展进步

公司高层领导团队一直高度重视自主研发和技术创新。董事长洪少俊亲自带领研发团队，设立东莞、成都、常州三处研发中心，创建广东省仪器仪表工程技术研究中心、东莞市仪器仪表工程技术研究开发中心、博士后研究站等平台和机制，形成覆盖核心产品线的关键技术矩阵与知识产权保护体系，培养了技术领先优势和核心竞争力。公司自主研发了数字三维荧光示波器、真有效值数字记录型万用表、任意波形发生器等在国内市场具有技术代表性

的产品，掌握了行业内的多个核心技术及先进生产工艺。

3. 诚信经营，积极履行社会责任

根据《中华人民共和国公司法》《中华人民共和国证券法》等相关法律法规的要求，公司建立了由股东大会、董事会、监事会、经理层组成的公司治理架构和一系列诚信管理制度。公司股东大会、董事会、监事会严格按照有关法律法规及《公司章程》等公司内部制度规范运作，诚信经营，切实维护公司及全体股东的利益，促进公司长远健康发展。公司高层领导率先垂范以及对守法、诚信经营的坚持，使公司获得了供应商和客户的尊重。

公司积极履行社会责任，参与多项公益活动，多次捐资捐物支持国家教育事业、抗击疫情、救援洪灾等，还捐资捐物资助其他友好国家与企业。

4. 拓展国际视野，实现公司更好发展

公司高层领导格外关注国际技术和市场动向。董事长洪少俊亲自主管研发和技术发展，积极参加国外展会，关注全球行业技术发展情况，指导公司在主要发达国家、新兴国家等重要经济体设立近100家（截至2021年年底）海外经销商，带领公司大力发展自有品牌，使公司品牌在境内外具有较高的市场接受度及美誉度。

b. 增强爱国情怀，把组织发展同国家繁荣、民族兴盛、人民幸福紧密结合在一起，主动为国担当、为国分忧

公司高层领导以实业报国的情怀，践行"以人为本""和谐共赢"的经营理念，强调"为顾客、事业合作伙伴、员工、股东、社会创造价值"的合作价值观。公司通过创新发展和守法纳税为地区经济和行业发展贡献力量；与供应商和客户共同成长；通过薪酬福利、股权激励、学习培训、帮扶等形式与员工共享成长福利；通过资助教育、抗洪救灾、抗击疫情等方式主动承担社会责任，为社会发展和经济进步贡献企业力量。

c. 拓展国际视野，并不断提高把握国际市场动向和需求特点、国际规则及国际市场开拓和防范风险等方面的能力，带动组织在更高水平的对外开放中实现更好发展，促进国内国际双循环

公司高层领导团队带领公司以开放包容的学习态度，促进国内国际双循环。

1. 及时把握国际市场动向和需求特点

基于多领域布局的国际战略目标，公司通过设立海外经销商、参展、购买行业报告、问卷调研、客户拜访等方式，了解国际市场动向和需求特点，并将调研结果运用于研发和市场开拓，如公司逐步将产品扩充为以跨越测试仪表、测试仪器、红外热成像仪、Toplia 电子工具及工业测量物联网为主的产品体系。

2. 提高把握国际规则和防范风险的能力

公司积极研究并学习国际贸易惯例与规则以及其他国际贸易法律法规等，提升防范国际风险的能力。公司通过美国 ETL/UL 与 FCC、欧盟 CE、德国 GS 等多项认证，还通过 ISO 9001：2015 质量管理体系认证、ISO 14001：2015 环境管理体系认证、ISO 13485：2016 医疗器械质量管理体系认证，将产品质量标准对标国际标准，有效规避国际风险。

3. 积极开拓市场，促进国内国际双循环

在高层领导团队的亲自部署下，公司依托高质量产品，通过设立海外经销商、参展、企业拜访、网络营销等方式，从存量客户与增量客户两方面发力，将自主品牌产品销往全球超 80 个国家和地区，覆盖主要发达国家、新兴国家等重要经济体，自主品牌产品销售收入占营业收入的比例平均达 72.50%。公司品牌在境内外具有较高的市场接受度和美誉度，曾被授予"广东省著名商标""广东省名牌产品"称号。

在内循环方面，公司凭借研发创新和营销服务质量提升，推进国产替代。公司在天猫的交易量排名常处于第二至第四位，流量排名一般在前五位；在 2020 年 1—6 月京东五金工具 / 仪器仪表品牌榜单中，公司在交易榜单和人气榜单均位列第一。

1.2 组织文化

a. 确定使命、愿景和价值观，并有效贯彻落实到利益相关方

公司组建了企业文化委员会，由人力资源管理部门承担具体职责，各部门主要负责人共同参与。企业文化建设流程涵盖调研、制定、落实、改进四个关键环节（见图 1.2-1），具体工作由企业文化部门负责推进。在调研阶段，企业文化部门自下而上广泛收集员工意见，再将汇总意见提交领导层确认，最终构建起包括理念层、制度层、行为层和物质层的企业文化体系。公司通

过开展企业文化外部咨询,并组织内部充分讨论,集思广益,打造出独具行业特色的企业文化。

1. 企业文化调研:调研行业情况、标杆及竞争对手、企业自身情况
2. 企业文化制定:制定理念层、制度层、行为层和物质层内容
3. 企业文化落实:制定各类保障措施,落实和宣贯企业文化
4. 企业文化改进:根据企业及行业情况,适时调整企业文化

图 1.2-1　企业文化建设流程

在整体企业文化建设的大框架下,各职能部门结合自身工作特点,开展了相应的子企业文化建设工作。子企业文化示例如图 1.2-2 所示。

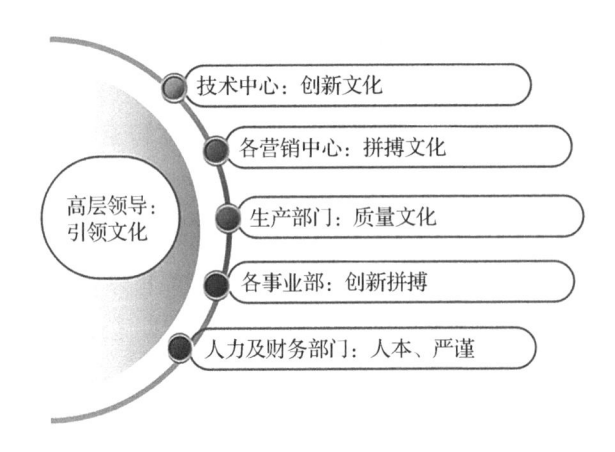

高层领导:引领文化
- 技术中心:创新文化
- 各营销中心:拼搏文化
- 生产部门:质量文化
- 各事业部:创新拼搏
- 人力及财务部门:人本、严谨

图 1.2-2　子企业文化示例

公司主要的企业文化要素及其内涵如表 1.2-1 所示。

表 1.2-1　公司主要的企业文化要素及其内涵

要素	内容	具体含义
企业使命	为全球用户提供高质量、高安全性、高可靠性、高性价比的测试测量综合解决方案	为全球用户提供信息技术、综合解决方案和服务,使人们的生活和工作更加简便、高效、安全、可靠,推动高科技走近大众,面向世人,服务于每个人的生活和工作,为社会文明进步做出贡献

续表

要素	内容	具体含义
企业愿景	成为世界一流的中国仪器仪表品牌	以创新技术和国际化服务，致力于成为世界一流的中国仪器仪表品牌
企业核心价值观	个人价值——正直、诚信、自律、笃行	"正直"意味着秉持公道、平等的态度，严格执行制度，对待同事一视同仁，不搞小团体、小帮派。"诚信"是信守承诺，践行言出必行的契约精神，个人若失去诚信，就如同自我毁灭。个人诚信关联着企业诚信，具体体现在企业提供的产品和服务上，尤其要确保产品品质过硬。"自律"是自我约束、自我认知与自我管控。"笃行"强调的是坚定地实践和行动，要求员工在工作中坚定信念，持之以恒地践行公司的价值观和目标，通过实际行动为公司的发展贡献力量
	进取价值——勇于创新、持续改良、勇于接受挑战	"勇于创新"是高科技企业生存的必要条件。优利德鼓励员工创新，这种创新不仅包括技术上的创新，也包括策略上的创新、文化上的创新。"持续改良"是不断追求进步和完善，通过持续的改进和优化来提升产品和服务质量。"勇于接受挑战"是敢于突破自我、积极应对市场变化、培养挑战精神，体现了企业在面对困难和机遇时的积极态度
	团队价值——尊重他人，团结互助，为实现共同目标而奋斗	秉持信任与尊重他人的理念，无论处于何种情形，都坚定地相信，只要给予员工恰当的资源与支持，他们就会积极主动地投入工作，并且必定能出色完成任务。公司热忱欢迎能力出众、富有创新精神的人才加入，充分认可他们为公司付出的努力与做出的贡献
	合作价值——为顾客、事业合作伙伴、员工、股东、社会创造价值	努力工作，以达成客户、合作伙伴和股东的期望。对于经营过程中产生的利益与责任，我们将共同分享与分担，力求为社会创造更多价值
管理理念	创新	公司通过各种形式持续创新，提升核心竞争力
	优质	一流的产品质量是公司孜孜以求的目标
	不断改良	持续改进，不断提升产品质量

公司从理念层、制度层、行为层和物质层四个层面构建并落地企业文化建设组织体系，形成从理念先行、制度保障、行为落实到物质外化的实施机制（见图 1.2-3）。

理念层　制度层　行为层　物质层

理念先行	制度保障	行为落实	物质外化
使命、 愿景、 价值观、	各类认证 国家法律 法规 企业制度	榜样标兵 学习培训 友爱互助 年会 生日会 运动会	标识 建筑厂房 文化上墙 品牌营销 网络建设

图 1.2-3　企业文化落地

在企业文化建设中，公司实施组织、机制、榜样、氛围"四保障机制"（见表1.2-2）。其中，党员发挥示范作用是企业文化建设的一大特色（见图1.2-4）。

表 1.2-2　企业文化建设保障机制

宣贯 机制	具体做法	效果
组织 保障	人力资源部门具体负责统筹企业文化建设	企业文化体系化、规范化
机制 保障	体系认证：行业各类标准认证、国家相关标准认证 制度：建设各类制度，促进行为规范化 考核与奖惩：标杆奖励、行为示范	企业文化达到知行合一； 企业文化与业务相融合
榜样 保障	干部：表率 共产党员：示范	企业文化在潜移默化中形成
氛围 保障	文化周边：标识、建筑厂房、先进设备、办公室、文化上墙等 传播矩阵：网站、订阅号、视频等 文化活动：员工活动、年会、运动会、慈善活动等	企业文化日常化、活动化； 活动中形成团结奋进的文化氛围

公司采用线上与线下相结合的方式，向利益相关方宣贯企业文化。线上依托网站、公众号等平台，线下借助年会、感恩会、产品展会等活动，同时通过产品手册、合作研发、加入行业协会、参与行业质量标准建设以及慈善关爱活动等途径，对供应商、客户及其他相关方展开企业文化宣讲工作。

理念学习
每季度学习党史、业务理论

参观学习
参观红色革命根据地

活动学习
观看爱国电影

志愿活动
抗疫志愿者,各类爱心活动

图 1.2-4 党员在企业文化中起示范作用

b. 建立以质量为核心的组织文化,并以其自身言行展现质量承诺

公司始终坚持为客户提供优质产品与服务,建立并不断完善质量内控标准。在生产环节,公司配备了全检仪、电能质量分析仪以及万用表全自动计量校准平台等品质检测设备,设有防水实验室、可靠性实验室,还拥有国内少见的风洞(即风速仪)设备。每批产品从设计到生产,均需通过多种可靠性实验。公司已通过美国 ETL/UL 与 FCC、欧盟 CE、德国 GS 等多项认证,还通过 ISO 9001:2015 质量管理体系等认证。

高层领导积极践行质量承诺。公司战略明确规定了高层领导的职责,董事长作为质量的首要责任人,以身作则,领导并协调质量监督管理工作。高层领导带头制定企业标准,深入生产一线,关注质量结果评判,持续推进研发、生产和售后服务质量管理的创新与改进,确保质量承诺得以践行。

c. 对组织文化的建设进行评估并持续改善

企业文化的评估与改进是公司企业文化建设的关键环节。在企业文化建设初期以及改进阶段,公司均开展企业文化调研,深入分析内外部情况,梳理出企业文化建设工作中存在的问题,以及与公司发展战略相悖的元素,随后由董事会讨论并制订改进计划。公司每五年开展一次企业文化评估与改进工作,持续增加企业文化的高度、深度,完善细节。

优利德企业文化的评估与改进模式如图 1.2-5 所示。

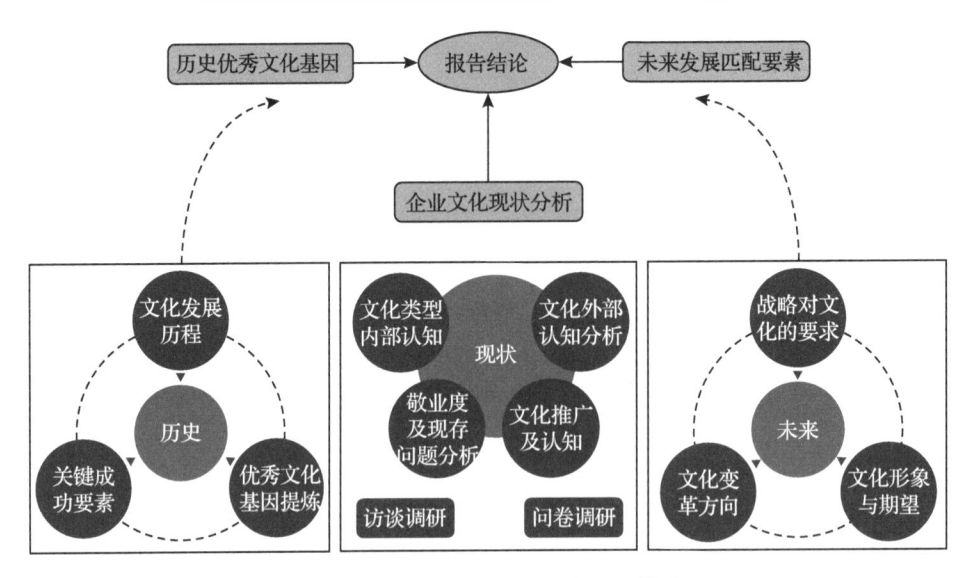

图 1.2-5　企业文化的评估与改进模式

1.3　战略管理

a. 进行战略管理，包括质量战略管理、品牌战略管理等

1. 战略管理的机制

公司成立了战略委员会，系统性地开展战略制定与战略部署工作。在企业使命的引领下，公司构建了包括四个阶段的战略管理流程：战略诊断，即开展外部环境分析和内部能力分析；战略分析与选择；战略落实，包括形成目标与战略、制定职能策略以及进行授权；战略控制与持续改进（见图 1.3-1）。

公司明确了战略委员会的组织结构、职责以及战略流程等内容，以此确保战略制定过程的系统化与规范化。公司根据中长期战略，每年开展战略规划工作。各职能部门按照要求收集并提交内外部信息和数据，战略委员会负责对收集到的内外部信息与数据进行审查和整理，运用 PEST 分析、行业环境分析、竞争对手对比分析以及 SWOT 分析等方法，制定公司战略（见表 1.3-1）。

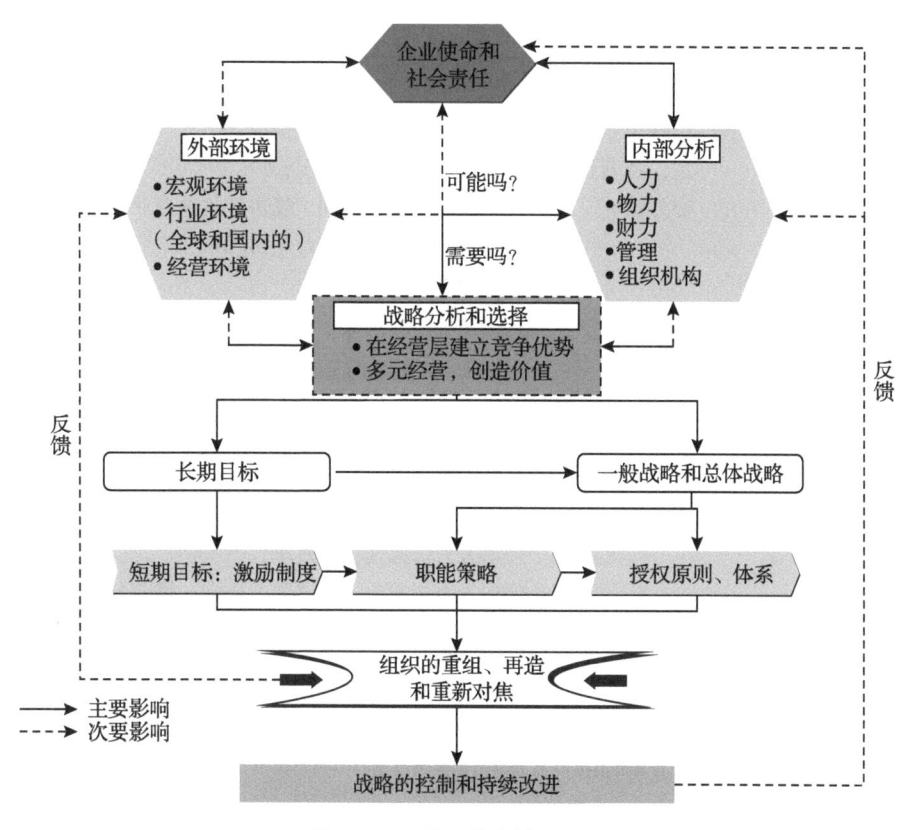

图 1.3-1　公司战略管理流程

表 1.3-1　公司战略制定过程的具体内容

过程		参与部门	具体内容
外部环境分析	政策法规、经济社会	技术中心 各事业部 各营销中心 对外事务部	政治、经济、社会、技术、法律法规等方面的潜在风险； 国内外经济形势的变化
	行业发展	参与部门同上	测试测量行业国内外发展情况； 测试测量行业重点企业技术发展情况
	竞争对手	参与部门同上	行业内标杆和主要竞争对手的研发、销售及客户等情况
	客户	参与部门同上	顾客和市场的需求、普通消费者的支付需求及习惯、行业期望以及机会； 影响产品、服务及运营方式的重要创新或变化

续表

过程		参与部门	具体内容
内部信息分析	技术研发知识	以技术中心为主，各营销中心为辅	测试测量行业技术发展情况； 竞争对手技术发展情况； 公司技术研发、专利、技术转化及商业化情况； 高校等研究机构技术开发情况； 公司知识管理情况
	财务情况	财务部	公司成本收益情况； 资金利用、融资规划情况
	产品及服务质量	制造中心 各营销中心	行业技术发展趋势； 行业质量发展趋势
	人力资源	人事部	人力资源市场趋势； 公司人力资源现状及效率； 公司人力资源规划、招聘、培训、绩效分析
	营销情况	各营销中心	产品与服务发展现状； 产品与服务发展趋势； 客户现状及客户开拓规划
	信息和知识	信息管理中心	信息化发展趋势； 公司信息化现状； 公司知识管理
	企业运营情况	战略委员会	企业整体运营现状； 品质体系建设； 质量控制； 企业审计报告
战略制定		战略委员会	根据内外部环境及信息，进行 SWOT 等分析，制定两个以上的战略方案，通过探讨与分析，最后选定较佳的战略方案
战略实施		战略委员会	在制定的战略总体方案的基础上，对战略进行细化和具体化，完善长期、中期和短期计划，制定年度规划
战略调适		战略委员会	根据经济社会发展态势、行业发展趋势、竞争对手情况及企业自身实际，对战略进行适当的修正，合理配备资源

公司经历了战略发展四阶段，如表 1.3-2 所示。

表 1.3-2　公司战略发展四阶段

时间	内容	具体事件
1988—1993 年	创始阶段	1993 年，设立研发部
1994—2007 年	国际化初级阶段	1995 年，全面开拓国际市场，在香港成立骏溢电子有限公司； 1997 年，公司领先导入市场管理体系，率先推行独家代理制的营销模式，"优利德"品牌完成注册并正式诞生； 2007 年，优利德荣获"广东省著名商标""广东省名牌产品"称号，这进一步提升了优利德品牌的社会知名度与市场影响力
2008—2017 年	国际化发展阶段	2009—2012 年，优利德松山湖总部建成； 2014 年，荣获中国专利优秀奖，同年成功取得米尼帕（Minipa）品牌中国拥有权； 2017 年，中国经销商平台上线，借助 IT 信息化手段实现有效管理
2018 年至今	品牌化阶段（高科技、品牌化、规范化）	2018 年，松山湖总部现代化办公大楼正式启用； 2018 年，拓利亚（TOPLIA）品牌上市； 2018 年，被广东省科学技术厅认定为"工程技术研究中心"； 2018 年，获得中国仪器仪表行业协会颁发的"杰出贡献奖"； 2019 年，成功达成"校企合作，产学双赢"的战略合作

在"成为世界一流的中国仪器仪表品牌"这一愿景的指引下，公司制定了"国产替代进口"和"一流品牌"战略。公司充分发挥自身现有的优势，聚焦电力及高压测试仪表、高端热成像仪、高带宽示波器、频谱分析仪、源载类仪器、电子元器件测量仪器等高端仪器仪表领域，开展产品技术研发与创新工作，矢志成为全球知名的仪器仪表品牌。基于上述战略并结合现状，公司制定了主要战略举措（见表 1.3-3）。

表 1.3-3　公司主要战略举措

战略举措	现状	具体举措
技术研发	形成了三个研发中心，研发团队在测试测量仪器仪表领域有着丰富的技术积累，打造了核心竞争优势	加强与科研院所的合作，改善研发环境，吸引优秀人才，逐步建立并完善创新激励机制，鼓励全员创新
市场开拓	建立了较为成熟的销售渠道，截至2021年年底，公司自主品牌产品销往全球80多个国家和地区，在海外拥有近100家经销商；在国内设立了9个办事处，拥有100多家经销商，销售网络遍布全国各主要城市	抓住国家对产业的政策支持，利用公司的技术优势、品牌优势、渠道优势，巩固国内市场，积极布局国外市场
人力资源	实施股权激励，已成功打造一支稳定、富有凝聚力且高效的核心管理团队。同时，公司人员结构合理，整体具备较强的进取能力	持续加强内部员工培训，着力培育一批具备高素质与强业务能力的研发、生产、销售及管理人才。同时，加快各领域优秀人才的引进与培养，维持核心人才的竞争力
财务	已建立健全规范的财务核算体系，整体财务和运营指标良好。公司累计完成多轮外部融资，进一步完善了法人治理架构	采取多元化融资方式，以满足各项发展规划的资金需求。同时，不断提高资产利用率，实施严谨且有效的财务制度，强化全面预算管理

2. 质量战略的管理过程和主要内容

制造中心负责统筹协调公司质量战略的落地实施。技术中心在产品设计阶段把控产品设计性能，制定明晰的产品合格指标；制造中心则在生产制造阶段严格管控产品良率，同时对产品出货质量严格把关，实施全流程质量管理。

公司高度重视质量文化的宣贯工作，增强全员的质量意识。目前，公司已成功通过多项行业内质量认证以及国家相关质量认证，还制定了一系列制度加强质量管控，持续推动质量改进。

3. 品牌战略的管理过程和主要内容

战略委员会制定了品牌战略与规划，旨在将公司产品打造成国内外知名品牌，赋予产品个性化、人格化、人性化特质，促使公司品牌所代表的产品与消费者产生精神共鸣，进而形成优利德独特的品牌魅力。同时，公司通过四个机制来提升品牌影响力（见图1.3-2）。

图 1.3-2　公司品牌管理四机制

b. 制定战略目标并分解到组织的各个层次，同时建立绩效监测、分析、评价与改进体系，确保战略目标的达成

公司制定了《绩效管理制度》。基于公司战略，全面综合考量公司能力与资源后，公司人力资源部门在战略委员会的授权下，制定公司经营目标，并将其细化分解至各部门。根据 KPI 指标以及对公司战略实施结果的观测，组织专家及相关人员对结果展开分析与评价，以此改进和完善公司经营活动，最终确保公司战略目标得以实现。

公司绩效管理包括绩效计划、绩效实施、考核评估和绩效反馈四个环节。绩效考核分为月度和年度绩效考核，采用 KPI 考核方式。每年年底，公司根据战略目标的完成情况进行总结分析，进而制订下一年度的经营计划。

c. 识别创新机会并应用到战略制定和/或调整中

公司通过多种方式识别创新机会，进而开展战略决策与调整工作。其一，通过收集并分析外部环境和企业内部信息，精准识别创新机会；其二，借助营销网络，洞察行业趋势，捕捉市场和顾客的新需求，从中挖掘创新机会；其三，在年度总结与年度计划制订阶段，通过系统评审发现创新机会；其四，鼓励员工建言献策，提出改进方案，以此发现创新机会。

公司基于创新机会进行的战略调整案例如表 1.3-4 所示。

表 1.3-4　公司基于创新机会进行的战略调整案例

创新机会 类型	部分案例
技术创新	公司依托国内外营销网络及行业发展信息，将以测试仪表为主导的产品技术结构，逐步扩充为跨越测试仪表、测试仪器、红外热成像仪、TOPLIA 电子工具及工业测量物联网的产品技术结构。同时，响应政府政策，与中国科学院合作开展智能高速采集系统研究与应用项目
管理创新	在物联网、大数据、云计算以及人工智能与制造业深度融合的发展趋势下，公司搭建了独立的 UNIT IoT 网站，为物联网应用企业、系统集成商、行业开发者、传感技术提供商提供加盟合作、项目定制的渠道
组织创新	民营企业与党组织相结合，打造学习型党支部，充分发挥党员的模范带头作用

1.4　组织治理

a. 进行组织架构设计和治理系统建设，以激发组织活力

公司根据《中华人民共和国公司法》等法律法规和规范性文件的规定，基于发展战略，建立了由股东大会、董事会、监事会组成的公司治理架构，设立了各职能部门及事业部，形成了权力机构、决策机构、监督机构和管理层之间权责明确、运作规范、相互协调和制约的工作机制，达成互利共赢的良好局面。公司组织架构如图 1.4-1 所示。

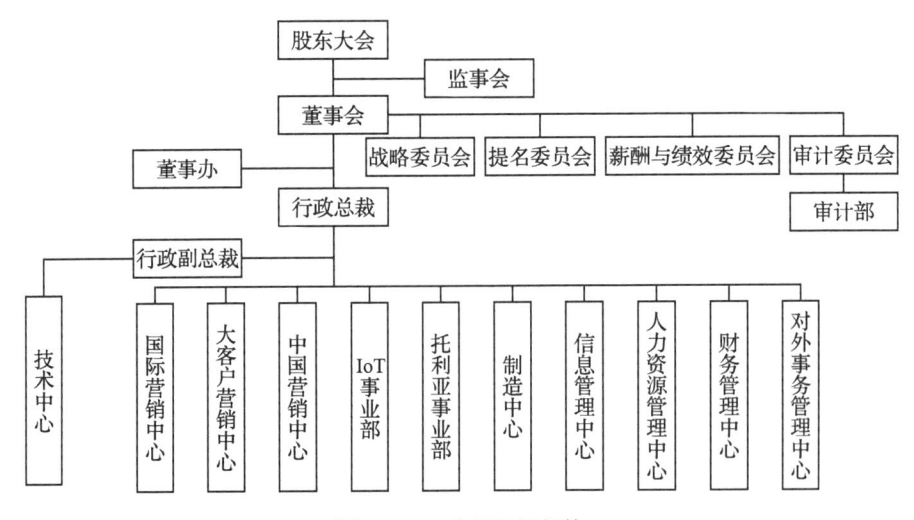

图 1.4-1　公司组织架构

在内部管理方面，公司实行董事会领导下的行政总裁负责制。董事会负责公司重要战略的决策，行政总裁负责执行工作，公司高级管理人员按照职责范围被授予相应的权力，并依据实际经营效益获得激励。

在公司整体运作层面，以董事会办公室作为关键平台，各中心最高领导层依托这一平台，依照组织管理需求，为公司各类经营活动提供支持与服务。各部门主管则负责将公司的经营目标细化，转化为各部门的具体目标。

b. 对组织的领导和治理机构成员的绩效及合规性进行评价，使其为决策和活动的影响承担责任

公司制定了高层绩效管理流程（见图1.4-2），按照权责利结合与统一的原则，建立并完善针对公司高层领导和治理机构成员的绩效与履职合规性评价体系（见表1.4-1），确保权责利对等。公司高层领导重视运用领导绩效评审和组织绩效评审的结果，以此改进领导体系的效率和有效性，各机构负责人则开展年度规划调整、机构调适以及具体业务规划工作。

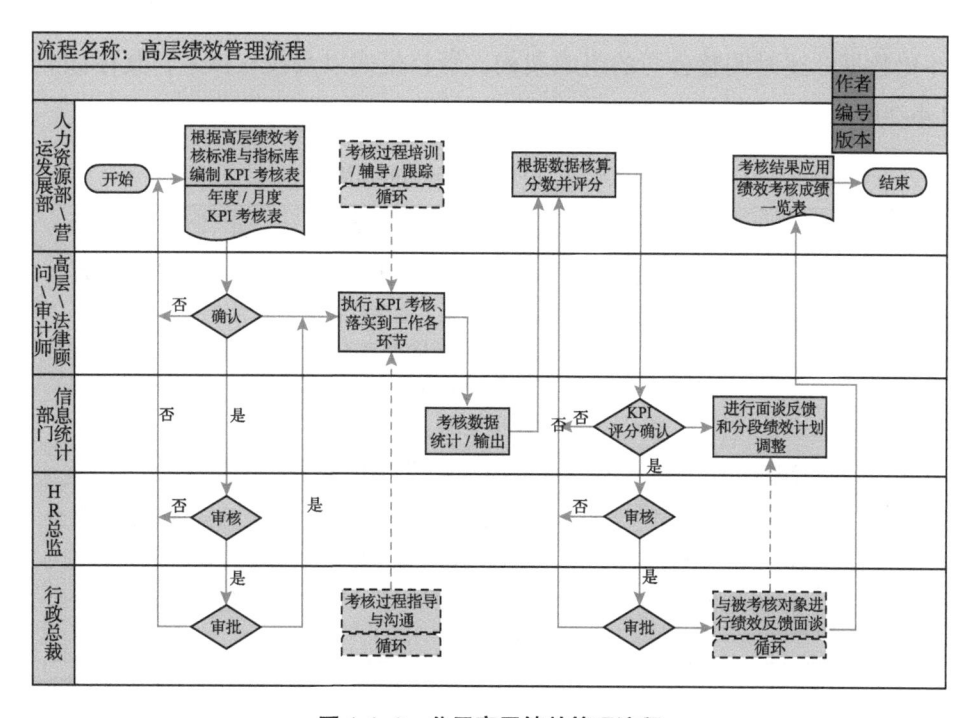

图1.4-2　公司高层绩效管理流程

表 1.4-1　针对公司高层领导和治理机构成员的绩效与履职合规性评价体系

评价类别	评价模块	评价内容	评价途径	评价周期	评价对象
组织绩效	战略完成情况	战略目标完成率；年度规划完成率	战略委员会股东大会董事会	一年一次	企业高层
	发展成果	经营成果（营收、利润、技术项目开发、市场开拓等）	年度总结半年度总结	半年一次	企业高层各职能部门
组织合规性	社会责任	体系管理（体系认证及管理、社会关爱）	年度总结	一年一次	企业高层技术中心信息管理中心人力资源部门

c. 运用绩效评价结果改进自身和治理机构的有效性，以促进组织发展

公司通过分析长短期目标的达成情况、管理有效性等绩效指标的同比与环比数据，适时调整公司的组织架构、管控模式以及授权体系，具体如表 1.4-2 所示。

表 1.4-2　公司改进活动的实施

改进领域	改进计划及目标	具体实施案例
战略层	根据内外部情况及战略完成度，调整战略方向及方案	发展测试仪表、测试仪器、红外热成像仪、TOPLIA 电子工具及工业测量物联网五大产品；拓展针对新能源汽车行业、光伏电站设施运营、工业场景运维等领域的解决方案；增设事业部
组织结构层	组织结构调整	进行国内国外营销机构的设立与调整
领导层	进行结构、岗位、权限、项目改进	股东大会、董事会、监事会、独立董事、董事会秘书以及各专门委员会等机构的人员调整
个人层	岗位调整、培训提升	设立优利德学堂，助力学习型组织建设，倡导终身学习

1.5 社会责任

a. 履行公共责任,包括质量安全、节能环保、资源消耗、低碳发展等方面的责任

公司将履行社会责任视作实现企业社会价值的重要体现,秉持"安全环保"的企业核心价值观,坚持"安全第一、环保优先、稳健发展、回馈社会"的原则。在践行社会责任的过程中,积极推行"低消耗、低排放、高效率"的低碳发展模式,通过实施节能减排举措,达成洁净排放目标。

1. 质量安全方面

公司构建了研发高标准、生产设备高标准、管理过程高标准"三个高标准体系",以此确保对产品和服务质量进行有效管控。公司已通过美国 ETL/UL 与 FCC、欧盟 CE、德国 GS 等多项认证,同时通过了 ISO 9001：2015 质量管理体系认证、ISO 14001：2015 环境管理体系认证、ISO 13485：2016 医疗器械质量管理体系认证,制定了完善的产品技术及服务质量相关制度,实施管理科技化并遵循高标准要求。

2. 节能环保方面

公司积极响应国家"碳达峰、碳中和"战略及相关政策文件要求,将环境保护作为企业可持续发展战略的重要内容,并成功通过 ISO 14001 环境管理体系认证。公司将环境保护理念精准落地于生产经营活动中,持续加大对废水、废气和固体废弃物的管控力度,密切关注各类环保设施的运行状态,确保污染物达标排放。同时,公司制定突发环境污染事件应急预案,做好日常环境自行监测。

3. 资源消耗和低碳发展方面

公司借助数字化、智能化手段与日常管理举措,推动低碳发展战略落地。公司搭建了 OA（办公自动化系统）、MES（制造执行系统）、ERP（企业资源计划系统）、PLM（产品生命周期管理系统）等信息化系统,实现生产管理、质量数据管理、产品生命周期管理、设备管理等环节的信息化运作,有效减少资源浪费与能源消耗。同时,公司在基础建设、办公垃圾和废物处理、照明设施选用、园区绿化规划等方面,严格遵循国家及行业相关规定,致力于打造良好、绿色、健康的办公环境。

b. 树立法治意识、契约精神、守约观念，并建立道德规范和实施质量诚信体系，包括实行产品召回制度等

1. 树立法治精神，依法规范经营

公司根据《中华人民共和国公司法》等相关法律法规及规范性文件的要求，建立了由股东大会、董事会、监事会、经理层组成的公司治理架构，健全了相关管理制度，以此规范公司行为。公司董事会下设战略委员会、审计委员会、提名委员会、薪酬与考核委员会，各委员会依照工作细则，依法开展工作。公司股东大会、董事会、监事会能够按照有关法律法规及公司内部制度规范运作，依法行使各自的权利，履行相应的义务，切实维护公司及全体股东的利益，促进公司长远健康发展。

2. 高度重视道德行为的建设和监察

高层领导高度重视公司经营道德建设，明确要求公司行为以及员工个人行为需与中华民族优秀文化、社会主义核心价值观保持一致。

3. 建立与实施质量诚信体系

公司坚持守法诚信经营，严格履行各类合同，不断提升售后服务水平。通过积极开展产品培训活动以及举办技术交流巡回会议，增加公司销售人员与代理商的专业知识，切实提高其为客户服务的能力，全方位提升产品和服务质量，赢得了供应商和客户的广泛好评。

c. 进行公益支持，包括关爱员工、参加社会组织、发挥行业引领作用，以及参加社区活动并营造重视质量、关注质量和享受质量的氛围

公司高度重视员工在公司发展中的作用，严格遵守国家法律法规，通过了BSCI商业社会行为准则认证，不断完善薪酬绩效、培训、晋升和激励等机制。公司发挥行业引领作用，努力提升行业技术水平与标准（见表1.5-1）。公司通过政府和个体劳动者协会、私营企业协会参与多项公益活动，多次捐资捐物支持国家教育事业（见图1.5-1）、抗击疫情、抗洪救灾（见图1.5-2）等，甚至捐资捐物资助其他友好国家与企业（见表1.5-2）。

第二章 优利德科技（中国）股份有限公司

表 1.5-1 公司发挥行业引领作用

引领类型	具体表现
参加行业组织	中国仪器仪表行业协会第五届至第八届理事会（2007—2023 年）理事单位 广东省仪器仪表行业协会副会长单位 广东省仪器仪表学会副会长单位 东莞市计量协会会长单位
起草国家标准	《直流数字电压表及直流模数转换器》（GB/T 14913—2008） 《数字仪表基本参数术语》（GB/T 13970—2008） 《数字多用表》（GB/T 13978—2008） 《电击防护 装置和设备的通用部分》（GB/T 17045—2020）
获得中国专利优秀奖	一种三维波形实时显示方法和系统 一种宽频率连续可调的脉宽波数字产生方法及系统 一种支持任意点输出电压的绝缘电阻测量方法及测量装置
被授予荣誉称号	广东省仪器仪表工程技术研究中心 东莞市仪器仪表工程技术研究开发中心 2019 年度国家知识产权优势企业

图 1.5-1 公司热心资助教育事业

图 1.5-2 公司援助河南抗洪

表 1.5-2　公司部分慈善活动

年份	慈善活动
2020	向东莞市防疫指挥部、松山湖防疫指挥部合计捐赠 8000 个 FFP2 口罩； 向东莞市红十字会捐赠非接触式红外额温计 3000 个，价值 29.40 万元； 向广东省红十字会捐赠一次性医用口罩 7 万个，价值 12.60 万元； 向东莞市红十字会捐赠一次性医用口罩 20 万个，价值 36 万元
2021	向东莞市计量协会赞助 13 万元，用于支持计量知识讲座等公益性活动； 向东莞市质量基础设施发展基金会出资 20 万元； 向东莞市计量协会赞助 28 万元，用于支持计量知识讲座等公益性活动； 向四川电子科技大学教育发展基金会捐赠 20 万元
2022	捐赠 1200 张行军床，价值 20.4 万元； 组织志愿者支援东莞金域松湖战疫一线，每位志愿者承担为上百户居民配送物资的工作

2　质量

2.1　管理体系

a. 组织管理体系的建设和融合

公司通过管理体系认证化、管理制度标准化、管理机构规范化加强企业管理行为（见图 2.1-1）。公司通过美国 ETL/UL 与 FCC、欧盟 CE、德国 GS 等多项认证，还通过 ISO 9001：2015 质量管理体系认证、ISO 14001：2015 环境管理体系认证、ISO 13485：2016 医疗器械质量管理体系认证。在此基础上，公司制定了一系列管理制度，实现供应链、生产制造、营销、人力资源管理、财务管理等所有环节的管理标准化、科学化。公司依据上市公司要求，建立了由股东大会、董事会、监事会、经理层组成的公司治理架构和符合经营发展需求的研发、生产、营销及其他职能机构，有效地提升了公司的治理水平和经营效率。

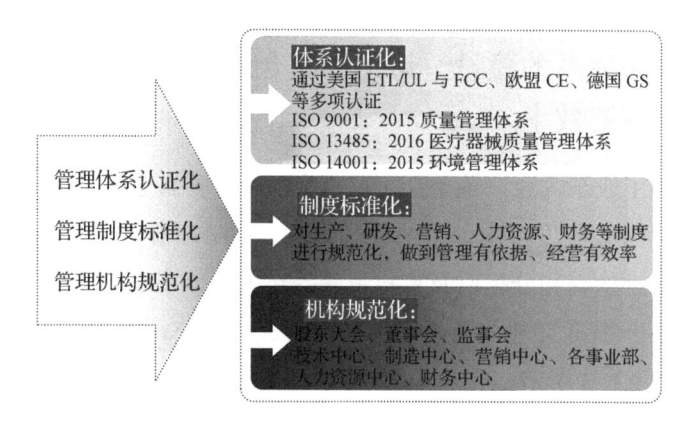

图 2.1-1　公司"三化"管理

b. 运用互联网、物联网、大数据、云计算、5G等新一代信息技术对组织的物流、资金流和信息流进行有效控制和管理，以增强组织竞争力

公司建立了较为完善的信息化管理体系，包括企业资源计划管理系统（Oracle ERP系统）、客户关系管理系统（CRM）、供应商关系管理系统（SRM）、优利德学堂App、人力资源管理系统（HR）、自动办公系统（OA）、制造执行系统（MES）、产品生命周期管理系统（PLM）（见2.1-2）。通过集成化的数据处理与共享以及流程优化，公司整合了研发、采购、生产、经销商管理、成本库存管理、财务核算等业务活动，完善了内部控制，提升了快速反应能力和科学决策能力。

图 2.1-2　公司信息化管理体系

c. 对管理体系的建设、运行和融合进行监测和评审，并不断提高其有效性和效率

公司设立了股东大会、董事会、监事会、审计委员会、财务中心等机构，通过股东大会考核制度、内部审核管理制度、财务审核、管理评审、目标监测和考核、日常检查和分析以及客户审核等对管理体系进行定期监测和评审，持续改进，不断提高管理体系的效率和经营成效。公司管理体系建设运营及评审过程如图 2.1-3 所示。

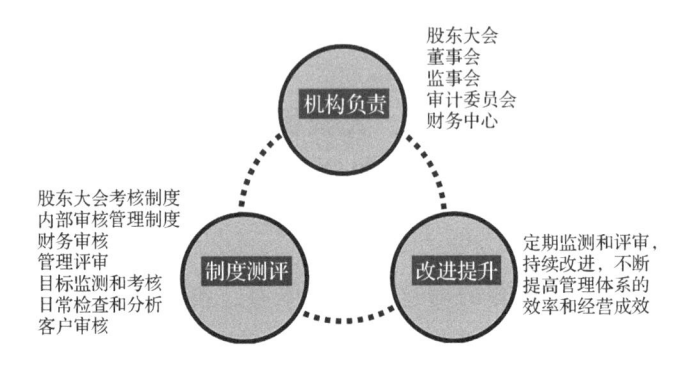

图 2.1-3　公司管理体系建设运营及评审过程

2.2 顾客需求

a. 识别并确定顾客及其他利益相关方的需求和期望，包括质量、安全、健康、知情权、选择权、补偿权、隐私权、交货期等，并将这些需求和期望转化到组织的产品和/或工艺设计、创新和质量改进中

1. 围绕顾客需求，开展企业经营

公司的生产运作紧紧围绕顾客需求展开。首先，通过识别并确定顾客需求，结合相关法律法规，明确顾客的需求与期望。其次，借助多种途径在公司内部进行沟通，确保这些需求与期望被清晰认知，进而切实得到满足。当顾客对公司产品与服务做出质量反馈后，公司依据相关文件的规定获取有关信息，并依照顾客需求进行质量改进。

2. 积极与顾客沟通，明确顾客需求

公司积极与顾客就产品或其他相关要求、规定进行适时且有效的沟通，包括产品销售的沟通、产品合同订单的沟通。与顾客的沟通主要体现在以下三个层面。其一，售前沟通。针对公司新开发的产品，市场部借助广告策划、市场宣传等手段，确保顾客充分了解本公司的产品信息，从而推动分销关系的建立。其二，公司与顾客之间就合同评审、产品制造过程或规定进行适时沟通并确认。其三，售后沟通，具体包括以问卷形式收集顾客反馈信息、处理顾客投诉（含顾客退货）以及开展顾客满意度调查等。

3. 基于顾客需求导向，建立快速响应机制

公司建立了基于顾客需求导向的产品开发快速响应机制，在产品开发过程中，充分考量顾客关注的质量、成本、可用性及可制造性。结合现有的业务布局、市场拓展深度以及未来市场增长潜力等因素，公司在各地设立分支机构，通过委派技术工程师和销售团队现场进驻等方式，为顾客使用产品提供技术应用支持和售后维护服务，及时获取当地市场需求信息。同时，通过在当地设立仓库，缩短顾客的交货期，有效提高顾客满意度。

b. 应用适宜的技术和方法有效管理顾客关系，并定期测量顾客满意度，以提高产品质量和服务水平

公司致力于管理顾客关系，提升顾客满意度。公司制定并执行《客户满意度监控程序》，由品质部负责，通过统计顾客返单、投诉及退货情况，了解顾客对公司产品和服务的满意度，并将顾客满意度作为质量管理体系业绩考核的主要指标。品质部会对统计分析结果进行处理，持续提高顾客满意度。必要时，公司会向顾客发放《客户满意度调查表》，全面了解顾客对公司产品、服务及其他方面的满意度。

公司每年都会针对产品品质与交付、价格与促销、服务这三个方面对顾客满意度进行充分调查，并根据调查所获信息，对品质、价格、服务等进行改进，不断提升顾客满意度。2019—2021年品质、价格、服务项目数据分析图分别如图2.2-1、图2.2-2、图2.2-3所示。

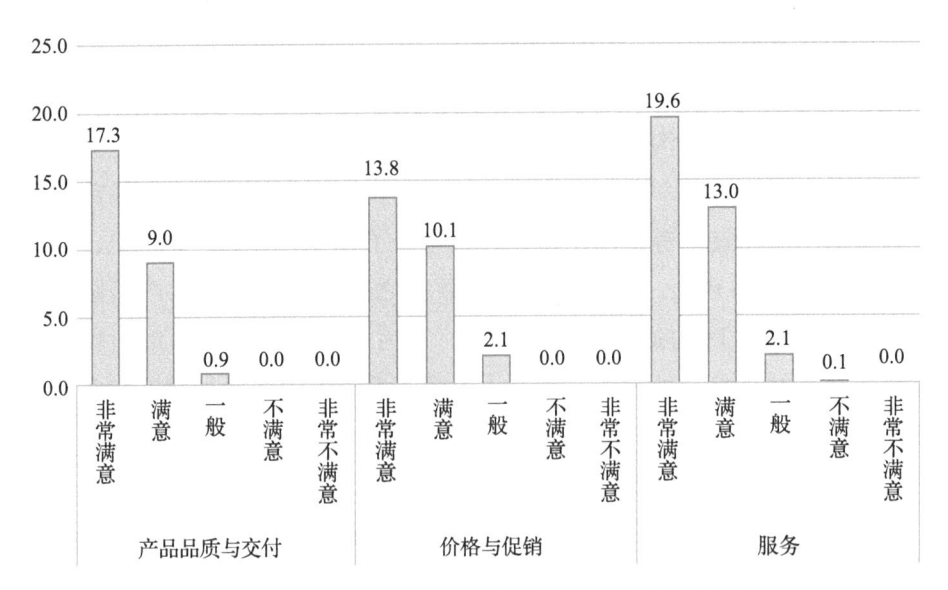

图 2.2-1　2019 年品质、价格、服务项目数据分析图

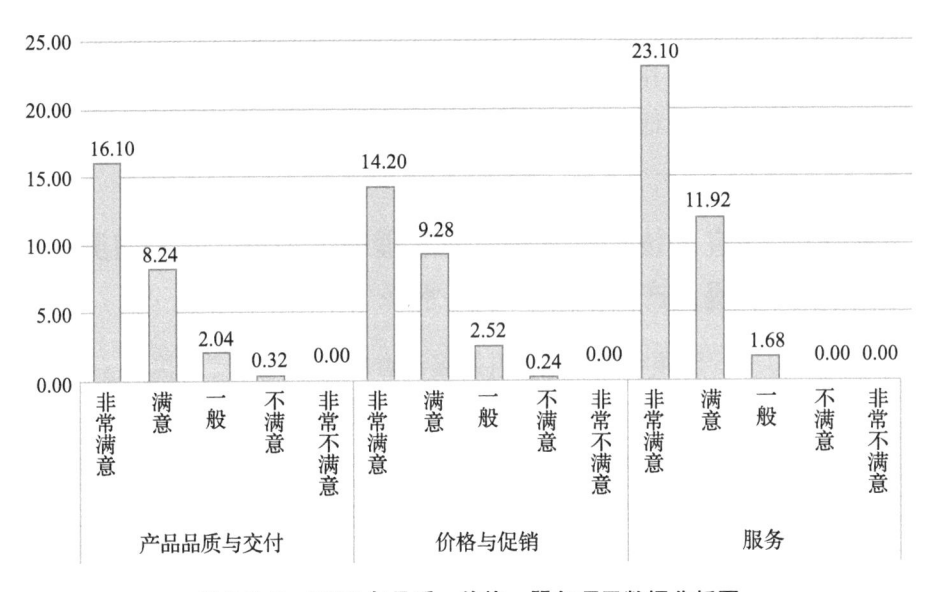

图 2.2-2　2020 年品质、价格、服务项目数据分析图

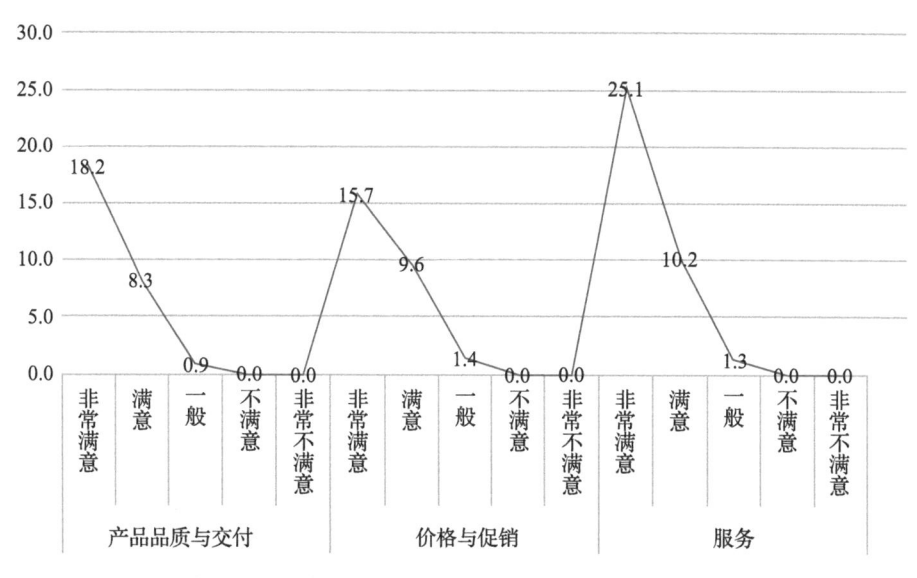

图 2.2-3　2021 年品质、价格、服务项目数据分析图

c. 快速有效地处理顾客的投诉和抱怨，并对其原因进行分析以推动组织及合作伙伴不断改进

当顾客对企业产品质量或服务表示不满意并进行投诉时，公司迅速回应，各部门各司其职、协同处理。市场部在收到客户投诉信息后，会立即将其反馈至品质部；工程部针对客户投诉涉及的品质问题，制定临时改善和长期改善方案；品质部则主导顾客投诉处理工作，在处理过程中认真做好顾客投诉记录，编写 8D 改善报告以及客户投诉处理报告。

在处理过程中，品质部跟进改善方案的执行情况，并及时将重要信息以邮件形式发送给相关部门负责人。同时，品质部还会跟进生产线在制品按照 8D 改善报告和客户投诉处理报告中的解决方案执行后的实际效果。

2.3　质量协同

a. 有效进行供应链管理，以推动供应链组织之间的质量信息交流和质量改进，增强产业链自主可控能力，实现质量协同

公司建立了供应链管理体系，强化供应链管理（见图 2.3-1）。公司高度重视与全产业链供应商的战略合作关系，制定了完善的供应商管理体系，规

范了供应商调查、评估、选择、考核的流程与标准，以此筛选出符合公司物料采购需求、匹配公司发展战略的合格供应商。公司主要从物料质量、工艺、交期、价格、物流协同配合程度等多个维度，对供应商展开综合评估，进而确定合适的供应商。在供应商管理过程中，公司的采购部、品质部、工程部、财务部共同参与供应商调查、评估、选择以及考核工作。公司通过科学、合理地安排采购计划，有效降低整体供应链的不确定性，保障自身生产活动的稳定性，实现对顾客的高质量交付，同时推动与供应商的合作迈向互利共赢的良好局面。

图 2.3-1　公司供应链管理体系

公司的合格供应商一览表如表 2.3-1 所示。

表 2.3-1　公司的合格供应商一览表

序号	供应商名称	经营范围	供应商类别
1	深圳市迪米科技有限公司	IC、传感器	A 类
2	深圳市华严慧海电子有限公司	PCB	A 类
3	中山市佳信电路板有限公司	PCB	A 类
4	智恩电子（大亚湾）有限公司	PCB	A 类
5	深圳市星河电路科技有限公司	PCB	A 类
6	东莞市铭宏腾五金塑胶有限公司	塑胶	A 类
7	深圳市宏泰精密科技有限公司	塑胶	A 类
8	东莞市精瑛伦实业有限公司	塑胶	A 类
9	东莞市鹏建精密塑胶有限公司	塑胶	A 类
10	东莞市凯裕塑胶科技有限公司	塑胶	A 类

b. 建立关键供方质量考核和保证制度，并在供应链上下游组织复制或推广其质量管理模式、方法或制度

1. 供应商调查评估

公司采购部在收到供应商提供的合格材料样品后，根据所采购材料对成品质量的影响程度，将采购材料的供应商分为关键材料（A类）供应商和重要材料（B类）供应商两类，并对不同类别实施差异化的控制。

对于关键材料（A类）供应商，公司将其作为关键供应商进行管理。由采购部牵头，联合工程部、品质部组建供方评审小组，对供应商/外包商开展现场评审。供方评审小组成员需在《新供应商调查评估报告》PCD007中如实记录现场评审的实际情况与结果，供方评审小组组长负责批准审核报告，并跟踪不合格项的整改直至结案。

对于重要材料（B类）供应商，可不进行现场评审，但需按照《新供应商调查评估报告》的要求提供适用的证明文件，进行书面评审与确认。评审合格后，由总经理在《新供应商调查评估报告》中进行批准。

2. 构建供方质量保证制度，开发新供应商

公司积极构建关键供方质量保证制度，当供应商出现以下情况时，公司将寻求开发新的供应商，以保证产品和服务质量：同一物料的合格供应商不足2个；现有物料供应商在品质、交期、价格或服务上达不到要求；现有物料供应商的供货能力达不到要求；新产品开发产生新物料需求；旧产品升级产生物料更改需求。

新供应商必须具备的主要条件：技术条件和生产工艺能满足公司要求；品质稳定且符合公司需求；新开发供应商一般遵循"距离就近"原则；近三年生产经营业绩良好；持有合法经营证照，能够提供税务发票；价格在同行业中具有竞争优势；在顾客中拥有良好的信誉。

c. 测量和评估供方绩效，并向供方反馈相关信息以帮助其改进

1. 各部门分工参与供应商绩效评估

由采购部牵头，品质部、工程部、财务部共同参与，对供应商开展一年一度的绩效评估工作。其中，采购部着重对供应商的物料交期、价格、物流协同

配合度进行绩效评估；品质部负责从品质维度对供应商进行绩效评估；工程部承担供应商物料验证及控制工作，包括可靠性、技术性的稽核，以及物料反馈问题的改善效果验证；财务部则负责对供应商的物料价格进行绩效评估。

采购部主导整个供应商绩效评估流程，评估结束后，主导汇总《供应商评绩表》PCD009，交由品质部、工程部、财务部、采购部经理签名确认，随后将评估信息反馈给供应商，通过向供方反馈相关信息，助力其改进供货质量。

2. 运用定量评估法测量供应商绩效

公司采用定量评估法对供应商进行绩效评估，评估内容具体由三个部分构成：供应商品质占40分；供应商交货价格占40分；工艺工程占20分。公司详细制定了供应商品质绩效评估方法、供应商交货价格绩效评估方法以及工艺工程绩效评估方法，通过将供应商品质得分、供应商交货价格得分和工艺工程得分相加求和，从而得出该供应商的绩效评估总分。

2.4 质量基础

a. 进行标准化、计量、检验检测、认证认可、知识产权等质量基础设施能力建设，并提升其管理水平

1. 制定完善操作规程，推进质量建设标准化

公司策划、制定并实施各类必要的作业指导书及制作规程，如工艺工序卡、设备操作规程、检验规范等，以确保在受控条件下进行产品的生产和相关服务的提供。在标识和可追溯性管理上，公司制定并执行《标识和可追溯性控制程序》，确保在产品实现过程中以恰当的方式对产品进行标识与识别，同时依据监控、测量要求，准确识别产品所处的状态。在有可追溯性要求的场合，公司要对产品的唯一性标识进行控制并做好记录。

2. 严格检验检测，加强能力建设

公司实施所需的监控、测量活动以及配备相应的装置，旨在为产品符合既定的预期要求提供证据。公司制定并执行《测量和监视资源控制程序》，由品质部质量管理科对检验、测量和试验设备进行管理，以此确保检验、测量和试验数据完整、准确、有效，使公司具备对产品（包括过程控制质量）做出可靠、有效结论的能力，以及满足产品要求的能力。

3. 强化知识产权建设，提升质量管理水平

公司运用生产运营知识，推动业务流程的运行，从而获得合格的产品和服务。公司的知识来源主要有两个方面：其一，内部来源，包括知识产权、从经验中获得的知识、从成功与失败项目中总结的经验教训，以及产品、服务和过程改进所取得的成果等；其二，外部来源，包括各类标准、学术交流活动、专业会议，以及从顾客或外部供应商处收集到的知识。

面对不断变化的市场需求和行业发展趋势，公司积极主动地审视现有的知识体系，持续获取新知识并及时更新知识储备。此外，公司还编制了《组织知识管理程序》，严格按照标准要求贯彻执行。

b. 运用成熟的管理制度、方法或工具对生产或服务现场进行质量管理，并提升生产或服务管理的信息化、智能化或数字化水平

1. 建设管理制度，提升产品质量

公司制定《产品和服务放行控制程序》，采用目标考核的方式，对质量管理体系的主要过程进行监视和测量，确保过程符合要求，使每个过程持续满足预期目标。若未能达到策划的结果，将采取必要的纠正措施，保证公司提供的产品符合要求。在产品制造的各个阶段，公司会对产品特性进行检验和测量，保证满足顾客对产品质量的要求。公司严格遵循产品的接收准则，并保留产品符合接收标准的证据，在记录表中明确标注授权产品放行的人员。同时，对产品检验和测量的结果进行状态标识。

2. 建立质量管理信息系统，提升智能化、数字化水平

为进一步提升来料质量管理水平，公司紧密结合自身实际情况，历经调研、论证与开发等流程，于2021年4月成功上线UNI-T质量管理系统。该系统由六大模块构成，分别为来料检验功能模块、ERP功能模块、检验模板制作模块、样品管理模块、测试治具管理模块以及来料检验合格率模块。

c. 建立质量安全保证和风险防控机制，以避免发生具有重大影响的质量、安全、环保事故

1. 建立风险防控机制，应对生产运作风险

公司建立了风险防控机制，明确风险规避、风险降低和风险接受等方面

的操作要求，制定全面的风险和机遇管理措施，推进内部控制体系建设，以此增强自身的抗风险能力。通过这套机制，确保质量管理体系能够达成预期结果，避免发生具有重大影响的质量、安全、环保事故。此外，公司依据过往经验以及行业规律，对生产运作过程中可能出现的风险及时采取改进措施。

2. 识别关键风险因素，避免质量安全事故

公司全面识别和应对各部门在生产和管理活动中存在的风险。各部门积极建立风险识别和应对方法，梳理并确认本部门存在的风险，并将评估结果记录在《风险和机遇评估分析及控制表》中。在风险识别和应对过程中，责任部门需对可能存在风险的车间、生产过程以及人员进行逐一排查筛选，精准识别风险。

3. 建立风险和机遇评估小组，有效应对潜在风险

公司在开展风险识别和评估工作时，经集思广益与有效分析判断，组建了风险和机遇评估小组。总经理通过授权，赋予风险和机遇评估小组以下职责：一是组织开展风险和机遇的分析与评估；二是制定风险和机遇应对措施并推动落实执行；三是编制风险管理计划；四是组织对风险和机遇应对措施的实施效果进行验证。公司依据风险影响及影响程度进行量化，对风险的严重程度加以评估，并制定了评价风险严重程度的准则（见表2.4-1）。

表 2.4-1　公司评价风险严重程度的准则

严重程度	描述					严重等级
	法律法规、产品及其他要求	顾客影响	财产损失/万元	停工/停产	企业形象	
非常严重	违反国家标准/客户标准	会造成客户停产/停线/停止交货	财产损失≥10	不可恢复	重大国际、国内影响	5
严重	违反省内或行业标准	会造成客户短暂缺料	5≤财产损失<10	需较长时间调整后才可恢复	省内、行业影响	4
较严重	违反地区标准	会有客户投诉/批量退货	0.5≤财产损失<5	间歇性恢复	地区性影响	3
一般	违反企业标准	会造成客户投诉/少量退货	财产损失<0.5	可短时恢复	企业及周边范围	2
轻微	违反合规义务	顾客反馈	无损失	没有停工	不影响	1

2.5 教育培训

a. 树立"人才是第一资源"的理念,激发各类人才的创造活力,以推动组织可持续发展

1. 树立"人才是第一资源"的理念,构建和谐的员工关系

公司秉持"人才是第一资源"的理念,深知人才是创新的主体,积极构建和谐的员工关系,强化员工关系管理。公司通过密切关注,及时掌握员工思想动态,以此增强公司的凝聚力和员工的归属感。在协调员工关系的过程中,公司能够敏锐察觉潜在的管理问题,并逐一加以改善,充分调动员工的工作积极性,进而推动公司整体工作效率的提升。此外,公司始终高度重视技术人才团队建设,持续提升团队人才层次,不断优化团队人才结构。

截至2021年年底,公司人才的学历结构、年龄结构和工种结构分别如表2.5-1、表2.5-2、表2.5-3所示。

表2.5-1 公司人才的学历结构

学历结构	博士/硕士	本科	大专	高中/中专	初中及以下
人数	30	242	197	310	314
占比/%	2.74	22.14	18.02	28.36	28.73

表2.5-2 公司人才的年龄结构

年龄结构	19岁及以下	20~29岁	30~39岁	40~49岁	50岁及以上
人数	23	364	460	212	34
占比/%	2.10	33.30	42.09	19.40	3.11

表2.5-3 公司人才的工种结构

工种结构	管理	研发	技术	销售	制造	职能
人数	168	174	120	49	316	266
占比/%	15.37	15.92	10.98	4.48	28.91	24.34

2. 通过员工关系管理,推动组织可持续发展

公司制定了《员工关系管理办法》(见图2.5-1),明确规定员工沟通包括八个方面,分别为入职前沟通、上岗前培训沟通、试用期沟通、转正沟通、

工作异动沟通、绩效面谈、离职面谈以及离职后沟通。公司会根据沟通结果，形成分析报告，并跟进落实改善计划，以此提升人才质量，推动公司可持续发展。

图 2.5-1　公司《员工关系管理办法》

公司员工关系管理小组结构如图 2.5-2 所示。

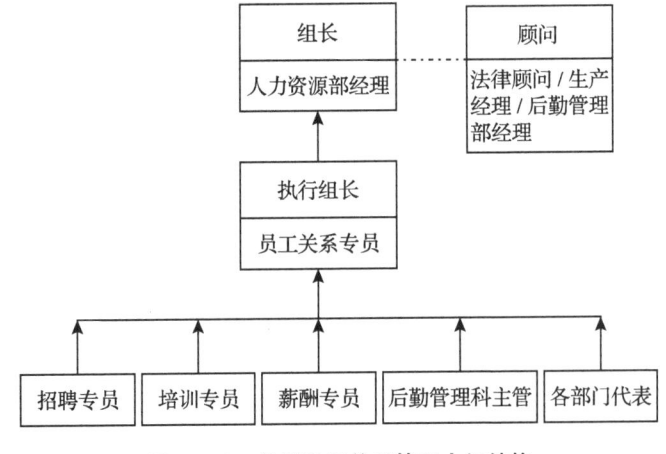

图 2.5-2　公司员工关系管理小组结构

公司新员工沟通责任者和沟通频次如表 2.5-4 所示。

表 2.5-4　公司新员工沟通责任者和沟通频次

新员工岗位	沟通责任者	入职第一周结束	入职第一个月结束	入职第二个月结束	入职第三个月结束	沟通方式	输出资料
主管（含）以上人员	人力资源部经理		√		√	个人面谈 电话沟通 团体座谈	1. 员工试用跟进表 2. 员工入职调查表
主管以下人员	员工关系专员	√	√		√		
	招聘专员		√	√			
	培训专员		√	√			
	后勤管理科主管	√					

b. 建立员工的质量激励机制和质量考核制度，引导、鼓励和鞭策员工积极参与组织的改进和创新

1. 建立研发激励机制，促进组织改革创新

公司内部强调成果导向，倡导责任意识、团队合作精神、创新精神以及敬业精神。对于表现突出的创新型人才，公司会进行破格提拔，激励员工始终保持创新能力，增强核心技术团队的成就感与对公司的归属感，保障公司新产品的质量和开发进度。

为充分激发公司研发人员的积极性和创造性，落实公司核心价值观与团队导向，打造目标明确、绩效突出的高效团队，公司构建了研发项目奖励机制，包括与项目紧密挂钩的奖励机制以及股权激励机制。这些举措有效增强了核心骨干人才的凝聚力，为公司持续发展注入强劲动力。

2. 优化价值评价和分配体系，鼓励员工积极创造

公司持续优化价值评价和分配体系，每年都会组织开展个人特殊贡献奖的评选活动。在评审过程中，始终坚持公开、公平、公正的原则，确保每位参评人员都享有均等的机会，评审人员也务必做到公正无私。

在评选前一周，公司会成立年度特殊奖励评选小组。公司各中心需推荐 1~2 名员工，获得提名的员工要填写《个人特殊贡献奖审批表》，并将表格连同相关资料一并递交给人力资源总监。评选小组对候选人进行不记名投票，

随后公布投票统计结果。最终，评选小组将相关材料及投票统计结果上报给评选组长进行审定。

通过表彰和奖励那些工作表现极为突出、为公司发展做出卓越贡献的个人，有效激发全体员工的积极性和创造力。同时，通过宣传这些先进事迹，引导员工向典型学习，进一步弘扬公司的企业文化。

c. 开展教育培训以提升员工素质，包括开展职业技术资格认定、质量技能教育和培训等

1. 出台各项有力措施，帮助员工提升素质

公司通过开展教育培训，提高员工的工作业绩和综合素质，并制定了《员工培训管理制度》，将其作为公司员工培训实施与管理的依据。

公司积极鼓励员工参加工作培训，以提升个人职业技能。在培训开展方面，公司采取了双轨并行的举措：其一，公司定期组织技能培训班；其二，若员工个人申请参加与本职工作相关的外部培训，或报名参加学历、职称考试，可凭借学员证、准考证等有效证件办理请假手续，经人力资源部核实无误后，可按照有薪假处理。此外，公司充分考虑员工个人职业发展需求，资助员工参加由高等院校、行业协会或专业培训机构等企业外部机构组织的各类教育培训。

2. 开展新员工入职培训，协助新员工适应工作

公司组织新员工入职培训，协助新入职人员尽快适应新的工作环境，顺利进入工作状态。培训以内部授课的方式开展。培训内容包括常规类和专业技术类两个科目。人力资源部负责组织实施常规类科目培训，具体内容包括公司概况及发展史、公司制度介绍、企业文化、职业道德与素养、产品介绍、质量管理、ISO 9000标准知识、安全知识、沟通技巧、时间管理以及商务礼仪等。用人部门则实施专业类科目培训，内容包括符合公司习惯的标准作业技巧、公司特殊工位专业知识、岗位职责与工作流程等。

3. 积极开展内外部培训，提升员工质量技能

公司充分借助内部讲师力量，在公司内部以讲座、研讨会、交流会等形式开展培训活动，最大限度地利用公司内部资源。在内部培养方面，公司制定了清晰的人才晋升通道和培养方案，激励员工积极创新；同时，鼓励技术人才担任项目开发工作的负责人。通过这种学习、交流与实践紧密结合的培

养模式，持续提升员工的专业技能和管理水平。

公司依靠外部专家力量，组织员工参加外部公开课、交流研讨会，或者邀请外部讲师到公司内部授课，开展常规实用性培训、短期专业教育培训以及长期学历教育培训。通过这些培训，帮助员工提升在本职工作中所需的专业知识、技能技巧，提高各项工作的完成质量，进而提升工作效率。

2.6 工匠精神

a. 树立精雕细琢、精益求精的工匠理念，培育新时期的工匠精神，进一步提高员工素质和整体水平

公司高度重视培育新时期的工匠精神，通过开展培训，助力员工树立起对职业的敬畏之心、对工作的执着精神以及对产品负责的态度。引导员工高度注重细节，持续追求完美与极致，将精益求精的工匠理念融入工作的每一个环节，从而打造出一流品质的产品，为客户带来一流的用户体验。

为将工匠精神融入企业，公司积极采取一系列举措，大力宣传工匠事迹，挖掘、推举具有工匠精神的典型人物，传承工匠的绝技绝活。例如，非带电类产品开发部经理陈闰，便是工匠精神的杰出践行者。2020年年初新冠疫情突发后，他第一时间联系公司技术研发人员，迅速与同事投身到额温枪的研发工作中。历经反复研发与测试，非带电类产品开发部研发团队成功研制出数据精准度更高的医用额温仪。在全国各地疫情防控形势复杂严峻的情况下，陈闰和研发人员秉持精雕细琢的工匠理念，打造出一流产品，为疫情防控工作贡献了重要力量。

b. 发扬工匠精神，打造高质量的产品，提高组织的核心竞争力

公司坚定不移地弘扬工匠精神，持续提升产品质量，牢固树立"质量为本"的宗旨，以精益求精的态度打造产品。与此同时，公司不断探索新技术、开发新产品，凭借更为优质可靠的产品，以及精准、精细、精致的服务，持续为客户创造价值。

一直以来，公司传承并坚守工匠精神，高度重视产品质量管理，成功通过ISO 9001质量管理体系认证。通过全方位管控，严格把控质量关卡，在不

断优化生产工艺的同时全面推进精益生产，切实保障并提升产品质量。

公司质量管控体系如图 2.6-1 所示。

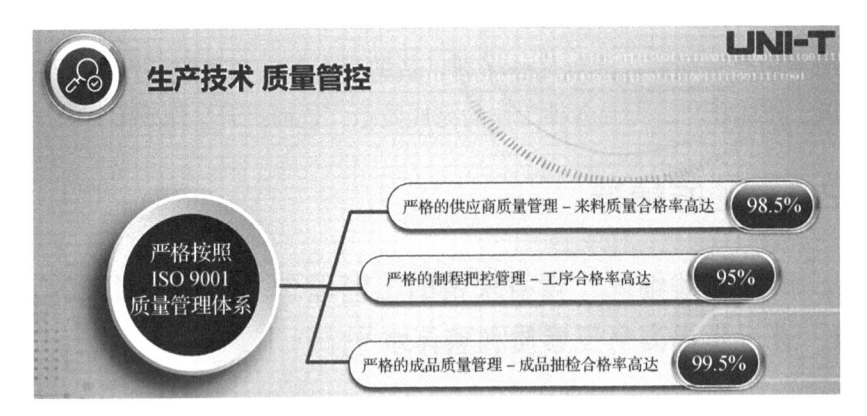

图 2.6-1　公司质量管控体系

2.7　质量变革

a. 提升产品的质量水平，并通过不断改进产品质量，形成产品的独特竞争优势和对产业链的参与优势

公司制定并实施《数据分析及持续改进控制程序》，确定、收集并分析与产品、过程以及质量管理体系相关的数据，其中包括对产品进行监视和测量的结果数据。收集的内容主要有：顾客的满意与不满意程度；产品与要求的符合程度；质量管理体系过程的变化趋势以及采取预防措施的机会；产品特性的变化趋势以及采取预防措施的机会；与供方相关的信息。公司通过构建产品质量分析和评价体系，提升产品的质量水平，持续改进质量管理体系。

公司全面的质量管理过程优化如图 2.7-1 所示。

b. 改善产品或服务质量、工艺技术及管理水平等方面存在的差距，以提升产业链组织的稳定性

公司建立了纠正措施和程序，以改进产品与服务质量。一旦检测出不合格产品，公司会迅速做出响应，一方面采取措施纠正不合格产品的生产流程，另一方面妥善处理不合格产品所造成的后果。同时，积极探寻并消除导致产品不合格的因素，通过一系列举措杜绝不合格产品再次出现。

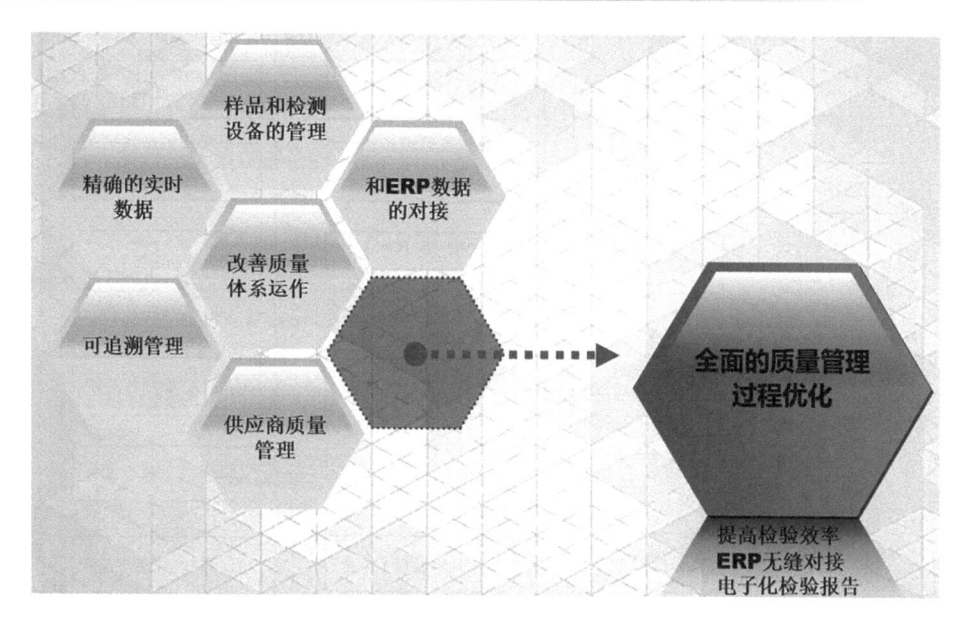

图 2.7-1　公司全面的质量管理过程优化

公司制定了《纠正和预防措施控制程序》，具体工作如下：对不合格产生的原因展开评审（见图 2.7-2、图 2.7-3）；排查同类型不合格产品是否存在，预判其潜在发生的可能性；评估所采取纠正措施的有效性；根据实际情况对质量管理体系进行必要的调整。需要注意的是，所采取的纠正措施要与不合格产品的影响程度相匹配。

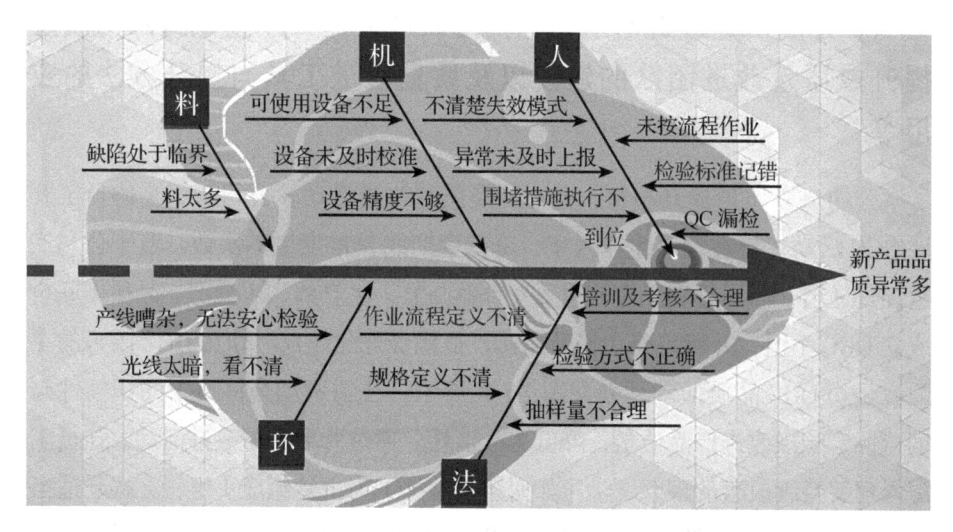

图 2.7-2　产品质量异常原因分析

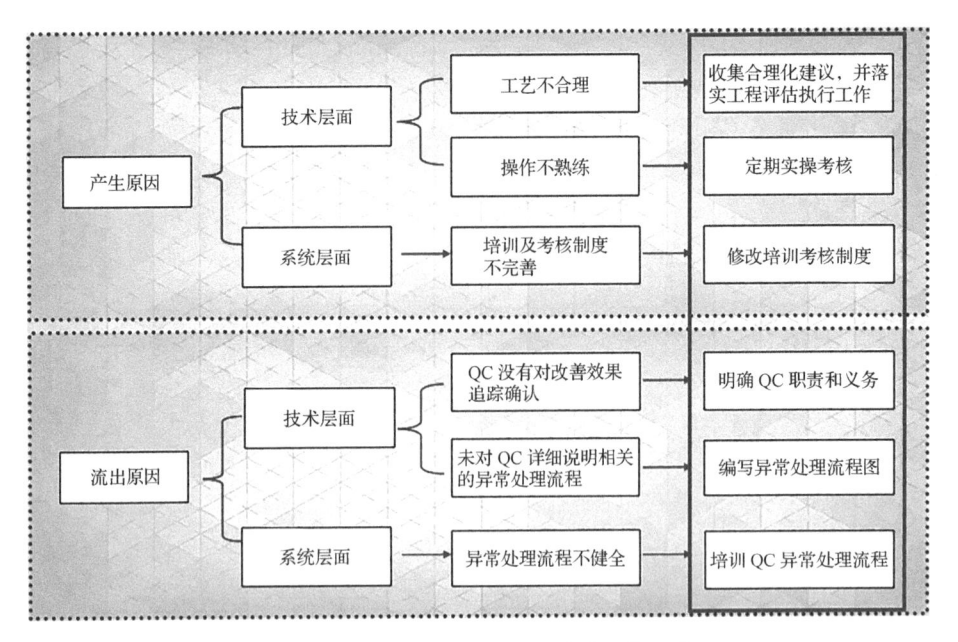

图 2.7-3　产生和流出质量异常产品的环节

此外，公司持续推进质量管理体系的改进工作，依据数据分析结果、组织的变更、已识别风险的变化等，对质量管理体系、生产过程、产品以及服务进行优化。公司会对改进方向进行评价、确定优先级，并决定具体实施的改进举措。

c. 开展质量改进活动，包括诸如质量提升小组或跨部门质量提升或质量改进团队的建设以及质量改进工具与提升方法的应用等

公司成立质量提升小组，大力开展质量改进活动。公司组织全体员工开展 QCC 活动，旨在提高生产效率，降低生产线异常发生的次数。鉴于公司产量逐月递增，品质管理工作的重要性日益凸显，生产部、工程部、品质部联合成立 QCC 小组，并确定将"提升品质，征集合理化建议"作为 QCC 改善的主题。公司 QCC 品质活动计划如图 2.7-4 所示。公司调动全体员工的积极性与创造性，积极改进产品质量，降低生产消耗。通过开展质量改进活动，让员工深入理解持续改善的理念，学习如何以基层员工为主体组成小组，在接受适当的训练与引导后，借助定期会议及时发现、分析并解决问题，运用品质管理的分析方法攻克工作中的难题。公司质量改进活动流程如图 2.7-5 所示。

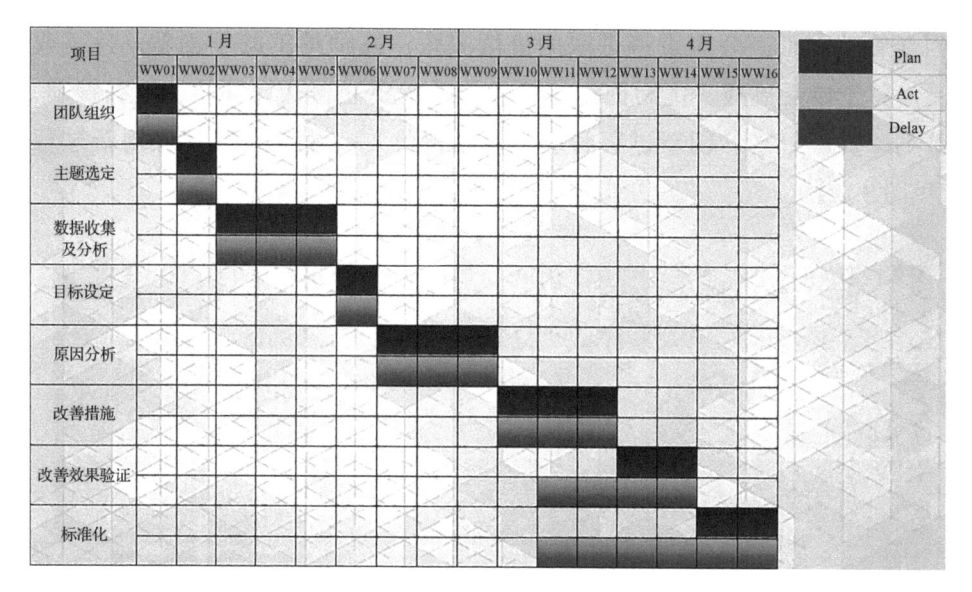

图 2.7-4 公司 QCC 品质活动计划

图 2.7-5 公司质量改进活动流程

3 创新

3.1 动力变革

a. 敢于创新，持续改良，建立、实施和保持创新管理体系，以提高组织效益和竞争优势

公司积极营造创新文化氛围，加强标准化体系建设，制定了一系列创新管理制度。公司秉持进取的价值主张，鼓励员工敢于创新，持续改良，勇于接受挑战。优利德创新管理体系主要涵盖认识环境、组织管理、策划、资源管理、创新过程管理、绩效评价、持续改进等管理创新过程（见图3.1-1）。

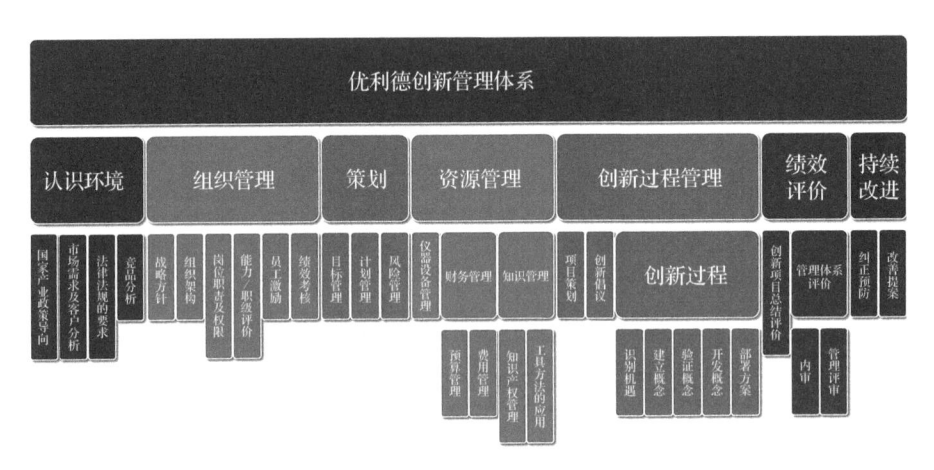

图3.1-1 公司创新管理体系

b. 积极发现创新机会并规范管理创新过程

随着中国经济的迅猛发展以及技术研发的创新应用，仪器仪表行业在近年来一直保持着增长态势。公司把握中国经济发展趋势，针对当前中国在技术基础研究方面相对薄弱，高端仪器仪表、核心零部件等仍依赖进口的状况，积极加大在高端仪器仪表设备领域的研发投入。公司通过深入了解客户需求，着力解决仪器测试测量的技术难题，从中发现创新机会。此外，公司还制定了《产品和服务设计开发控制程序》，明确了新产品的设计和开发流程（见图3.1-2）。

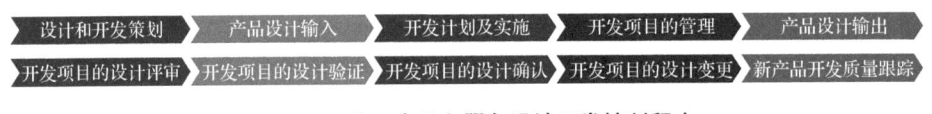

图3.1-2 公司产品和服务设计开发控制程序

公司制定了《研发项目考核与奖金分配规范》，对在开发过程中成功申请到外观专利、实用新型专利、发明专利以及软件著作权专利的开发工程师，给予奖金激励。该规范明确了奖励标准和审核流程，以此激励公司研发人员进行产品的研发和创新。同时，公司搭建起研发项目奖励机制，包括与项目挂钩的奖励机制以及股权激励机制，切实有效地增强了核心骨干人才的凝聚力。

c. 追求被认定为可实现／可控制的风险的机会，以及在合适的时机中断此活动以支持更优先的机会

公司建立了规范的流程与风险防范机制以控制风险，将风险预防的重点放在产品设计和开发策划、开发项目的设计这两个阶段，运用评估分析手段规避各方面的中高级风险。针对创新过程中出现的核心竞争力风险与经营风险，公司会进行准确评估，及时将情况告知投资方，并制定相关应对措施。对于评估后确定风险大于机会的项目，公司会选择在合适的时机中断项目，以支持更优先的机会，保护投资者的利益。公司的风险评估和应对措施如表3.1-1所示。

表3.1-1　公司的风险评估和应对措施

风险类型	风险描述	应对措施
核心竞争力风险	核心技术人员流失风险：仪器仪表的研发与生产涉及硬件设计、软件设计、结构设计、应用创新以及生产工艺设计等综合技术，属于技术密集型行业，存在较高的技术壁垒，这就对技术开发人员、关键工艺生产人员等的综合素质提出了较高要求。一旦公司核心人员流失，公司的核心竞争力可能会遭到削弱，进而对公司的生产经营产生不利影响	公司安排不同的技术人员依据专业分工，分别负责不同的技术环节，尽可能避免单个技术人员掌握全部关键技术，以此确保公司的技术研发不会过度依赖某一个人。此外，公司实施了一系列人才策略，以吸引和留住关键人才。比如推行核心员工持股计划、限制性股票激励计划以及实施颇具竞争力的薪酬制度
	核心技术泄密风险：在仪器仪表行业，人才竞争异常激烈，这使得公司可能因掌握相关技术的人员流失、专利保护措施不到位等原因而面临核心技术泄密风险。如前述情况发生，则可能削弱公司在相关领域的技术优势，给公司的生产经营带来不利影响	公司高度重视核心技术的保护，通过申请专利、与技术人员签订保密协议及竞业禁止协议、对核心技术及生产工艺等实施严格保密制度等措施，防范核心技术泄密

续表

风险类型	风险描述	应对措施
经营风险	市场竞争风险：公司所处的测试测量仪器仪表行业竞争较为激烈，福迪威集团和是德科技均为仪器仪表领域全球领先的综合性企业。这些企业的发展历史较长，技术储备深厚，具有较强的品牌优势与市场竞争力。若公司无法把握当下行业发展机遇，进一步提升市场占有率，将会面临市场拓展受阻的困境，进而对公司的盈利能力产生不利影响	根据市场变化和行业发展趋势，不断提高产品创新水平与研发实力，保持竞争优势并缩小与行业龙头企业的差距
	产品升级迭代风险：公司产品使用年限较长，同一客户通常不会在短期内频繁采购。若公司相关新产品的研发进度跟不上市场需求的变化，或者在新应用领域产品开发的进展未达预期，就可能对公司增长的持续性造成不利影响	加快新应用领域产品开发，确保公司业绩实现不断增长
	海外市场拓展风险：若公司业务所在国家或地区的政治经济形势、产业政策、法律法规等方面发生变化，导致公司未来无法有效拓展国际客户，将给公司的境外经营业务带来不利影响	加强公司的海外投资合规管理，加强合作伙伴属地化，人员属地化，设计、材料和设备属地化等管理

3.2　创新能力

a. 持续建设创新平台，打造科研创新团队，保持创新平台的有效运行，以提升组织的核心竞争力

公司高度重视创新平台建设，积极打造科研创新团队。随着创新平台的高效运作以及科研团队研发能力的不断增强，公司的核心竞争力得到了显著提升。公司密切关注国际前沿技术及其发展趋势，持续加大研发投入，不断探索新技术，积极开展自主创新研究，致力于建设成为高新技术企业。公司目前是中国仪器仪表行业协会第五届至第八届理事会（2007—2023年）理事单位，自2007年起就已获得高新技术企业认证（见图3.2-1）。

图 3.2-1　公司高新技术企业证书

1. 设立三处研发中心，全方位布局技术研发

公司分别在东莞松山湖、成都、常州设立了三处研发中心。松山湖总部主要负责电子电工电力、温度与环境、工业物联网传感器等产品线的研发，研发产品包括高精度台式万用表、高精度功率计、高精度稳压电源、红外热成像仪器等。成都分公司主要负责混合示波器、高带宽信号发生器、信号分析及矢量源、红外热成像算法及模组的研发。吉赫科技（成都）有限公司主要负责高带宽示波器及高速示波器探头的研发。常州浩仪科技有限公司则主要负责抗阻分析、大功率电源负载、绝缘及安规仪器等的研发。除此之外，公司还通过参股成都市精鹰光电技术有限责任公司，积极布局光电核心元器件的研发。

2. 建设仪器仪表工程技术研究开发中心，参与重大科研项目

2018年，公司被广东省科学技术厅、东莞市科学技术局分别认定为广东省仪器仪表工程技术研究中心、东莞市仪器仪表工程技术研究开发中心（见图 3.2-2）。凭借较强的研发实力，公司参与了多个重大科研项目的研发。公司研发的一种三维波形实时显示方法和系统、一种宽频率连续可调的脉宽波数字产生方法及系统，以及一种支持任意点输出电压的绝缘电阻测量方法及测量装置，先后获得中国专利优秀奖，被国家知识产权局评为2019年度国家知识产权优势企业（见图 3.2-3）。

图 3.2-2　公司被认定为仪器仪表工程技术研究开发中心

图 3.2-3　公司获得中国专利优秀奖和国家知识产权优势企业称号

3. 建设省级博士工作站，打造人才储备环境

公司凭借优质的科研条件和前沿的创新技术，成功获批省级博士工作站（见图 3.2-4），这标志着公司人才储备环境迈上了新台阶。省级博士工作站是博士管理服务的创新平台，评审流程极为严格，获批后可享受省财政的建站补贴。该工作站的设立旨在为博士提供科学研究等服务，吸引和汇聚拔尖的青年人才，实现博士人才"引得好、用得好、留得住、流得动"的目标，进而助力企业开展产学研合作，推动科技成果转化应用，提升企业的创新能力。

图 3.2-4　公司获批广东省博士工作站

4. 开展校企合作，建设科研人才培养基地

公司与国内重点大学开展产学研合作（见图 3.2-5），合作重点聚焦于示波器等领域。通过各方交流合作，旨在提升公司的科研水平与自主创新能力，加快推进科技成果产业化。借助大学和研究机构在人才、科研方面的优势，公司的研发能力得以有效拓展和补充，为产品技术水平的持续提升提供了强有力的保障。

图 3.2-5　公司校企合作示例

5. 持续加大研发投入，不断壮大研发技术团队

公司持续加大研发投入，积极引入人才，为公司的长远发展做好技术储备，不断提升自主创新能力。在技术人才团队建设方面，公司采用内部培养与外部引进相结合的机制，持续提升团队人才层次，优化团队人才结构。2021年，公司研发技术人员数量扩充至206人，较上一年增长56.06%，研发技术人员占公司员工总数的20.91%，研发技术团队得到进一步壮大。

b. 积极学习和应用先进技术和方法，并对运营过程中所产生的信息和知识进行系统管理，持续提高组织的纠错能力、应变能力和创新能力，实现关键核心技术自主可控，解决"卡脖子"等技术难题

1. 积极学习和应用先进技术和方法，深耕测试测量仪器仪表领域

公司长期深耕测试测量仪器仪表领域，多年来始终坚持以技术为导向。研发团队通过参加内外部培训、国内外展会以及学术会议，积极学习先进技术与方法，并将其应用于实际工作中。团队成员还作为负责人主持项目开发工作。经过长期的实践积累，公司在测试测量仪器仪表领域拥有了深厚的技术沉淀，已构建起较为完善的技术创新体系和研发流程。除此之外，公司积极开展前瞻性产品技术和应用技术的研究，持续储备潜力产品，不断提升产品的技术含量和应用价值，为实现公司的可持续发展而不懈努力。

2. 对运营过程中所产生的信息和知识进行系统管理

公司针对运营过程中产生的信息和知识，通过内外部多渠道广泛收集，并进行整理与分析，以此确保信息的完整性和有效性，为公司决策提供辅助，

保障生产经营活动有序、高效开展，助力公司创造更高的效益。

在信息和知识的管理过程中，公司依据内容的广度和深度进行分类，严格把控知识的传输过程，最大限度地实现知识的有效传播。针对不同类型的知识和信息，公司还实施了差异化的密级处理措施。通过各项政策协同运作，实现了对公司运营过程中产生的信息和知识的系统管理。

3. 实现关键核心技术自主可控，解决"卡脖子"等技术难题

当前，我国高端仪器仪表大多依赖进口。仪器仪表堪称工业生产的"倍增器"，是推动中国制造迈向"中国智造"的关键核心，同时也是建设世界科技强国的重要基石。公司紧紧把握"国产替代进口"的政策机遇，充分发挥自身已有的市场地位、技术积累以及行业经验优势，围绕电力及高压测试仪表、高端热成像仪、高带宽示波器、频谱分析仪、源载类仪器、电子元器件测量仪器等高端仪器仪表的研发方向发力，致力于攻克仪器仪表行业的"卡脖子"技术难题。

公司密切结合行业发展趋势，持续开展产品研发创新工作，全力攻克核心元器件和技术难关。目前，公司在电子电工类测试仪表、电力及高压测试仪表、温度及环境类产品和测试仪器等领域均已取得显著进展，实现了行业内部分核心技术的自主可控，有效提升了公司的市场竞争力。

公司核心技术领域如图3.2-6所示。

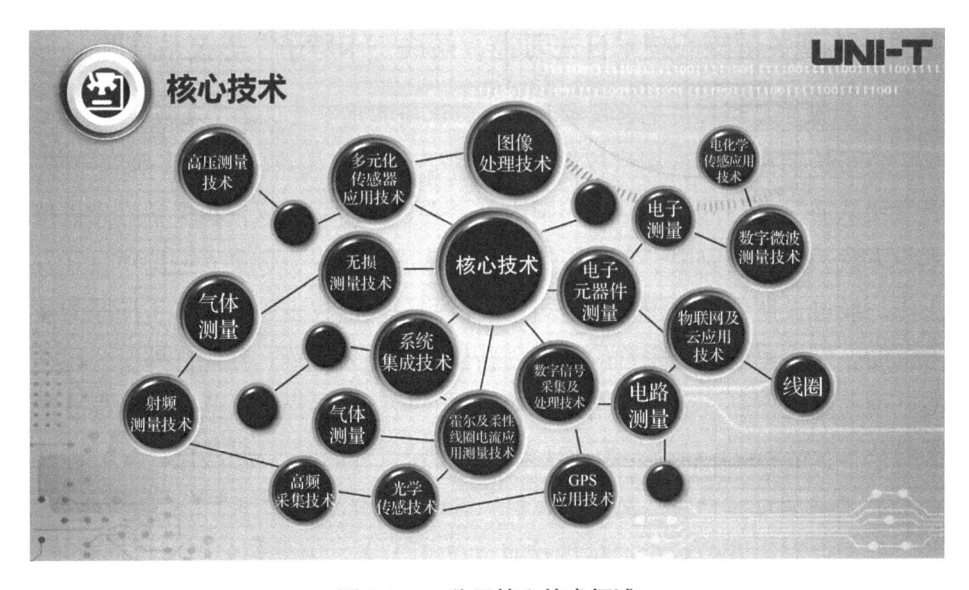

图3.2-6　公司核心技术领域

3.3 管理创新

a. 根据组织的战略任务，结合技术和产品发展的趋势，有组织、有计划地推动管理创新，包括针对具体质量问题，创新管理工具和方法，以使组织的各项活动更加高效

公司拥有一支稳定且具有丰富行业经验和开拓创新精神的管理和研发团队。公司核心管理人员、技术研发人员以及核心业务人员大多间接持有公司股份，这为公司的长期稳定发展奠定了坚实的基础，确保公司能够顺利完成各项战略任务。同时，团队能够有组织、有计划地推进管理创新，不断提升管理效率。

信息化建设有力推动了公司运营管理效率的提升。公司建立了较为完善的信息化管理体系，包括企业资源计划管理系统（Oracle ERP 系统）、客户关系管理系统（CRM）、供应商关系管理系统（SRM）、优利德学堂 App、人力资源管理系统（HR）以及自动办公系统（OA）。2021 年，公司启动并上线产品生命周期管理系统（PLM），对需求管理、产品库管理、项目库管理等业务需求进行 IT 功能整合。同时，进一步上线智能制造执行系统（iMES），持续深化公司数字化、信息化转型进程（见图 3.3-1）。iMES 系统的导入对后续产品成本核算、内控水平提升、效率提高都会有很大的帮助，让更多的管理人员真正实现对人、机、料、法的闭环管理。通过集成化的数据处理与共享，以及流程的优化，公司有效整合研发、采购、生产、经销商管理、成本库存管理、财务核算等各项活动，完善了内部控制，增强了公司的快速反应能力和科学决策能力。

图 3.3-1　公司 iMES 项目启动

公司 IT 信息化管理系统示意图如图 3.3-2 所示。

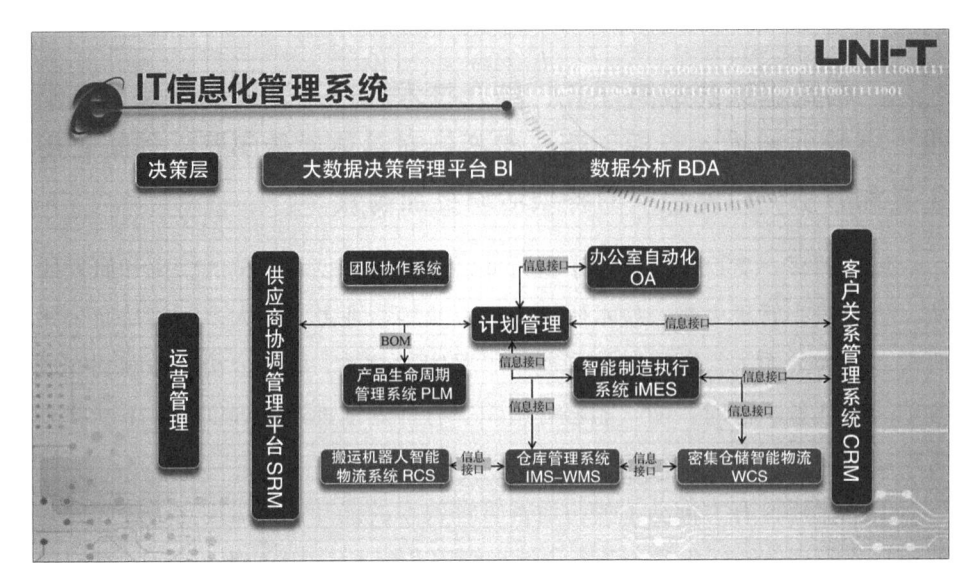

图 3.3-2　公司 IT 信息化管理系统示意图

2021 年 12 月 9 日，公司顺利完成募投项目"仪器仪表产业园建设项目（一期）"的建设工作。项目一期厂房面积超 5 万平方米，厂房内配置了多条全球一流的生产线，采用国际先进、科学的工艺技术，遵循成熟的管理标准，同时引入智慧园区管理系统和智能制造执行系统（iMES）。

为强化产能保障与供应链的长期稳定性，公司多管齐下，积极作为。公司持续强化生产制造、质量控制以及原材料采购等环节的管理，大力推进生产工艺自动化，积极开展质量改进工作，确保产品准时交付，且质量稳定可靠，充分满足客户的需求。面对上游原材料市场供应紧张、部分原材料价格波动的局面，公司迅速制定应对策略。一方面，公司紧密结合当前市场价格及其波动周期、当期订单预期以及供应商交货周期等诸多因素，提前谋划，精准制订采购计划，有序开展采购备货工作。另一方面，公司稳步推进必要原材料国产替代的研发工作，从长远角度保障原材料供应的稳定性，并在一定程度上有效降低生产成本。

b. 注重组织的管理模式、经营模式、商业模式创新，如通过互联网开展业务、开展个性化服务或定制化服务等

改革生产模式，满足客户个性化需求。对于国外市场的 ODM 业务，公司

根据客户的个性化需求、产品参数设定等要求，采用"以销定产"的生产模式。而在自主品牌业务板块，公司针对畅销产品采用备货的生产模式，以提高订单的反应速度。

通过互联网开展跨境业务。公司开展ODM合作的主要客户是欧美地区的知名品牌商。在ODM模式下，公司根据市场调研信息和客户潜在需求，向客户进行报价，并提供样品信息。当双方确认合作关系后，客户会提供产品的指标、商标、外观、说明书等具体要求，公司据此进行自主设计、研发及生产。此外，公司针对ODM客户会给予适当的账期。为顺应消费者多样化的购买方式，公司积极开拓电商渠道，通过在第三方互联网电商平台（天猫、京东、速卖通等）开设官方店、网上旗舰店等，对外零售公司产品，并以快递方式完成货物交付。

开展定制化合作服务。在物联网、大数据、云计算、人工智能与制造业深度融合的发展趋势下，公司建立了独立的UNIT IoT网站，为物联网应用企业、系统集成商、行业开发者、传感技术提供商提供加盟合作、项目定制的渠道。公司定制化合作流程如图3.3-3所示。

图 3.3-3 公司定制化合作流程

3.4 技术创新

a. 围绕组织的使命和愿景，结合环境的变化，通过引进、消化、吸收、开发适用的先进技术和先进标准形成组织的技术体系，并有效保护自身的知识产权

1. 构建覆盖核心产品线的关键技术体系

公司围绕组织的使命和愿景，结合环境的变化，建立了研发管理体系（见图3.4-1）。

公司的产品均依据国际电工委员会（IEC）的各项安全标准进行设计，并且通过了UL、CMC、ETL、RoHS、GS、CE、3C等多项认证（见图3.4-2）。同时，公司围绕五大核心产品线（见图3.4-3），构建起覆盖核心产品线的关键技术体系。

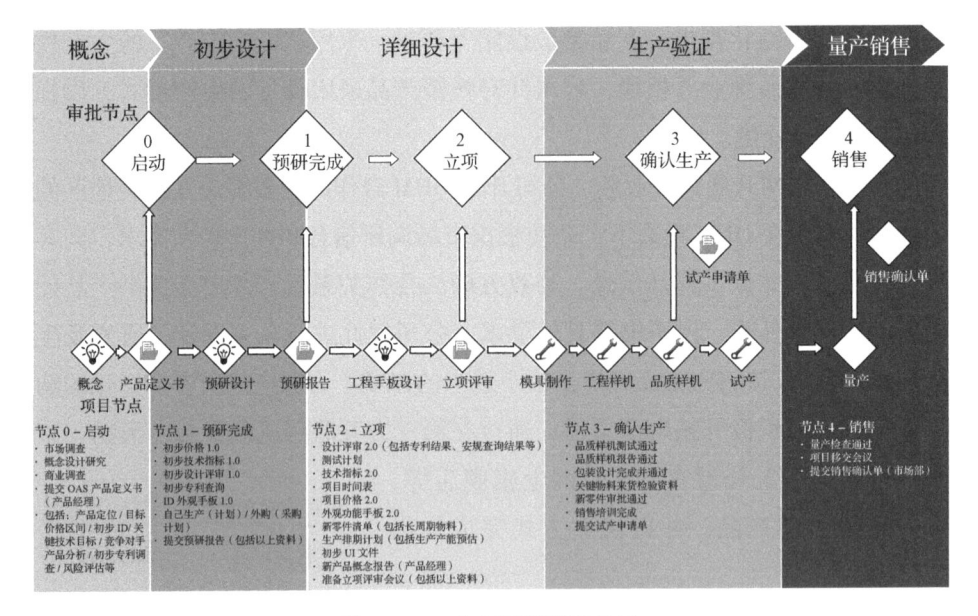

图 3.4-1 公司研发管理体系

图 3.4-2 公司产品设计依据

2. 拥有多项行业领先的核心技术

公司掌握21项核心技术，包括安全保护、采样及数字信号处理、稳定升压、快速升压、可设步进电压、线性化信号处理、传感器应用及信号处理、图像处理、三维波形实时显示，以及应用于不同类别仪器的信号处理技术等多个核心技术及先进生产工艺。公司核心技术如图 3.4-4 所示。

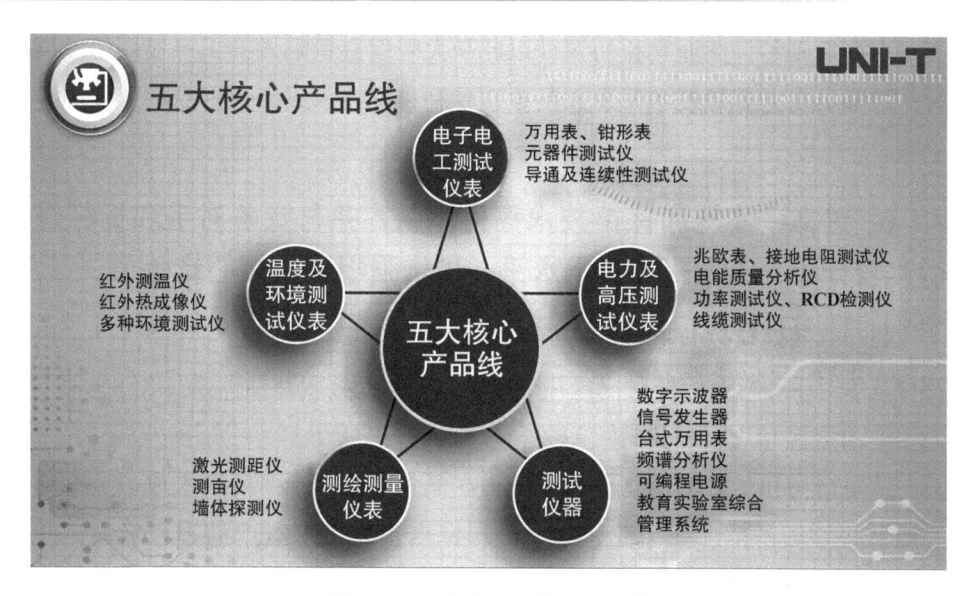

图 3.4-3　公司五大核心产品线

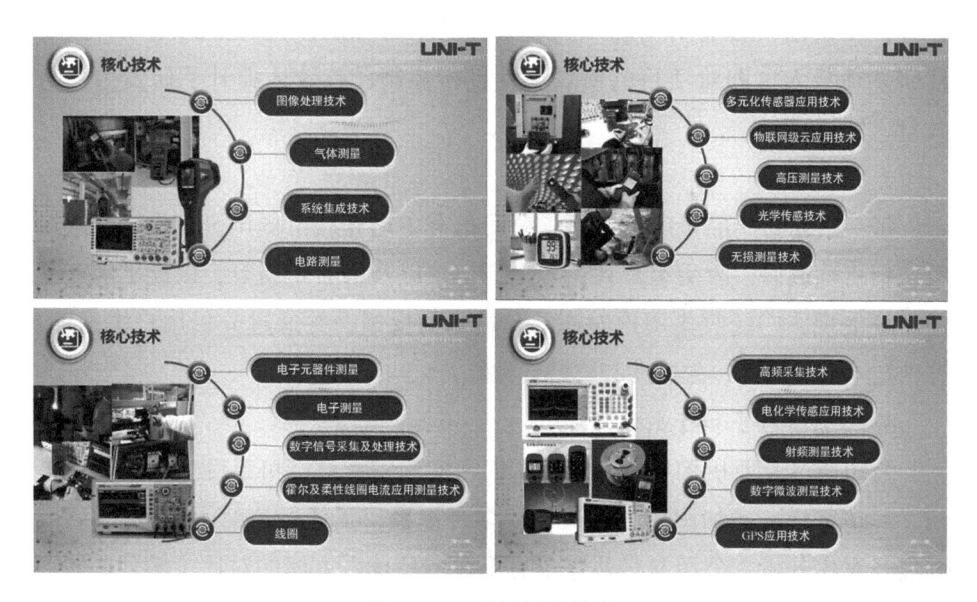

图 3.4-4　公司核心技术

3. 高度重视知识产权管理工作

公司高度重视知识产权管理工作，为防止知识产权信息泄露与流失，所有员工入职时均需签署《保密协议》《知识产权成果声明》等文件，从制度上加以约束。针对核心技术人员，入职前会对其进行知识产权背景调查，离职后则签订竞业禁止协议，以此最大限度避免陷入知识产权纠纷。同时，鼓励员工尤其是技术研发人员申请专利，把技术成果通过专利形式固定下来。

b. 建立、实施和保持技术评估体系，并与竞争对手和标杆进行比较分析，不断提高技术水平，以增强组织的核心竞争力

公司基于对仪器仪表技术体系的客观分析，从自我评估、用户评估，以及与竞争对手和行业标杆对比这几个维度，构建起技术评估体系。

1. 自我评估

针对市场和产品的信息反馈，公司在概念阶段与预研阶段采取了一系列严谨且科学的举措。在概念阶段，公司依据市场需求对产品进行定义，并从技术、成本、市场需求、开发资源、生产能力、供应链、风险等方面进行项目的可行性评估；在预研阶段，公司专注完成技术预研与评估工作。此外，新研发项目需明确客观的收入、成本目标后，方可正式立项。通过从研发项目入口即对项目的市场属性进行控制，有效地提升了研发效率与效益。

2. 用户评估

每一系列新产品量产上市后，公司都会主动开展市场调研工作，调研途径包括机构调研、收集客户评论、电话访谈以及售后走访等，以此了解产品的市场表现，广泛收集用户对产品和技术的反馈，并通过分析用户满意度，评估技术的适用性、先进性和可替代性等。

3. 与竞争对手和行业标杆对比

公司通过专业机构报告、市场调研、实验室测试、可靠性实验、行业论坛、拜访客户、参加国内外展销会等多种途径，了解竞争对手和行业标杆，并展开对比分析。公司与行业竞争对手在产品技术方面的对比（部分）如图3.4-5所示。

技术评估体系的建设，有力地促进了公司在仪器仪表技术领域的实践探索，推动公司的研发能力、技术实力与发展潜力持续提升，不断向好、向上发展，使公司具备了突出的科技创新能力。

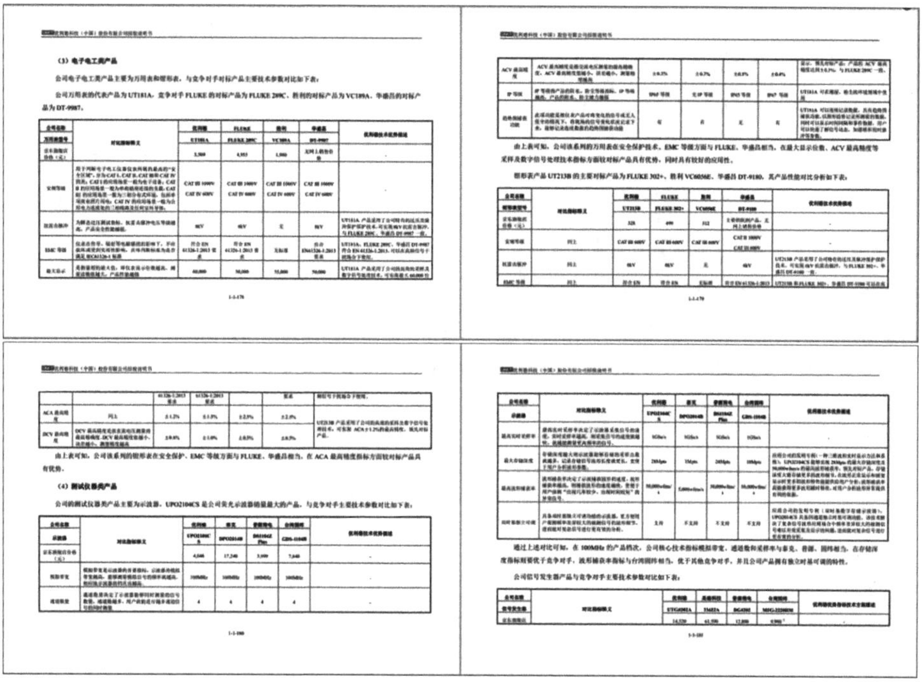

图 3.4-5　公司与行业竞争对手在产品技术方面的对比（部分）

c. 利用互联网、物联网、大数据、云计算、5G 等新一代信息技术进行诸如研发设计、制造工艺和产品性能等创新和改进

随着新一代信息技术与新材料技术的不断发展，测量测试仪器仪表实现了高灵敏度、高适应性、高可靠性，并且朝着嵌入式、微型化、模块化、智能化、集成化、网络化方向持续演进。公司受益于这些技术的应用，集成了多样的功能模块，所生产的仪器功能更为齐全，推出的应用方案也更加实用。例如，公司推出的优利德 IoT – ET30W 物联网智能测温仪，采用非接触方式测量目标物体的表面温度，借助 Wi-Fi 无线传输技术，能够将测量的温度数据快速、便捷、安全地传输至各类云平台（见图 3.4-6）。该产品具备精度高、响应快、便捷性强等特点，可广泛应用于方舱医院、酒店、居家、封控社区等场景（见图 3.4-7）。

公司推出"电梯智慧保"保险产品，该产品通过在电梯中加装智能物联网设备，实时监测、采集电梯运行数据，再结合大数据分析与 AI 技术算法，对电梯运行状况进行综合评价，是一套电梯安全运行监控系统。它创新性地

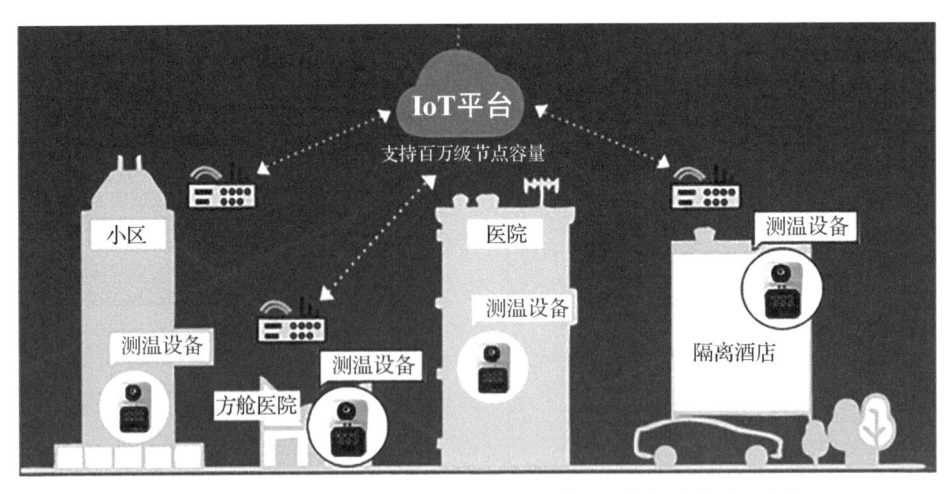

图 3.4-6　优利德 IoT-ET30W 物联网智能测温仪解决方案示意图

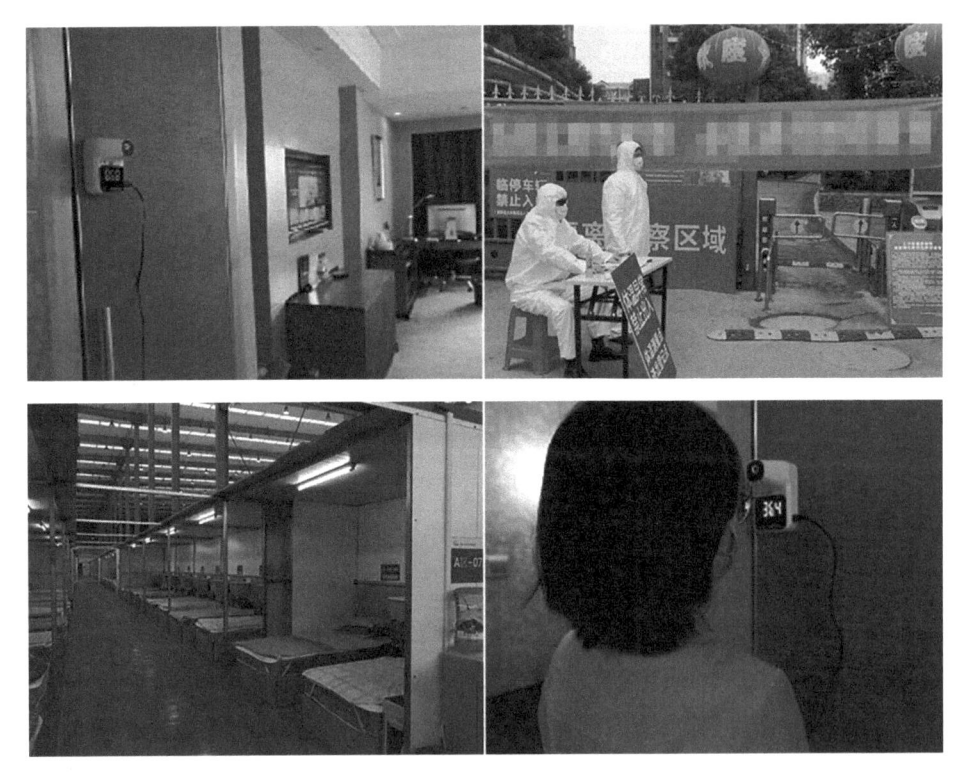

图 3.4-7　优利德 IoT-ET30W 物联网智能测温仪应用场景

实现了"保险+物联网+服务"三位一体的"电梯全生命周期"智能化风险管理模式,为行业发展注入新动力。

"电梯智慧保"的推出,将在电梯领域从"例行保养"向"按需维保"转变的进程中,充分发挥保险的事故赔偿和风险预防作用,最大限度地保障电梯的安全运行。公司利用物联网技术,结合自身多年积累的多元化智能测量传感器应用技术,建立起"电梯全生命周期"质量安全追溯体系,构建起完整的电梯安全智能物联网监控系统,为用户提供可靠、安全、省时、稳定的电梯物联网解决方案。

公司携手合作伙伴,共同推进实施电梯物联网解决方案——"电梯全生命周期"智能化风险管理模式。通过这一模式,促进电梯智慧监管、安全保险、品质服务深度融合,凝聚各方力量,助力电梯行业实现数字化转型,做好电梯安全建设工作。

目前,市面上大部分万用表和钳形表仅作为单体仪表使用,测量数据仅显示在产品上。与之不同,公司产品配置了更多不同的通信模块,不仅能实现测量结果输出,还能实时采集数据,并将数据传输至云平台,进而实现数据实时分析、反馈以及返控功能输出。

公司研发出基于LoRa互联通信功能的钳形电流传感器硬件(IoT 20A/200A Sensor),该产品具备开机自动组网连接、传输距离远、抗干扰能力强等特性,可对接物联网应用解决方案。

此外,公司研发的实验系统综合测试平台,借助物联网技术,将示波器、信号发生器、可编程电源等集成为网络终端,能够实现教师在线教学、学生在线学习以及管理员在线管理,充分满足电子电工、数电、模电、物理和开放性创新等实验室的应用需求。

4 品牌

4.1 品牌规划

a. 基于顾客的需求和期望进行品牌定位，建立以品牌核心价值和特性为中心的品牌识别系统

1. 致力于成为世界一流的中国仪器仪表品牌

公司制定了品牌建设方案，方案中指出，要紧密围绕客户需求与市场需求，调整经营策略，为客户提供超越其期望的产品和服务。一直以来，公司坚持为全球用户提供高质量、高安全性、高可靠性、高性价比的测试测量产品及综合解决方案，坚持以科技与人文为根本。公司实行以"优利德"为主打品牌的多品牌策略，将UNI-T定位为中高端品牌，将TOPLIA定位为中端品牌。凭借仪器仪表领域"优利德"品牌的高知名度，公司构建起覆盖五大核心产品线的仪器仪表系列产品体系，进一步开拓工业物联网应用领域，以及电子电工工具与解决方案提供商市场，致力于成为世界一流的中国仪器仪表品牌。

公司关键客户的需求和期望如表4.1-1所示。

表4.1-1 公司关键客户的需求和期望

关键客户类别	需求产品类别	对产品的期望
代理商客户	店面仪表产品 店面仪器产品 电力及热成像仪器 工业测试仪器 测绘测量 教育仪器	产品精准、品类齐全、技术服务支持效率高、返修率低、品牌知名度高、货期短、易结算
五大产品线终端客户	电子电工测试仪表 温度及环境测试仪表 电力及高压测试仪表 测绘测量仪表和测试仪器	经久耐用、精准度高、安全、性价比高、功能齐全； 防水、防尘、防摔； 包装精美、注重产品外观、技术支持服务响应及时、售后服务及时

2. 建立以品牌核心价值和特性为中心的品牌识别系统

公司依据自身经营核心理念以及行业特性，确定了"优利德"这一品牌名称，并构建起以品牌核心价值和特性为中心的品牌识别系统。这一系统助力公司品牌战略得以有效落地实施，逐步积累品牌资产。

"优利德"品牌标识是公司核心理念的延伸。

优·品匠心——优利德坚守品牌初心，以工匠之心雕琢科技，向着梦想振翅启航。

利·器镀金——优利德凭借核心研发团队与自主知识产权，不断丰富整个产品线，使其成为开拓市场、推动自身发展的有力武器。

德·仪立度——优利德秉持"中国创造"理念，积极推动产业升级，引领行业发展，矢志打造仪器仪表行业的世界品牌。

公司《企业标准识别系统》手册如图 4.1-1 所示。

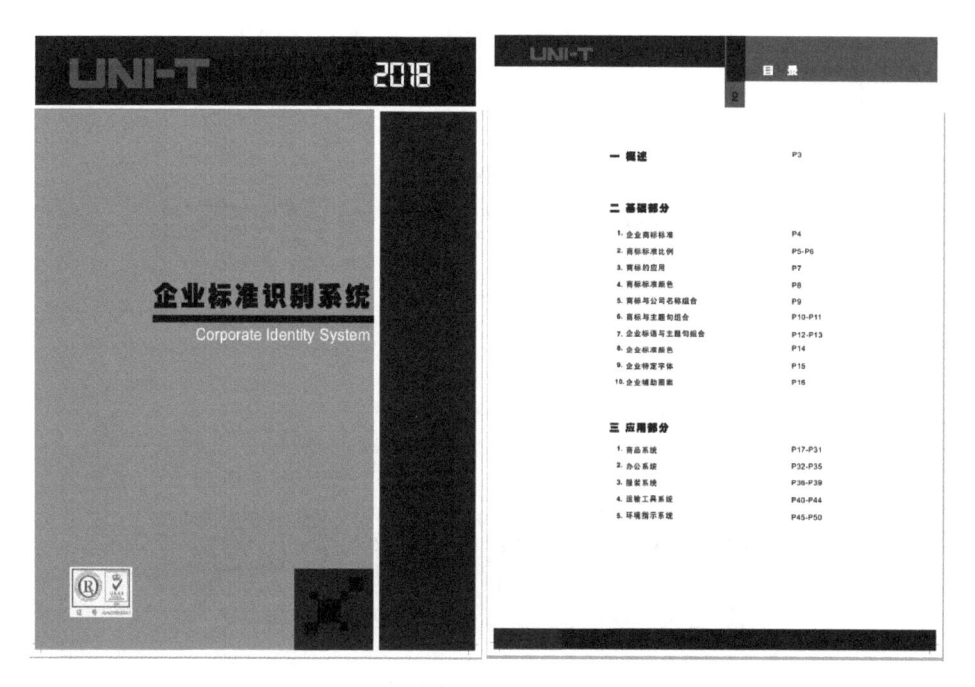

图 4.1-1　公司《企业标准识别系统》手册

公司的中英文标准商标如图 4.1-2 所示。

UNI-T®

英文标准商标

优利德®

中文标准商标

图 4.1-2　公司的中英文标准商标

公司品牌识别系统基础和应用（部分）如表 4.1-2 所示。

表 4.1-2　公司品牌识别系统基础和应用（部分）

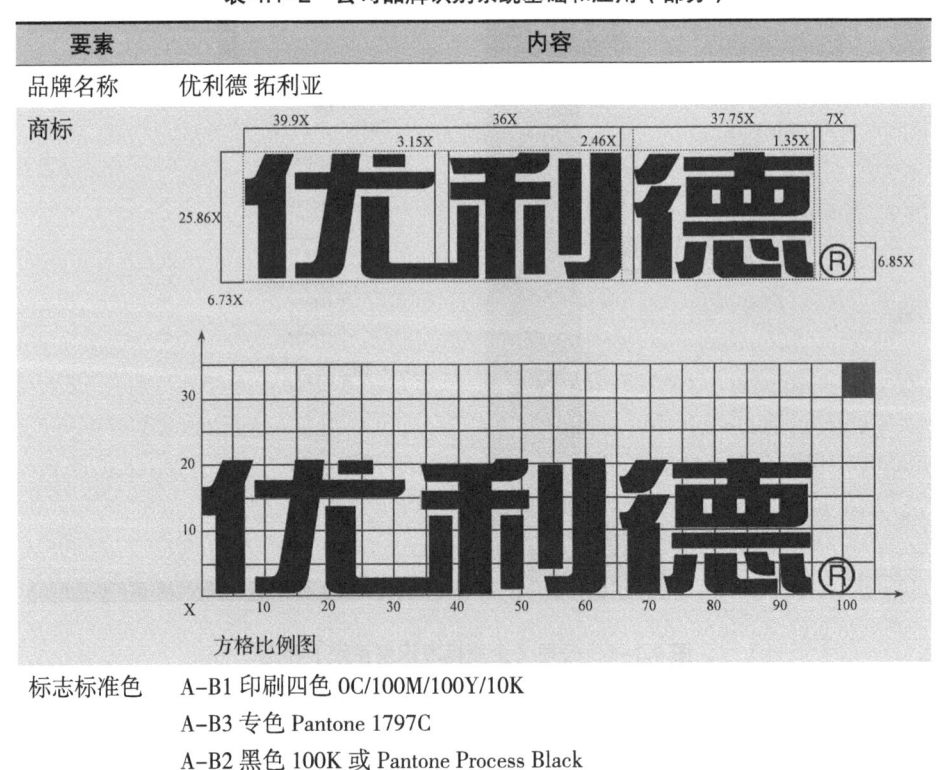

要素	内容
品牌名称	优利德 拓利亚
商标	（商标比例图示）
标志标准色	A-B1 印刷四色 0C/100M/100Y/10K A-B3 专色 Pantone 1797C A-B2 黑色 100K 或 Pantone Process Black

续表

要素	内容
网站	
展位	

公司品牌识别系统在办公系统中的应用（部分）如图 4.1-3 所示。

图 4.1-3　公司品牌识别系统在办公系统中的应用（部分）

图 4.1-3（续） 公司品牌识别系统在办公系统中的应用（部分）

公司品牌识别系统在办公用品及生活用品中的应用（部分）如图 4.1-4 所示。

图 4.1-4 公司品牌识别系统在办公用品及生活用品中的应用（部分）

b. 制定和实施品牌规划

公司的品牌建设工作，由中国市场宣传策划部负责。该部门承担优利德品牌建设的组织、协调、实施以及监督职责，明确品牌建设目标（见表 4.1-3），确保品牌建设工作有序推进。

表 4.1-3　公司品牌建设目标

目标	品牌建设目标
内部目标	建设一支创新、实干、开放、高效、超越的专业化团队，构建科学、规范、严密的管理制度，建立先进的企业文化，实现企业持续、健康、快速发展
外部目标	打造品牌"三度"，即社会知名度、市场美誉度、消费者忠诚度，为全球用户提供高质量、高安全性、高可靠性、高性价比的测试测量产品及综合解决方案

立足于经销商模式与 ODM 业务模式并行发展的策略，目前公司已搭建起覆盖全球市场的销售渠道。针对不同区域市场的品牌竞争态势，公司采取差异化发展战略。在美国、欧洲等本土品牌沉淀较为深厚的市场，公司凭借技术及产能优势，持续为当地品牌企业提供 ODM 生产服务，积极拓展 ODM 新客户，巩固与现有 ODM 客户的业务合作，不断丰富合作产品线；与此同时，公司持续加大自有品牌推广力度，进一步扩充经销商代理产品线。从当前的市场格局来看，美国、欧洲市场虽发展成熟，但以国内市场为主的亚洲、南美、东南亚、中东地区以及东欧等新兴经济体市场发展迅猛。公司目前在亚洲市场已具备一定的知名度，拥有继续扩大品牌影响力的良好基础。

c. 通过一系列活动，提升品牌的知名度、认知度、忠诚度和美誉度

1. 积极推进全球营销网络建设，提升公司品牌的知名度和品牌影响力

公司持续大力推进全球营销网络建设。在中国市场，随着产品线不断丰富，公司对销售团队及代理商进行整合优化，并进一步细化分工。为强化各地销售人员与经销商的专业知识，提升其为客户服务的能力，公司加大了产品技术培训力度，在成都、长沙、厦门、东莞等地举办产品技术交流会与培训活动；同时，积极参与线上、线下展会以及高峰论坛，以此开拓新市场、挖掘新客户，提升公司的知名度与品牌影响力。在不断完善国内销售渠道的同时，公司加快了国际业务的拓展步伐。在国际市场，公司增加了海外技术工程师的配置，扩充了海外销售团队，为进一步拓展国际市场、提升品牌知名度提供了有力支撑。此外，公司正积极筹备在美国和德国设立销售子公司，以便为加强当地品牌、服务、渠道建设做好准备。

2. 在品牌建设方案中明确提出宣传推广方案，提升品牌的认知度

（1）优化服务品质，重视口碑传播。通过市场推广活动，结合人际口碑的力量影响消费者，建立良好口碑，快速让消费者建立起对优利德品牌的认知，提升品牌好感度。

（2）借力多元活动，强化营销传播。借助东西方节日等时机策划日常活动，定期举办全国代理商会议、产品交流会、推广及培训会议，积极参加国内、国际不同领域的专业展销会，开展企业会员品牌日活动等，以此全方位宣传优利德产品与品牌，提升知名度，拓展特定目标客户群体。

（3）确保精准高效，聚焦媒介传播。合理运用必要的大众媒体，如商情报、赛尔杂志、电子报、百度推广、网络媒体等，提升优利德品牌的社会认知度。同时，投入精力筛选与目标客户群匹配度最高的媒体，实现精准投放。

3. 持续巩固运营，致力于布局并完善售后服务体系，提升品牌的忠诚度

公司通过建立客户信息数据库，强化对新老客户的数据分析与回访工作，有效提高客户的"回头率"；持续加强对仪器仪表测试测量领域的市场调查，提升市场洞察力，及时掌握第一手市场反馈信息；加强内部培训，完善重点产品定制流程，提升用户体验；加强与代理商、经销商及行业客户的合作，针对长期合作的优质伙伴，通过定期回访、探讨交流、举办促销活动等方式，争取政策性偏移。此外，公司致力于布局并完善售后服务体系，持续提升售后服务水平。通过开展产品培训活动和技术交流巡回会议，增强公司销售人员与代理商的专业知识储备，提升其为客户服务的能力。通过这一系列举措，公司进一步强化了客户服务体系建设，树立起良好的企业声誉和品牌形象，有效提高了客户对品牌的忠诚度。

4. 注重质量管理过程并大力发展自有品牌，提升品牌的美誉度

公司坚持为客户提供优质产品与服务，坚持以质量第一的高标准要求去满足客户需求。公司持续完善质量内控标准，不断提高对质量管理重要性的认识，建立健全质量内控体系，降低质量风险。公司大力发展自有品牌，"UNI-T"在境内外具有较高的市场接受度和美誉度，是测试测量仪器仪表领域知名的本土品牌，曾被授予"广东省著名商标""广东省名牌产品"等称号。

4.2 品牌管理

a. 进行品牌管理，抓住时机进行品牌延伸扩张，并有效回避品牌延伸的风险

公司持续推动产品优化升级，从最初仅拥有电子电工测试仪表产品线，逐步发展形成覆盖电子电工测试仪表、测试仪器、温度及环境测试仪表、电力及高压测试仪表、测绘测量仪表等五大类产品线的格局。目前，公司正进一步拓展产品在工业物联网领域的应用。

在销售渠道建设上，公司从单一的线下销售模式，逐步向线上线下融合、境内境外全覆盖的全渠道模式拓展。2017年，公司创立拓利亚电子工具品牌，拓展工具领域市场。历经五年的深耕细作，已搭建起涵盖产品研发、市场营销、物流配送、售后服务等环节的完善管理体系。拓利亚品牌的产品线丰富多样，覆盖专业电子焊接工具、电子钳、线缆工具、电工维修工具、微型螺丝批、电子电工组套等近千个品类。其产品及解决方案广泛应用于电子、家用电器、机电设备、节能环保、轨道交通、汽车制造、冷暖通、建筑工程、电力建设及维护、高等教育和科学研究等诸多领域。

公司采取稳扎稳打的发展模式，在每一条核心产品线树立起良好的品牌形象后，才进行下一条核心产品线的品牌延伸，避免出现品牌的稀释效应。与此同时，在基于原有品牌进行延伸时，公司确保新产品与原产品在定位、质量上保持一致，使新产品在目标市场、品质档次和服务体系等方面与原产品一脉相承，从而维护并强化原有品牌定位，有效回避品牌延伸的风险。

b. 预防市场垄断及倾销行为

公司秉持诚实信用的商业道德，遵循市场自由竞争原则，不追求市场垄断地位，积极采取措施避免倾销行为，切实保护客户的合法权益。为预防市场垄断及倾销行为，公司严格遵守国内外法律法规，建立《合同管理制度》，在合同审核和商事谈判中识别垄断与倾销的合规风险，禁止签订垄断协议和低价倾销条款；公司遵守公平、自由竞争的市场秩序与规则，保护客户的合法权益，通过建立统一平衡的供货价格体系，防止经销商低价倾销、

扰乱市场；定期组织学习国内外反垄断及反倾销的法律法规与案例，防止在商业竞争中出现类似违规行为，实现合规经营；建立防止市场垄断及倾销行为的信息情报监控机制，通过积极的差异化品牌定位及时调整，规避潜在风险，通过市场竞争策略、整合海内外行业资源、打造完善的服务体系、参与起草标准、建设自主知识产权、提升研发能力等措施，预防市场垄断及倾销。

c. 开展品牌资产管理，实现品牌资产的保值和增值

公司积极开展品牌资产管理，从品牌知名度、品牌认知度、品牌忠诚度、品牌联想度和知识产权保护这五个维度着手，通过持续性投入，致力于实现品牌的保值和增值。凭借优良的产品品质、创新的研发技术以及优质的产品服务，公司在客户群体中树立了良好的品牌形象。通过多年的客户积累，公司建立了相对成熟的销售渠道。公司自主品牌产品销往全球超80个国家和地区，在海外拥有近100家经销商，直接销售国覆盖主要发达国家、新兴工业化国家等重要经济体；在国内，公司设立9个办事处，覆盖国内核心经济区域的省会城市及直辖市，拥有100多家经销商，遍布全国各主要城市；并与国内外诸多领域的重点终端客户建立合作关系。此外，公司在各大主流电子商务平台开设电商自营店铺，实现线上线下双渠道协同发力。根据电商平台2021年12月的统计数据，优利德品牌产品在京东仪器仪表品类排名第一，在天猫仪器仪表品类排名第三。

4.3 品牌保护

a. 进行品牌保护，包括组织注册国内外的商标

公司注重品牌保护，构建了完善的知识产权管理体系，要求全体员工严格贯彻执行。公司制定了《知识产权管理办法及规章制度》《知识产权成果声明》《知识产权奖罚制度》《员工知识产权和保密协议》等制度，形成了覆盖五大核心产品线的知识产权保护体系。公司从品牌维系、知识产权保护、反假冒侵权、危机公关四个维度开展品牌保护。公司也注重商标保护和专利申请，多年来一直积极在国内外进行商标注册，注册商标数不断增加。

公司研发成果专利新增数和累计数如表 4.3-1 所示。

表 4.3-1 公司研发成果专利新增数和累计数

类型	2021 年新增		累计数量	
	申请数 / 个	获得数 / 个	申请数 / 个	获得数 / 个
发明专利	13	3	113	50
实用新型专利	33	24	162	140
外观设计专利	34	28	203	183
软件著作权	2	2	22	22
其他	0	0	1	1
合计	82	57	501	396

公司不定期对研发员工开展知识产权教育培训，通过宣传与经验交流，提升员工的知识产权保护意识。公司建立了知识产权工作台账，对所拥有的知识产权实施动态管理，在经费方面予以充分保障，确保已授权的知识产权能够有序、及时续展，同时积极推进新知识产权的申请工作。公司通过多渠道对自身知识产权进行动态监测，防止权益受到侵犯，一旦发现侵权行为，会及时报告并采取应对措施。

b. 建立顾客投诉及快速协调解决机制，使组织有效避免潜在的品牌风险

公司制定了《WI-QIS-888 客户投诉处理流程 REV.2》，用于处理顾客投诉。其目的在于规范客户投诉处理过程，提高公司对客户投诉的反应速度与处理能力，提升客户满意度，防范潜在的品牌风险。该文件制度明确了面临顾客投诉时各部门的职责以及整个投诉处理流程。公司通过构建快速的投诉协调解决机制，有效避免了潜在的品牌风险。

c. 建立和保持品牌危机预警和应急处理系统，评估公关方案的及时性和有效性，消除或降低品牌的负面影响

为有效预防品牌危机事件，做好危机管理工作，确保在危机发生时能够及时响应、妥善处理，避免或最大限度地降低危机带来的损害，公司制定了危机管理办法，规范了危机处理流程。该办法涉及危机等级划分，根据普通

危机和重大危机各自的管理原则，分别启动对应的危机管理内容与危机管理流程。公司的危机处理流程如图 4.3-1 所示。

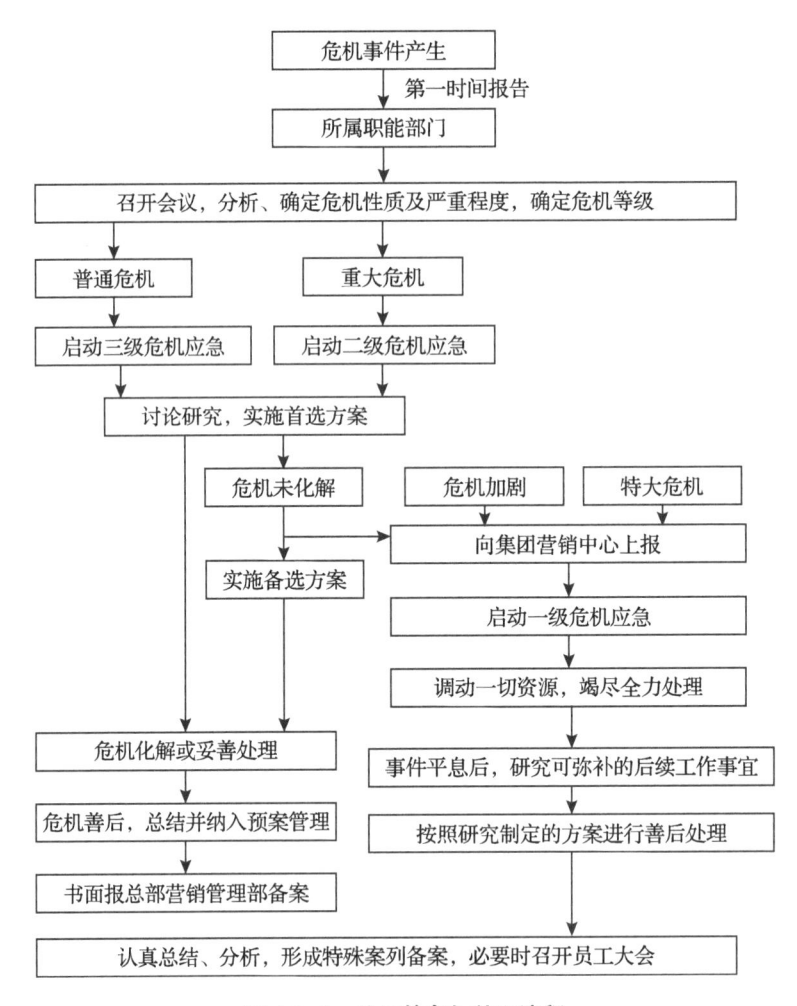

```
                    危机事件产生
                         │ 第一时间报告
                         ▼
                    所属职能部门
                         │
                         ▼
        召开会议，分析、确定危机性质及严重程度，确定危机等级
                    │              │
                    ▼              ▼
                普通危机         重大危机
                    │              │
                    ▼              ▼
            启动三级危机应急   启动二级危机应急
                    │              │
                    └──────┬───────┘
                           ▼
                  讨论研究，实施首选方案
                    │              │
                    ▼              ▼
                危机未化解      危机加剧    特大危机
                    │              │         │
                    ▼              └────┬────┘
                实施备选方案            ▼
                    │              向集团营销中心上报
                    │                   │
                    │                   ▼
                    │              启动一级危机应急
                    │                   │
                    │                   ▼
                    │           调动一切资源，竭尽全力处理
                    │                   │
                    ▼                   ▼
            危机化解或妥善处理    事件平息后，研究可弥补的后续工作事宜
                    │                   │
                    ▼                   ▼
        危机善后，总结并纳入预案管理  按照研究制定的方案进行善后处理
                    │
                    ▼
            书面报总部营销管理部备案
                    │
                    ▼
        认真总结、分析，形成特殊案列备案，必要时召开员工大会
```

图 4.3-1　公司的危机处理流程

5　效益

效益部分涉及公司较多的商业数据，本书不再一一展示。

第三章　广东通莞科技股份有限公司

1　领导

1.1　企业家精神

a. 弘扬企业家精神，引领组织高质量发展

1. 打造新式支付系统和移动金融生态系统，提升中小企业金融服务水平

2002年，颜肖珂董事长与其他创始人把握时机，在东莞市设立广东通莞科技股份有限公司（以下简称通莞或公司），致力于打造更加自由、更加安全和更加开放的聚合支付系统与移动金融生态系统，为区域经济发展贡献力量。

截至2021年年底，公司已与东莞地区22家商业银行开展长期深入的合作，银行卡收单专业化服务覆盖全市32个镇区，300多个行业，5万多个商户，8万多台金融POS机。公司凭借创新支付系统和移动金融生态系统，便利了消费者，提升了中小企业金融服务水平，为中小企业融资和稳定繁荣提供了金融服务支持，为我国经济尤其是区域经济繁荣发展贡献了力量。

2. 加强创新，促进行业技术进步

为更好地服务顾客，有效提升行业技术服务水平，公司始终致力于提升创新研发能力。其一，公司充分发挥技术优势，针对行业核心技术开展创新研发攻关，其中"面向移动支付的可信数据共享联盟区块链"项目于2018年获东莞市政府核心技术项目立项，并顺利结项。其二，强化产学研合作以及与外部企业的合作研发，与电子科技大学广东电子信息工程研究院共同研发智慧城市建设中的"面向移动支付领域的可信数据共享联盟区块链平台"，与电子科技大学（深圳）高等研究院共建金融科技联合实验室，还与用友网络科技股份有限公司开展战略合作。其三，开展知识产权管理工作，加大专利

申请力度，提高科技创新水平。持续推进研发创新，不仅提升了公司的技术服务水平，也推动了行业技术的发展。

3. 诚信经营，积极履行社会责任

在高层领导的率先垂范以及对守法、诚信经营理念的坚守下，公司在学习《中华人民共和国公司法》等法律的基础上，制定了契合企业实际情况的供应商和客户服务制度，并在实践中持续改进。这使得公司赢得了供应商和客户的尊重，连续十年获得"广东省守合同重信用企业"荣誉称号。公司积极推进内部全环节制度建设，涵盖财务、人力资源、营销服务等方面，制定并实施了保密制度、风险责任制度、红黄蓝牌制度、风控管理制度等，有力促进了企业内部的诚信经营。高层领导团队积极履行社会责任，大力打造公司的"社会责任文化"和"感恩文化"，重点聚焦于社区慈善服务与扶贫工作，开展"每日一善"活动，将"社会责任文化"融入日常，提升了员工的社会责任感。社会责任的具体内容详见本章"1.5 社会责任"部分。

b. 增强爱国情怀，把组织发展同国家繁荣、民族兴盛、人民幸福紧密结合在一起，主动为国担当、为国分忧

公司高层领导秉持实业报国的情怀，勇于担当、以身作则，践行"服务社区""和谐共赢"的经营理念，积极为东莞的经济社会发展贡献力量。自2002年以来，公司在公益助力、抗疫救灾、社区慈善等方面积极作为，彰显企业担当。2020年新冠疫情突发后，公司将抗击疫情与社区慈善活动紧密结合，多次组织员工捐赠财物，充分展现出企业慈善文化的独特内涵。

c. 拓展国际视野，并不断提高把握国际市场动向和需求特点、国际规则及国际市场开拓和防范风险等方面的能力，带动组织在更高水平的对外开放中实现更好发展，促进国内国际双循环

公司领导层积极参与国际会议，精准把握行业发展趋势；带领公司深入学习国内国际行业法律法规，借助行业发展报告洞察国际前沿信息；持续强化质量体系认证工作，大力推动行业标准建设，并不断加大风险管控力度。

公司从以下三个方面发力，促进国内循环。其一，进行产品技术及核心技术研发，促进行业发展。通过产学研合作，与华为等知名企业携手，持续

加大行业关键技术研发投入，积极推进专利申请工作，不断提升企业的技术创新能力，促进行业发展。其二，通过产品和技术服务为中小企业和商户提供支持，开展金融服务等业务，促进中小企业繁荣发展，助力经济社会进步。其三，依托项目部和市场拓展部，在技术部的有力支持下，积极拓展新项目。紧密结合社会发展态势和行业实际情况，在实践中探索新项目，努力实现企业自身发展与社会进步的双赢局面。

1.2 组织文化

a. 确定使命、愿景和价值观，并有效贯彻落实到利益相关方

公司构建了"三法"企业文化建设模式（见图1.2-1），即心法——企业文化认知，理法——企业文化内容方法体系，技法——企业文化实践。这一模式注重从思想源头出发，搭建完整的内容方法体系，再到具体的实践操作，从而全方位推进企业文化建设。

图 1.2-1 公司"三法"企业文化建设模式

公司专门组建了一把手亲自抓，以文化官团队和文化大使队伍为主体的企业文化建设团队，形成了从认知、认同到践行的底层逻辑，以及由认知全面性、认知深入度、群体驱动、个体感知和行为习惯这五个层面构成的落地途径，进而形成了逻辑清晰、落地有效的知行合一企业文化建设模式（见图1.2-2）。

在企业使命、愿景和核心价值观的引领下，公司确定了经营服务理念、质量方针、行为准则、组织氛围等企业文化要素（见表1.2-1）。这些企业文化要素既顺应了客户服务、感恩文化和学习型组织等时代发展需求，又与社会主义核心价值观高度契合。

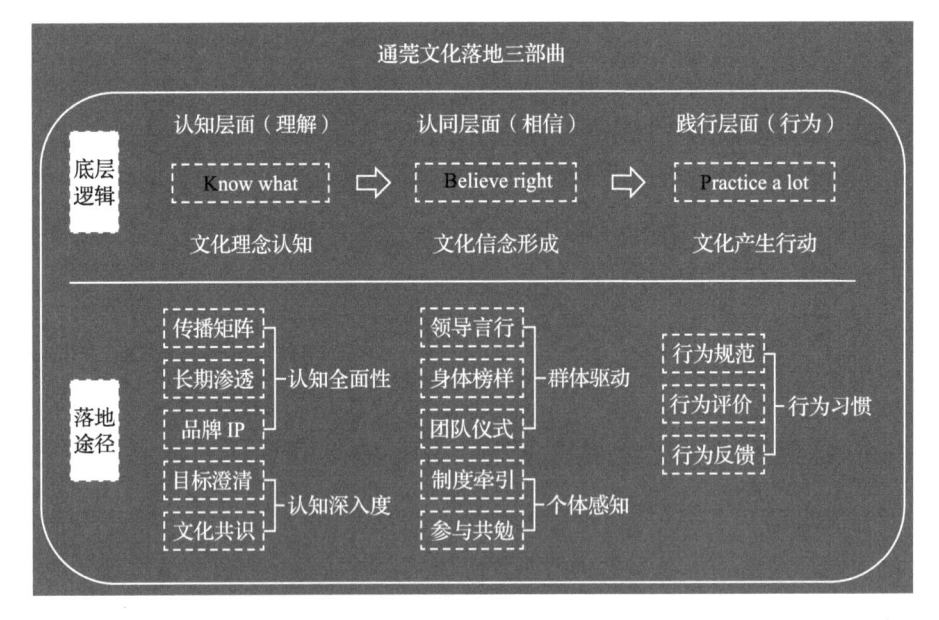

```
                    通莞文化落地三部曲
┌─────────────────────────────────────────────────────────┐
│         认知层面(理解)      认同层面(相信)      践行层面(行为)│
│底层                                                      │
│逻辑     ┌─────────┐       ┌──────────┐     ┌─────────────┐│
│         │Know what│  ⇒   │Believe right│ ⇒ │Practice a lot││
│         └─────────┘       └──────────┘     └─────────────┘│
│          文化理念认知       文化信念形成      文化产生行动  │
├─────────────────────────────────────────────────────────┤
│         ┌传播矩阵┐          ┌领导言行┐       ┌行为规范┐   │
│         ├长期渗透┤─认知全面性├身体榜样┤─群体驱动├行为评价┤─行为习惯│
│落地     └品牌 IP ┘          └团队仪式┘       └行为反馈┘   │
│途径     ┌目标澄清┐          ┌制度牵引┐                   │
│         └文化共识┘─认知深入度└参与共勉┘─个体感知          │
└─────────────────────────────────────────────────────────┘
```

图 1.2-2　企业文化建设系统思路

表 1.2-1　企业文化要素及其内涵

企业文化要素	内容	具体含义
企业使命	人人快乐支付，家家财务自由	凭借专业的服务，为用户提供可靠且丰富多样的金融科技产品与服务，让通莞的产品和服务成为人们生活的一部分，积极服务社会，丰富大众的精神世界和物质世界
企业愿景	成为最受信赖的金融外包服务商	以发展的眼光、专注合规的行为操守、互惠互利的理念，推动企业实现和谐共赢的发展，使各方成为紧密相连的利益共同体，努力让自身成长为受员工、客户、合作伙伴、股东以及社会信赖的企业
企业核心价值观	专注	专注于核心业务，深耕金融支付服务领域，聚焦高质量发展，做强做优做大产业
	合规	合规是企业的"紧箍咒"，更是企业的"护身符"。合规经营是企业立身之本，是企业稳健发展之基石
	创新	创新是驱动发展的引擎，它不仅是一种卓越的工作方法，也是一种积极的人生信念。公司通过全面推进技术创新、管理创新以及经营模式创新，不断推动自身持续成长
	共赢	企业与各相关方共受益、共发展。在思想上，秉持求同存异的态度；在目标上，做到同心同向；在行动上，保持同心同行，具体通过股东分红、员工关怀、多方联谊、相互扶持与成就等机制得以体现

为推动企业文化有效落地，公司构建了组织保障、机制保障、能力保障和氛围保障"四位一体"的企业文化落地模式（见表1.2-2），形成了感恩文化、团队文化、学习文化、质量文化等企业子文化模式。

表1.2-2　公司"四位一体"的企业文化落地模式

保障机制	具体做法	典型案例	效果
组织保障	一把手：文化落地第一责任人 文化官：文化落地的中坚力量 文化大使：文化氛围的活跃层 HR：流程机制活动的组织者	董事长亲自负责企业文化建设，率先示范企业文化	1. 文化团队各有角色，以实际言行为通莞文化代言 2. 组织文化有方向、有指挥 3. 形成具有行业特色的企业文化体系
机制保障	制度：基于价值观行为化 人才：价值观面试 考核：全员价值观考核 奖惩：标杆奖励、文化专项表彰	建立了企业文化体系；人力资源管理与企业文化建设有机结合	1. 人力资源管理与企业文化有机整合 2. 企业文化达到知行合一
能力保障	干部：使命召唤 骨干：价值观，常复盘 员工：文化共识 新员工：文化训练营	通莞商学院对干部、核心骨干、基层员工、新员工进行文化赋能	1. 全员践行企业文化 2. 文化与企业经营相结合
氛围保障	文化周边：IP、表情包、手办、礼盒、帆布袋等 传播矩阵：网站、订阅号、海报、邮件、视频等 文化活动：员工活动、年会、运动会、慈善活动等	优秀员工评选；"每日一善"活动；企业歌曲	1. 企业文化活动化、日常化、具体化、仪式化 2. 形成团结合作的企业文化

公司采用线上线下相结合、直接宣传与企业文化辐射相融合的方式来宣贯企业文化。公司借助网站、公众号、感恩会、产品展会、产品手册、报纸杂志等途径，向供应商、客户及其他相关方进行企业文化宣讲；同时，通过各类战略合作、慈善活动、联谊活动等，对利益相关方进行企业文化辐射。

b. 构建质量文化，打造质量立企的品牌文化

公司通过研发创新保障产品技术质量，通过加强质量体系认证和获取资

质来提升质量管理水平，通过严格的过程管理和日常管理保证服务质量，通过强化客户服务质量管理提升客户满意度。公司实施全过程的产品质量管理，打造质量文化。公司通过产学研合作、自我研发、知识管理与创新、商学院头脑风暴等方式，攻克行业关键技术，研发差异化产品，不断提升产品的设计能力与水平，持续改进产品和技术性能。职业化服务团队保证各类活动标准化，以此提升和保障服务质量。在客户服务方面，公司制定了《通莞股份VIP个性化定制服务管理办法》《通莞股份客户服务投诉管理流程》《通莞股份客户信息安全管理制度》等客户服务制度与流程，切实有效地保证了服务质量。

高层领导带头制定各项质量标准，积极推进体系认证工作。通过责任与奖励机制，监督、落实质量管理工作，并持续推动质量管理的创新与改进。对于重大质量事件，高层领导亲自管理和跟进落实，确保公司切实履行质量承诺。

c. 对组织文化的建设进行评估并持续改善

公司通过诊断和评估，找出企业文化建设工作中存在的问题，以及与公司发展战略相悖的元素，随后由董事会讨论制订改善计划。自2002年起，公司每三年开展一次大规模的企业文化评估与改善工作，从时间安排、文化层级、员工层级三个维度进行规划与部署。同时，公司每年都会对企业文化进行小范围的完善与提升，促使企业文化与战略规划、年度计划完美契合。

1.3 战略管理

a. 进行战略管理，包括质量战略管理、品牌战略管理等

1. 战略管理的机制

公司成立了由董事长、高层领导以及各职能部门负责人组成的战略委员会，系统地开展战略制定与战略部署工作。公司制定了《通莞股份战略管理制度》，明确了"战略分析→战略制定→战略实施→战略监控与修正→企业文化调适"的闭环管理模式（见图1.3-1）。通过分解战略目标并合理配置资源，确保各项战略举措得以有效部署和执行。

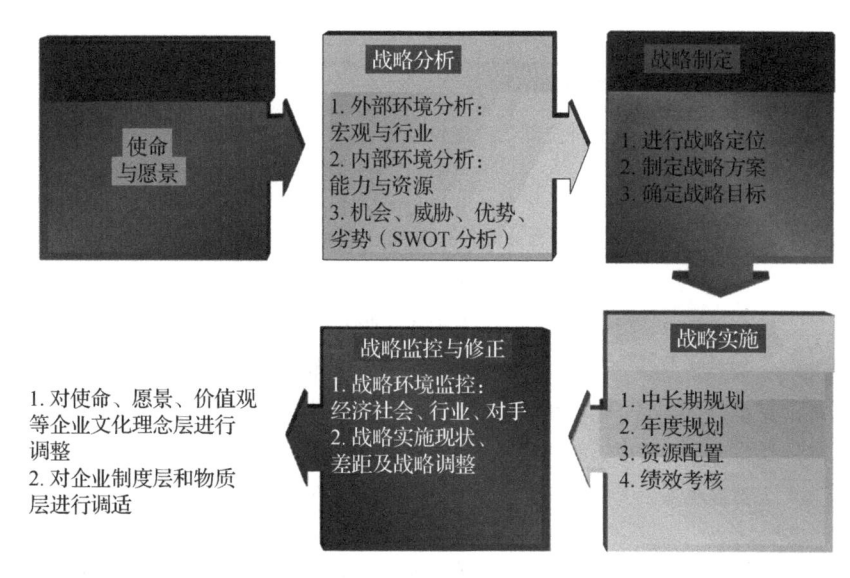

图 1.3-1 公司战略管理流程

战略分析
1. 外部环境分析：宏观与行业
2. 内部环境分析：能力与资源
3. 机会、威胁、优势、劣势（SWOT分析）

使命与愿景

战略制定
1. 进行战略定位
2. 制定战略方案
3. 确定战略目标

战略实施
1. 中长期规划
2. 年度规划
3. 资源配置
4. 绩效考核

战略监控与修正
1. 战略环境监控：经济社会、行业、对手
2. 战略实施现状、差距及战略调整

1. 对使命、愿景、价值观等企业文化理念层进行调整
2. 对企业制度层和物质层进行调适

公司明确了战略委员会的架构、主要职责以及战略制定流程等，确保战略制定过程的系统化与规范化。根据中长期规划和年度规划，公司各职能部门按要求收集、提交内外部信息和数据。战略委员会负责对收集到的内外部信息与数据进行审查及整理，运用 PEST 分析、行业环境分析、竞争对手对比分析以及 SWOT 分析等方法，制定公司的战略。公司战略制定过程的具体内容如表 1.3-1 所示。

表 1.3-1 公司战略制定过程的具体内容

过程		参与部门	具体内容
外部环境分析	政策法规、经济社会	销售服务部 渠道拓展部 市场部 金融科技部 项目部	政治、经济、社会、技术、法律法规等方面的潜在风险；国内外经济形势的变化
	行业发展	参与部门同上	支付及金融行业国内外发展情况；支付及金融行业重点企业技术发展情况
	竞争对手	参与部门同上	行业内标杆和主要竞争对手的研发、销售及客户等情况
	客户	参与部门同上	顾客和市场的需求、普通消费者的支付需求及习惯、行业期望以及机会；影响产品、服务及运营方式的重要创新或变化

续表

过程		参与部门	具体内容
内部信息分析	技术研发知识和信息	金融科技部	支付及金融行业技术发展情况； 竞争对手技术发展情况； 公司技术研发、专利、技术转化及商业化情况； 高校等研究机构技术开发情况； 公司知识管理情况
	财务情况	财务部	公司成本收益情况； 资金利用、融资规划情况
	产品及服务质量	金融科技部 市场部	行业技术发展趋势； 行业质量发展趋势
	人力资源	人事部	人力资源市场趋势； 公司人力资源现状及效率； 公司人力资源规划、招聘、培训、绩效分析
	营销情况	销售服务部 渠道拓展部 市场部	产品与服务发展现状； 产品与服务发展趋势； 客户现状及客户开拓规划
	企业运营	运营服务中心	公司整体运营现状； 品质体系建设； 质量控制； 公司审计报告
战略制定		战略委员会	根据内外部环境及信息，进行SWOT等分析，制定两个以上的战略方案，通过探讨与分析，最后选定较佳的战略方案
战略实施		战略委员会	在制定的战略总体方案的基础上，对战略进行细化和具体化，完善长期、中期和短期计划，制定年度规划
战略调适		战略委员会	根据经济社会发展态势、行业发展趋势、竞争对手情况及企业自身实际，对战略进行适当的修正，合理配备资源

公司战略发展经历了三个阶段（见图1.3-2）：① 2002—2007年，公司强调"勇立潮头，把握机遇"，实施市场导向战略，强调为客户服务，努力在市场中谋求生存与发展；② 2008—2017年，公司强调"修炼内功，打造核心竞争力"，实施质量与创新双驱动战略，通过提升产品与服务质量，加大创新力度，不断提高市场份额；③ 2018年至今，公司强调"内外兼修，高质量发

展",实施"三驾马车"发展战略,通过品牌塑造、科技创新和资本运作,推动公司实现高质量发展。

```
市场导向战略 → 质量与创新双驱动战略 → 品牌、科技、资本"三驾马车"发展战略
2002—2007年      2008—2017年           2018年至今
```

图1.3-2 公司战略发展阶段

2018年,公司明确了以"文化/品牌""科技""资本"为核心驱动力的"三驾马车"发展战略。具体实施三大战略举措:其一,加强文化与品牌建设,基于20年深耕本土品牌的经验,开展品牌输出与赋能发展,打造通莞专属IP;其二,秉持科技兴司理念,加大科技研发投入,致力于成为专精特新"小巨人"和隐形冠军,助力中小企业实现数字化升级;其三,借助资本力量,积极推进与上市相关的资本运作事宜,争取最大贷款授信额度,通过并购或收购,挖掘未来业务的增长点。

为确保总体战略在各部门得到科学分解与有效实施,每年年底由董事会组织各职能部门对战略举措进行分解,制定出各职能部门的业务年度规划,涵盖质量、品牌、研发、人力资源、营销、财务和基础设施等领域,并签订责任状。

2. 质量战略的管理过程和主要内容

公司金融科技部下属的运营服务中心负责落实公司质量战略。技术部在产品及技术研发阶段,对产品服务设计性能加以控制,并制定产品服务标准。运营服务中心对产品服务质量进行总体管控,销售服务部、渠道拓展部、市场部和各项目部负责日常管理工作,从而实现了产品和技术服务的全流程质量管理。公司高度重视质量文化的宣贯,致力于树立全员严谨的质量意识,持续改进质量,全面贯彻"将质量作为核心竞争力"的质量战略。

3. 品牌战略的管理过程和主要内容

战略委员会制定了加强品牌和文化战略建设的举措,在20年本土品牌耕耘的基础上,进行品牌输出与赋能发展,打造通莞专属IP。该项工作主要由

市场运营中心负责，财务部、市场拓展部、项目部协同合作，共同开展品牌推广与管理，进行市场并购，多举措扩大品牌影响力，实现品牌价值提升。

b. 制定战略目标并分解到组织的各个层次，并建立绩效监测、分析、评价与改进体系，确保战略目标的达成

1. 战略目标的制定和分解

每年年初，战略委员会会基于战略规划，拟定公司的总体经营目标与经营计划，明确当年的重点工作及目标。同时，发布项目经营目标与部门经营目标，将各项工作内容落实到具体责任人，并规定工作完成期限，签订目标责任状。各部门在收到经营目标后，根据相关内容，分别制订部门作战计划，规划当年的具体工作。财务部门则负责做好预算，提供资金支持。

2. 战略目标的监测、分析和改进

基于部门经营目标，构建团队和个人关键绩效指标体系，把关键战略绩效指标分解为若干细化指标。按照组织层级（个人→部门→公司）和时间顺序（月度→季度→年度），测量指标完成情况，梳理出指标完成及监测流程，将其细化到每个部门、每位员工。同时，将 KPI 完成情况与个人薪酬相挂钩。每年年末，根据战略目标完成情况进行总结分析，制订第二年经营计划，确定经营目标，适时调整组织结构，做好成本预算，规划具体的业务发展路径。

c. 识别创新机会并应用到战略制定和/或调整中

公司通过多种方式识别创新机会，进而做出相应的战略决策和调整。一是不定时汇总行业与市场调研结果，挖掘新趋势、市场和顾客的新需求，识别创新机会，并在每年战略滚动时，从产品、服务和技术等方面调整战略举措。二是在每年开展工作总结与计划制订工作时，通过对公司管理系统的有效性进行评审，发现潜在的改进机会；以问题为导向，识别并把握改进契机；同时，结合公司创新变革的需求，探索新的发展机遇。在此基础上，及时对公司战略进行调整。三是集思广益，鼓励员工提出改进方案，从中发现战略机会和产品、技术等创新机会。公司识别创新机会的典型案例是设立通莞数字人民币金融实验室，开展数字人民币业务，包括海南邮储、深圳建行、拉卡拉数字货币合作模块（见图 1.3-3）等众多业务。公司荣获"东莞零售行业 2021 年度创新案例奖"和"东莞零售行业 2019—2020 年度创新案例奖"。

图 1.3-3　公司识别创新机会案例：拉卡拉数字货币合作模块

1.4　组织治理

a. 进行组织架构设计和治理系统建设，以激发组织活力

根据《中华人民共和国公司法》等相关法律法规以及规范性文件的规定，结合行业现状、公司发展战略与实际运营情况，公司建立健全权责利体系，构建起权责明晰、运作规范，各部门相互协调又彼此制约的工作机制，以达成互利共赢的良好局面。目前，公司的组织架构设计与公司所处的发展阶段高度匹配。

在内部管理上，公司实行董事会领导下的总经理负责制。董事会负责公司重要战略的决策，总经理负责执行工作，对公司高管按责授权，以实际经营效益进行激励。

在公司层面上，以董事会办公室为平台，以行政部为具体负责部门，协调各机构经营管理活动，各部门主管将公司的经营目标转化为各部门目标。

b. 对组织的领导和治理机构成员的绩效及合规性进行评价，使其为决策和活动的影响承担责任

公司按照权责利结合与统一的原则，建立健全针对公司高层领导和治理机构成员的绩效与履职合规性评价体系（见表 1.4-1），确保权责利对等。公司高层领导注重运用领导绩效评审和组织绩效评审的结果，改进领导体系的

效率和有效性，各机构负责人则进行年度规划调整、机构调适和具体业务的规划。

表 1.4-1　针对公司高层领导和治理机构成员的绩效与履职合规性评价体系

评价类别	评价模块	评价内容	评价方法	评价周期	评价对象
组织绩效	长中短期战略完成情况	战略目标完成率；战略规划完成率	战略委员会会议	一年一次	企业高层
	发展成果	经营成果（销售收入、净利润、市场开发情况、顾客满意度、顾客开发情况、新项目研发及市场开发情况）	年度总结半年度总结	半年一次	企业高层各职能部门
组织合规性	社会责任	体系管理（各类体系认证、运行、审核及改进）	年度总结	一年一次	企业高层运营服务中心

c. 运用绩效评价结果改进自身和治理机构的有效性，以促进组织发展

公司通过对长短期目标的实现情况、管理有效性等绩效指标的同比和环比情况进行分析，适时调整公司的组织架构、管控模式和授权体系，如表1.4-2 所示。

表 1.4-2　公司改进活动的实施

改进领域	改进计划及目标	具体实施案例
战略层	根据内外部情况及战略完成度，进行战略方向及具体方案的调整	实施三阶段战略转型： 1. 市场导向战略（2002—2007 年）； 2. 质量与创新双驱动战略（2008—2017 年）； 3. 品牌、科技与资本"三驾马车"发展战略（2018 年至今）
组织结构层	组织结构调整	增设项目部； 增设城市分公司； 部门重组
领导层	进行结构、岗位、权限、项目调整	产学研合作； 攻关行业核心技术
个人层	岗位调整、培训提升	持续推进创新改进活动； 通过通莞商学院进行培训与提升

1.5 社会责任

a. 履行公共责任,包括质量安全、节能环保、资源消耗、低碳发展等方面的责任

公司把履行社会责任作为实现企业社会价值的重要体现,将提升产品与服务质量作为企业战略,依靠产品技术服务和企业行为,助力构建"低消耗、低排放、高效率"的低碳发展模式,通过实施节能减排措施,达成洁净排放目标。

1. 以质量体系认证为指引,建设高水平质量管理体系

公司以质量体系认证为指引,制定企业各项技术与服务质量制度及指标,实施高水平的质量管理与服务。公司通过了 CMMI 认证、信息系统和服务能力认证、ISO 20000 信息技术服务管理体系认证、ISO 27001 信息安全管理体系认证、GB/T 19001—2016 与 ISO 9001 质量管理体系认证、GB/T 29490 知识产权管理体系认证、ITSS 信息技术维护水平认证、安防认证等一系列认证。在此基础上,公司制定各管理环节的质量制度和行为准则,通过激励与强化措施,使其逐渐演化为员工日常的标准化行为,极大地提升了产品与技术服务质量。

2. 以技术进步与员工行为标准化,助力社会"低消耗、低排放、高效率"低碳发展

公司通过技术进步助力社会低碳发展。在银行卡联网通用时代,公司优化 POS 耗材,对自研商户管理系统进行升级迭代,实现了在客服窗口按交易按户实时测算打印纸需求量,有效提高了打印纸配送效率,同期用纸需求降低 30%。进入二维码联网通用时代,公司通过优化 POS 设备及耗材,大力推广二维码交易方式,大幅减少了 POS 设备投放及相关耗材的使用。截至 2021 年,公司 POS 交易占比下降至 46%,而二维码交易(包括码牌、公众号、小程序、线上系统对接等方式)的占比则上升至 50%。到了数字人民币时代,公司充分利用现有手机实现相互支付,进一步减少了对设备及耗材的投入。

在企业管理上,公司通过以下方式助力节能减排:一是通过信息化系统、无纸化办公等方式,提升企业运营效率,减少人力与能源消耗;二是通过日常行为规范实现节能减排,如公司制定了员工手册及办公室管理规定,要求员工做到人走灯灭、节约用水等具体行为。

b. 树立法治意识、契约精神、守约观念,并建立道德规范和实施质量诚信体系

1. 树立法治精神,依法规范经营

公司一直坚持守法诚信经营,始终把守法诚信视为长久发展的根本所在,严格履行合同,不断提升产品和服务质量,赢得了供应商和客户的好评,连续十年获得"广东省守合同重信用企业"荣誉称号。

2. 高度重视道德行为的建设和监察

道德文化已经成为公司企业文化的核心要素之一。公司通过企业文化理念的传播、制度行为的建设,以及日常活动的引导来促进员工道德行为的养成,进而构筑起通莞独具特色的道德文化体系。公司制定了"孝敬父母,行善不作恶,不在别人背后说坏话,感恩利他"的员工行为准则,借助各层次会议以及员工教育培训等工作,大力宣传道德的重要性。同时,通过开展"日行一善"等企业文化活动,实现企业文化、员工个人行为与中国传统道德文化、社会主义精神文明体系的有机融合。

公司道德监督机制如表 1.5-1 所示。

表 1.5-1 公司道德监督机制

监督范围	监督机构	监督方法	标准/指标
员工个人行为	主管、人事部门	行为规范指引; 入职面试; 绩效考核	企业道德与个体匹配; 员工绩效指标; 日常行为表现
技术研发行为	研发评审小组	研发进度监控	项目研发情况; 项目研发落地情况
销售商业行为	订单评审小组	调查和跟踪; 客户满意度调研	合同履约率; 客户满意度
采购商业行为	供应商评审小组	签订廉洁承诺书; 调查和定期评估	合同履约率
行政人事行为	管理评审小组	定期评估; 行政人事满意度调研	人力资源指标; 行政结果效率
领导管理行为	战略委员会	管理者评审; 员工满意度调研	诚信道德准则; 战略达成度
公司财务活动	会计师事务所	外部审计	通过审计审核

3. 建立与实施质量诚信体系

公司长期高度重视质量诚信体系建设。在企业文化层面，着重强调诚信等理念；在制度建设方面，构建了完善的制度体系，以此确保员工规范做事、诚信做人。同时，公司制定了完善的客户服务体系，从产品与服务质量、客户满意度等方面加强建设，将质量诚信体系建设全面落实于管理的全过程。

c. 进行公益支持，包括关爱员工、参加社会组织、发挥行业引领作用，以及参加社区活动并营造重视质量、关注质量和享受质量的氛围

公司确立了合作共赢的核心价值观，强调企业与员工共同进步、互利共赢。在实际行动中，企业通过多元举措关爱员工，涵盖富有竞争力的薪酬福利、畅通的晋升渠道、丰富多样的教育培训（如通莞商学院及其他培训模式）、极具吸引力的股权激励，以及对困难员工的贴心帮扶等，由此营造出温暖友爱、团结奋进的企业文化氛围。

公司积极参加行业协会，与华为等头部企业开展合作，同时与高校进行产学研合作，共同攻克行业关键技术难题，携手促进行业发展。公司不断提升产品技术水平和服务质量，构建了完善的质量诚信体系。此外，公司还参与国家标准的制定，如《信息技术 移动设备生物特征识别 第 6 部分：指静脉》，在行业技术发展中发挥引领作用。

公司积极投身社会慈善事业，以企业文化理念为方向引领，以社区帮扶、关爱教育为重点方向，以志愿者活动、"日行一善"活动为主要载体，打造出独具特色的社会责任文化。在社区帮扶方面，公司积极与南城公共服务办、南城慈善基金会、南城社会工作与志愿服务协会、南城社会工作服务站等慈善机构合作，踊跃捐钱捐物，开展关爱老人等系列慈善活动。在关爱教育方面，公司通过捐赠图书等方式支持中小学教育。志愿者活动、"日行一善"活动是公司践行慈善理念的具体形式。2021 年，公司慈善捐助金额超过 10 万元，2022 年前 5 个月超过 5 万元。"日行一善"活动成为公司的特色品牌，在东莞市南城企业中颇具影响力。公司凭借这些善举获得爱心企业、友善企业等多个荣誉称号。

2021 年通莞小数据大爱心如图 1.5-1 所示。

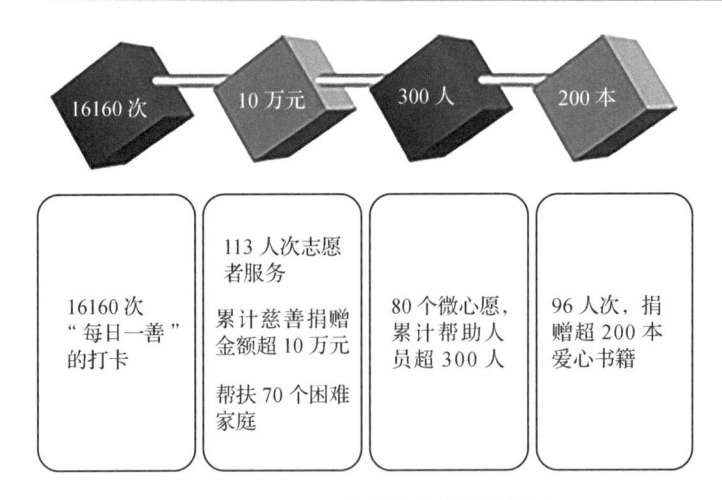

图 1.5-1 2021 年通莞小数据大爱心

2 质量

2.1 管理体系

a. 组织管理体系的建设和融合

公司实施以质量理念为引导、质量体系认证为标准、质量管理制度为核心、质量行为规范为要求的"四化一体"质量管理体系（见图 2.1-1）。自 2008 年起，公司确立质量战略，高度重视以质量立企、靠品质立业。公司积极开展质量体系认证工作，先后通过了 CMMI 认证、信息系统和服务能力认证、ISO 20000 信息技术服务管理体系认证、ISO 27001 信息安全管理体系认证、GB/T 19001—2016 与 ISO 9001 质量管理体系认证、GB/T 29490 知识产权管理体系认证、ITSS 信息技术维护水平认证、安防认证等一系列认证，构建了完善的质量体系标准。在此基础上，公司制定了各管理环节的质量管理制度，再将其细化为员工的行为规范。

图 2.1-1　公司"四化一体"质量管理体系

b. 运用互联网、物联网、大数据、云计算、5G 等新一代信息技术对组织的物流、资金流和信息流进行有效控制和管理，以增强组织竞争力

公司的信息化管理覆盖人力、财务、运营、市场以及高层管理团队等多个方面。公司借助自身技术力量，并联合外部合作伙伴，开展多层次、全方位的信息化改造，包括为企业上线 OA 及流程管理平台、为财务部上线专业的财务管理系统、为运营服务部上线智能客服系统等。

公司构建了核心技术平台，将客户服务平台和聚合支付平台系统进行整合，实现信息化、智能化管理（见图 2.1-2、图 2.1-3）。该平台支持实时支付交易看板（见图 2.1-4），有效地提升了客户服务水平和管理运营效率。

图 2.1-2　核心技术平台

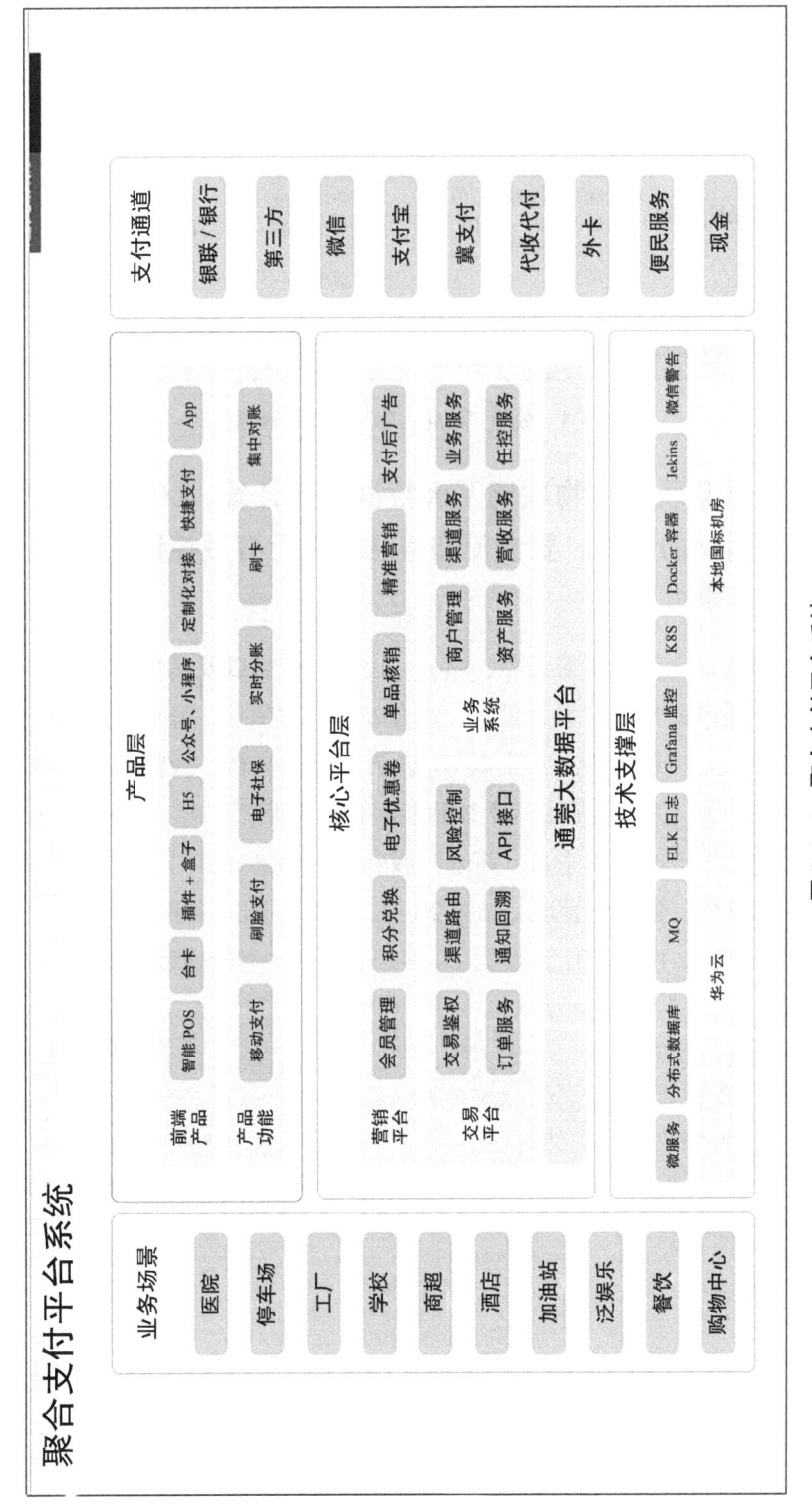

图 2.1-3 聚合支付平台系统

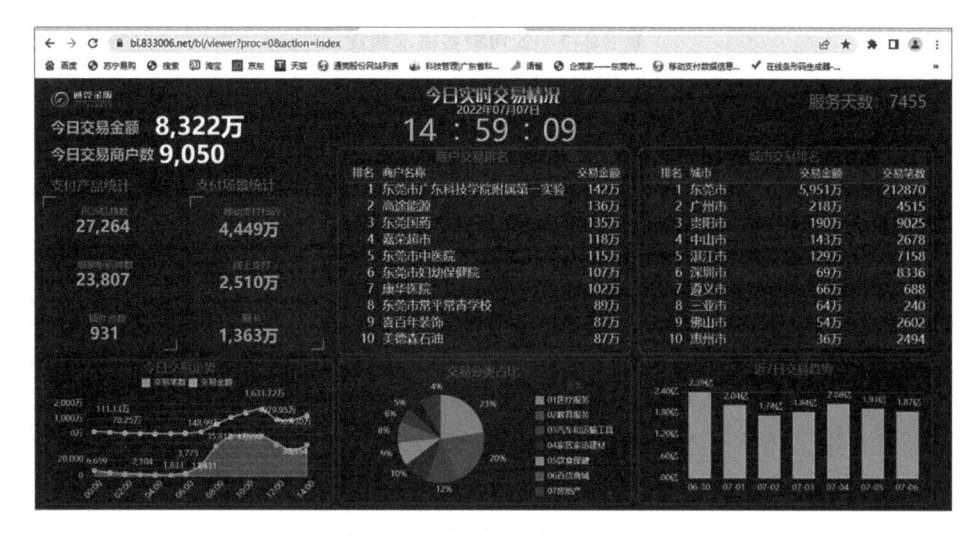

图 2.1-4　实时支付交易看板

c. 对管理体系的建设、运行和融合进行监测和评审，并不断提高其有效性和效率

公司通过管理体系考核制度、内部审核管理制度、管理评审、目标监测和考核、日常检查和分析、客户审核等多种方式，对管理体系展开定期监测与评审，并发布评审报告，以利于各部门实施改进，不断提高管理体系的有效性和效率。

2.2　顾客需求

a. 识别并确定顾客及其他利益相关方的需求和期望，包括质量、安全、健康、知情权、选择权、补偿权、隐私权、交货期等，并将这些需求和期望转化到组织的产品和/或工艺设计、创新和质量改进中

公司通过走访调研，明确不同行业顾客在服务、安全、知情权、选择权、补偿权、隐私权、交货期等方面的需求、期望和偏好（见表 2.2-1），对这些信息进行分类管理，据此有针对性地创新和优化服务，满足客户的多样化需求。

表 2.2-1　公司顾客需求调查

行业	顾客需求
餐饮行业	多种点餐方式、多种支付方式、多种外卖平台
服装行业	聚合支付、ERP 收银软件、分账、营销
缴费行业	符合宏观指导思想、入账账户灵活、解决集中收费隐患、家长缴费方便
零售行业	营销引流、用户体验、对账准确、提高效率

公司构建了规范的顾客需求受理流程（见图 2.2-1）。从需求获取开始，到开发排期、软件开发、测试、上线确认，再到最终交付客户，每个环节分别由相应的部门负责。公司明确规定了各部门的工作要求与工作期限，确保能以最快速度将成果反馈给客户，持续提升服务质量和顾客满意度。

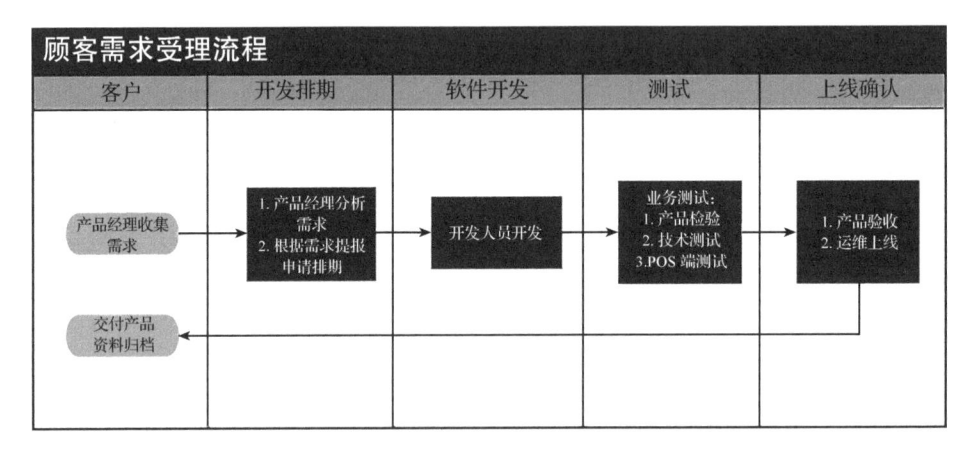

图 2.2-1　公司顾客需求受理流程

b. 应用适宜的技术和方法有效管理顾客关系，并定期测量顾客满意度，以提高服务水平

1. 规范管理顾客关系

公司制定了《客户信息安全管理制度》《反洗钱风险评估及客户分类管理办法》《VIP 个性化定制服务管理办法》《大商户系统管理模式》《客户服务投诉管理流程》等，以此规范顾客关系管理工作。公司积极开展各种顾客关系管理活动（见表 2.2-2），加强与顾客的沟通交流，不断增强顾客对公司的信任和依赖。

表 2.2-2　公司顾客关系管理活动

项目	时间	详情
定期走访	每季度	每季度走访商户，了解商户的产品使用情况
VIP 答谢会	每半年	对于优质客户，每半年进行一次 VIP 答谢会
电话沟通	每月	每月电话回访，进行产品和服务满意度调查
产品沙龙	不定期	举办新产品发布会，邀请适配客户参与

2. 定期测量顾客满意度

公司制定了《顾客满意度管理办法》，明确了顾客满意度调查评估的内容、方法、具体工作流程以及应对措施。运营服务部通过电话回访、现场走访、交流答谢会等多种方式，从现场服务情况、服务热线使用情况、机具使用状况等八个方面，深入了解产品和服务现状，精准识别顾客满意与不满意的情形。

公司顾客满意度调查流程如图 2.2-2 所示。

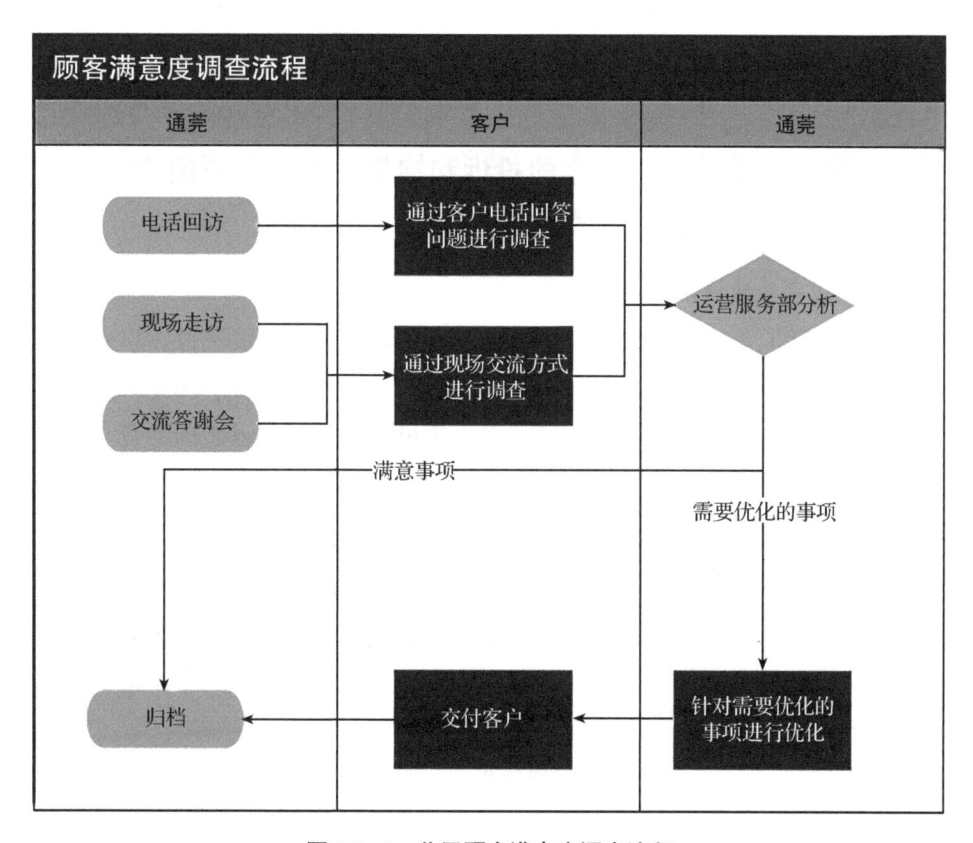

图 2.2-2　公司顾客满意度调查流程

2019—2021 年公司顾客满意度调查结果如图 2.2-3 所示。

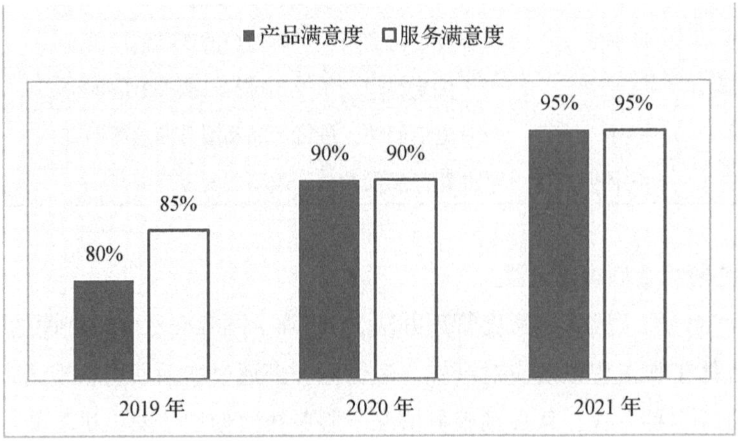

图 2.2-3　2019—2021 年公司顾客满意度调查结果

运营服务部对收集到的顾客满意度信息进行分类，召集相关部门展开综合分析，对顾客满意度不高的地方深入剖析原因，提出整改措施，不断改进服务质量。

c. 快速有效地处理顾客的投诉和抱怨，并对其原因进行分析以推动组织及合作伙伴不断改进

1. 建立完善的投诉机制

公司制定了《通莞股份客户服务投诉管理流程》等制度文件，以此规范工作程序，明确客户投诉处理流程（见图 2.2-4），确保每一项客户投诉都能得到有效跟踪，让商户、银行或持卡人等投诉者都能获得明确答复与处理结果。

2. 对投诉问题进行分类统计及处理

公司定期汇总顾客投诉，针对投诉所涉及的产品以及存在的问题展开分析，精准定位产品问题并深挖原因，进而加以改进。运营服务部及时召集主要部门对顾客投诉进行分析，由各部门落实相应的质量处理工作，避免问题重复发生。

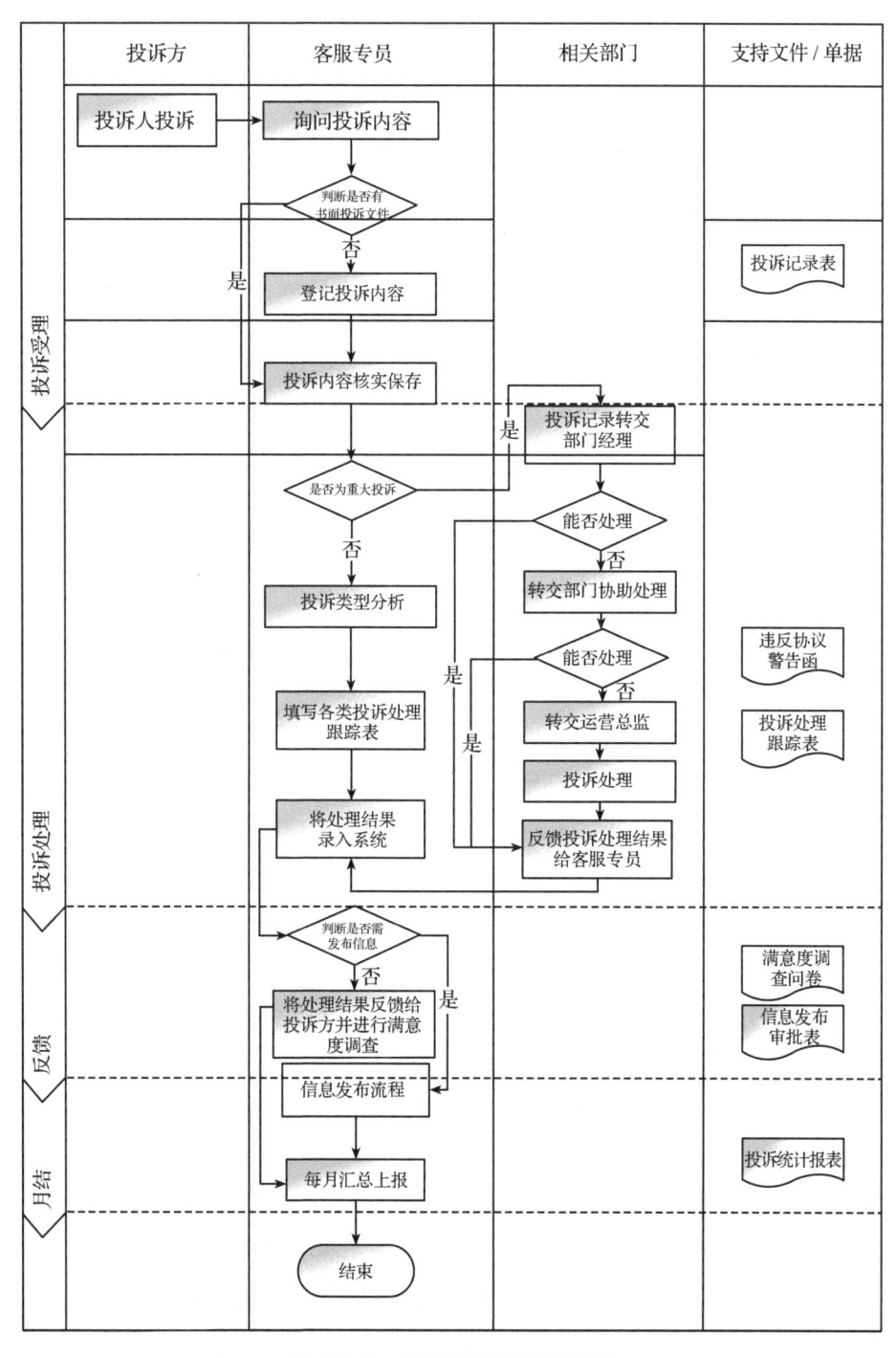

图 2.2-4　公司客户投诉处理流程

2.3 质量协同

a. 有效进行供应链管理，以推动供应链组织之间的质量信息交流和质量改进，增强产业链自主可控能力，实现质量协同

1. 加强供应链管理

公司制定了《通莞股份采购管理办法》，以此规范采购流程。供应链管理围绕运营管理、采购管理、财务管理之间的信息沟通与共享，推动公司各部门实现协同工作，提高顾客服务水平，降低公司经营成本，最终最大限度地满足客户需求。

2. 推动质量信息交流和质量改进

公司的质量信息交流主要在外部以及内部的人力、财务、运营、市场等部门展开。公司借助自身技术力量，联合外部合作伙伴，开展多层次、全方位的信息化改造，包括为企业上线OA及流程管理平台、为财务部上线专业的财务管理系统、为运营服务部上线智能客服系统等。同时，技术部依靠现有技术团队，自主研发了支付业务收单综合服务管理平台，用于统一管理商户信息资料、客户现场走访情况以及运营数据报表等信息。针对企业综合业务运营数据，技术部还开发了经营管控平台，为管理层提供可视化的数据与图表分析看板。此外，公司通过各业务系统，有力地推动了质量信息的监控和管理工作。

通过质量信息的互通共享，公司实现对质量短板的改进，进而推动供应链质量的提升。公司成立了数字人民币金融实验室，并与东莞农村商业银行签订合作协议。双方共同解读国家有关数字人民币的政策，深入挖掘并丰富数字人民币的内涵。与此同时，公司以高新技术（区块链、人工智能、大数据）为驱动，致力于满足人们在"衣食住行、吃喝玩乐、生老病死、投资理财"等方面的金融需求，并选取具有代表性的应用场景开展应用示范。

3. 增强产业链自主可控能力，实现信息共享和质量协同

公司大力推动聚合支付，致力于打造一个能够提升支付体验、打通商业闭环、服务实体经济的"连接器"，助力变革传统移动支付的产业链条，协助构建起一个涵盖商户、第三方支付系统服务商、聚合支付平台、清算机构、银行、O2O、基础设施服务商等的多方共赢的移动支付"新生态链"，实现

"一码聚合，通收通付"，保障商户信息和交易数据自主可控，进一步增强产业链自主可控能力。公司通过搭建平台、建立信任机制以及战略合作伙伴关系等方式，实现质量信息共享。例如，在华为生态大会上发布的 Wallet Kit 将支持数字人民币支付。作为华为的深度合作伙伴，公司将积极顺应华为穿戴设备的支付场景创新趋势，推动应用生态的繁荣发展。

b. 建立关键供方质量考核和保证制度，并在供应链上下游组织复制或推广其质量管理模式、方法或制度

1. 建立关键供方质量考核和保证制度

公司制定了《新增供应商准入申请表》《供应商背调信息表》等文件，以此保证供应商选择、评价过程的客观、公正与科学，确保产品质量、交付时效、服务水平均符合公司要求。

2. 复制或推广其质量管理模式、方法或制度

公司通过现场走访、举办供应商会议等方式，向供应商传播并推广自身的质量管理模式、方法或制度。

c. 测量和评估供方绩效，并向供方反馈相关信息以帮助其改进

公司定期开展供应商绩效评估工作，编制《通莞采购小组供应商合作伙伴盘点表》，据此展开供应商绩效考核。一旦评估发现问题，公司会及时通知供应商，同时，公司管理部门协同采购部对供应商进行督导整改。

2.4 质量基础

a. 进行标准化、计量、检验检测、认证认可、知识产权等质量基础设施能力建设，并提升其管理水平

1. 不断加强标准化建设工作

公司与全国信息技术标准化技术委员会生物特征识别分技术委员会开展合作，组织了《信息技术 移动设备生物特征识别 第 6 部分：指静脉》国家标准的起草工作。与此同时，公司依据相关标准以及法律法规，对各管理系统展开评估，并制定、推行了一系列标准化制度，旨在为员工营造安全、优良

的工作环境。

2. 强化计量工作能力建设

一是全面加强计量管理，将计量管理要求纳入企业管理体系，明确计量管理职责，建立健全计量管理制度。二是合理配置计量资源，结合企业实际需求，优化计量器具配备，确保计量资源合理利用。三是积极培育计量创新能力，围绕重点领域开展计量技术创新，推动核心技术自主可控。四是强化计量数据应用，积累计量数据，开展数据分析，助力公司生产控制和研发能力提升。

3. 持续增强检验、检测能力

公司致力于不断增强检验、检测能力与服务能力，以应对互联网、大数据带来的变革。公司与电子科技大学联合开展了"面向移动支付应用服务数据的信息安全保障技术研究及应用示范""金融大数据智能分析与服务平台关键技术研究及应用示范""面向移动支付的可信数据共享联盟区块链""数据可信管理技术开发""区块链平台智能合约系统关键技术研究"等项目的建设与研究工作。

4. 通过系列标准和认证认可

公司通过了 ISO 9001、ISO 20000、ISO 27001、ITSS、CMMI 认证以及国家知识产权管理体系认证，同时获得安防四级证书、高新技术企业证书等。公司通过标准化和认证认可，确保产品质量与国际接轨，并不断超越国际国内先进水平。

5. 注重成果转化和知识产权

公司设立专利小组，致力于将技术方案成果专利化。同时，制定奖励制度，以此鼓励和激发创新，推动创新成果形成知识产权。截至 2021 年年底，公司已拥有 11 个发明专利和 11 个实用新型专利，这些专利在提升产品质量方面发挥了关键作用。

b. 运用成熟的管理制度、方法或工具对生产或服务现场进行质量管理，并提升生产或服务管理的信息化、智能化或数字化水平

1. 运用质量管理制度对生产和服务现场进行质量管理

公司运用质量管理制度对生产和服务现场进行质量管理，确保工作流程

的标准化与规范化。为此，公司制定了《信息系统账号管理制度》《机房管理制度》《单据文档管理制度》《收单专业化服务管理要求》《客户信息安全管理制度》等一系列制度，从信息安全、服务规范、文档管理等多方面入手，保障生产和服务现场的质量与安全。每年年底，各部门会对这些制度进行评审，根据实际运行情况和质量改进需求及时修订，确保制度的有效性和适应性。公司在办公区域推行6S现场管理，通过整理、整顿、清扫、清洁、素养、安全的管理方法，营造整洁、有序、安全的工作环境，提升工作效率和质量管理水平，树立良好的公司形象。

2. 构建功能强大的信息系统，提升服务管理的智能化、数字化水平

公司借助ELK日志平台，对系统各类日志进行收集、过滤与清洗，然后集中存放，以便进行实时检索和分析；利用yapi接口文档管理平台管理所有的接口文档；通过grafana数据展示平台将数据进行图形化展示；运用定时任务调度平台执行定时任务调度；依托harbor镜像仓库存储和分发公司项目的docker镜像；由nexus3仓库负责管理mavem、npm依赖仓库；采用Prometheus监控软件进行服务器应用监控；使用gitlab代码仓库存放开发项目代码；借助代码检测系统检测代码漏洞；通过canal-admin管理canal服务端；利用虚拟机管理平台进行虚拟机的创建、删除和管理。这些信息系统的运用，有效提升了服务的智能化和数字化水平。

c. 建立质量安全保证和风险防控机制，以避免产生具有重大影响的质量安全事故

1. 建立质量安全保障机制

公司建立了全面的责任状制度，覆盖金融科技部、销售服务部、渠道支持中心、中小商户数字化转型项目部、金融业务拓展部、技术部、创新项目部等所有部门与岗位。同时，制定红黄蓝牌制度，明确规定质量责任以及相应的奖惩机制。

2. 建立风险防控机制

公司制定了《风险管理办法》《风险事件处理办法》《风险事件应急预案》《风险问责实施办法》等一系列制度。结合公司所处的内外部环境，这些制度对风险信息的收集、关键风险因素的识别以及风险应对均做出了明确的规定与要求，在预防风险发生、降低风险发生概率方面发挥了重要作用。

2.5 教育培训

a. 树立"人才是第一资源"的理念，激发各类人才的创造活力，以推动组织可持续发展

公司牢固树立"人才是第一资源"的管理理念，持续完善企业内部人才竞争与激励机制，秉持"组织激活，人人绽放"的原则，着力营造有利于优秀人才脱颖而出的良好环境，打造具有通莞特色的人才晋升渠道。公司鼓励员工通过内部自荐、他人推荐、竞聘等方式，充分施展个人能力，挖掘自身潜能，以此实现人尽其才、各尽其能的目标，最终提升人员稳定性，增强员工对公司的认同感与归属感。

b. 建立员工的质量激励机制和质量考核制度，引导、鼓励和鞭策员工积极参与组织的改进和创新

公司制定了员工质量激励机制和质量考核制度，鼓励员工积极参与公司的改进和创新工作，不断提升公司的核心竞争力。

1. 员工质量激励机制

公司制定了质量合理化建议奖励机制，鼓励全体员工围绕质量问题建言献策。这些合理化建议需针对现存问题或可优化的政策提出改进措施，且能为公司带来效益，同时还要附上预计可落地操作的实施方案。建议提出后，由人力行政部组织相关部门对方案进行评估。无论建议是否被采纳，都会在十天内反馈给建议人。一旦合理化建议被采纳，建议人将获得人力行政部给予的奖励。

公司的改善提案资料（部分）如表 2.5-1 所示。

表 2.5-1　公司的改善提案资料（部分）

部门	提出人	提出内容
石龙区域	杨润墙	目前，公司运营服务部已在 OA 系统中完善了跨区域调机具和收费台账的表格及流程。然而，这一流程存在漏洞，没有考虑到调入客户经理确认的时效，也未规定确认答复的时间，导致需调整的台账常常长时间无人及时跟进，这对公司业务工作的正常开展极为不利，严重影响工作效率。因此，建议公司参照维护 T+6 小时的方式，对跨区调整台账调入客户经理确认的时效做出明确规定

续表

部门	提出人	提出内容
城区团队	陈永康	近期，客户经理面临任务繁重且任务质量参差不齐的情况，致使他们频繁重复工作，工作效率大幅降低。因此，建议公司对任务下发流程进行优化：每个月拟下发给客户经理的日常任务和特殊任务，需由项目经理亲自前往 2~3 个目标商户进行处理，确认无明显问题后再行下发，同时项目经理需提交一份完整的交付物，作为模板供客户经理参考。倘若项目经理未对任务进行任何测试便下发，后续若有特殊资料需要补充，对于客户经理已完成的部分，应由项目经理负责跟进处理。另外，涉及程序测试的，技术部也需选取 1~3 个目标商户进行为期 3 天左右的测试，待运行稳定后再下发程序

2. 员工质量考核机制

公司制定了《红黄蓝牌制度》《薪酬绩效管理规则》等管理文件，扎实开展年度绩效考核工作。在考核过程中，公司将质量作为重要考核指标，把在规定时间内按时、按质完成任务并交付，同时确保数据的及时性与准确性作为重要的评判标准。通过这样的考核方式，有效调动员工的工作积极性，进一步提升员工的质量意识。

c. 开展教育培训以提升员工素质，包括开展职业技术资格认定、质量技能教育和培训等

公司建立并完善了《培训管理制度》，用以规范培训管理工作。该制度遵循系统性、制度化、主动性、多样化四大原则。系统性，指员工培训是全员性、全方位且贯穿员工职业生涯全过程的系统工程；制度化，即建立并完善培训管理制度，将培训工作例行化、制度化，确保培训工作真正落实；主动性，强调员工参与和互动，发挥员工的主观能动性；多样化，即开展员工培训工作时充分考虑受训对象的层次、类型，兼顾培训内容和形式的多样性。培训内容围绕员工职业技术资格、质量技能等方面展开，切实提高员工的知识水平、工作技能与综合素质，充分挖掘员工潜力，增强公司竞争力，推动公司业务持续发展。

2.6 工匠精神

a. 树立精雕细琢、精益求精的工匠理念，培育新时期的工匠精神，进一步提高员工素质和整体水平

公司着力培育新时期的工匠精神，树立了销售常胜工匠、场景工匠和服务工匠等工匠形象，在全体员工中起到了很好的榜样作用。员工通过学习工匠精神了解到：工匠荣誉的获得是长期坚持的结果，工匠的成长历程验证了"客户就是市场""客户就是未来"的服务理念，工匠用行动演绎了"专业服务成就客户"这一服务理念的价值。工匠精神的培育为弘扬质量精神、提高员工素质和整体水平起到了很好的带动作用。

b. 发扬工匠精神，提高服务质量，增强组织的核心竞争力

在工匠精神的引领下，公司进一步提升服务质量，不断增强核心竞争力。公司积极配合政府启动"乐购东莞"活动，为城市复商复市保驾护航；加强与银行的深度合作，完成了联合收单、联合营销、人力外包、金融科技开发、智慧系列产品打造以及东莞第三代电子社保卡受理环境建设等多个项目；携手华为，成功打造广东省首个华为智能协作云联展厅；顺利通过中国支付清算协会"收单外包服务机构"备案，成为目前东莞唯一一家获得备案的聚合支付技术服务机构。

2.7 质量变革

a. 提升服务的质量水平，并通过不断改进服务质量，形成独特的竞争优势和对产业链的参与优势

公司持续加大投入，确保自身保持领先的竞争优势，通过技术创新驱动质量变革。在数字人民币推行的浪潮中，公司已与海南三亚凤凰机场、海南邮政储蓄银行、深圳建设银行、东莞农村商业银行达成深度合作，合作范围覆盖线上营销与线下收单业务。在数字人民币项目中，公司并非仅能完成传统的硬件调试工作，而是能够提供完整的技术解决方案。从硬件与软件的协同输出层面来看，公司同时拥有硬件和软件的自主研发实力。

b. 改善服务质量、技术水平及管理水平等方面存在的差距，以提升产业链组织的稳定性

公司不断改善服务质量、技术水平和管理水平，为客户提供更好的服务，不断超越原有顾客期望、吸引新客户，维护产业链组织的稳定性。在云计算技术应用方面，公司的 IT 基础设施以华为公有云为主，运用虚拟机、RDS 数据库，并采用 K8S 集群管理方式。在人工智能技术领域，公司开发并运用智能客服系统、智能机器人，实现多轮会话，收单服务系统还应用了 OCR 图片文字识别功能。在物联网平台上，公司采用云音箱推送平台。这些技术的应用，推动公司的服务水平跃上新台阶。

c. 积极开展质量改进活动

公司制定了《银行卡专业化服务管理办法》，推行专业化服务制度，对终端机具和特约商户实施专业化服务管理。公司通过客户服务热线、区域管理制度、商户回访制度、VIP 客户经理制度四种途径，为特约商户提供快捷、优质的服务。

1. 客户服务热线

客户服务热线是 24 小时接听商户投诉的服务热线。商户可以通过热线咨询公司的业务，联系客服部要求服务。公司可以第一时间（响应时间在 30 秒内）通过电话交流，及时为特约商户解决各种技术、业务和终端机具的问题。

2. 区域管理制度

针对特约商户分布于不同区域的情况，公司制定了区域管理制度，在每个区域设置区域主管，由其负责统筹全区的日常工作。当商户遇到问题时，可直接联系所在区域的客户经理，客户经理会在第一时间处理，确保商户能得到高效、便捷的服务。

3. 商户回访制度

公司通过商户回访制度，一方面了解商户在使用终端机具过程中遇到的各类问题，确保商户能够安全、熟练地操作终端机具；另一方面确保终端机具运行安全，有效防范风险，维护各方利益。此外，公司还会不定期开展问卷调查，掌握商户在银行卡受理业务中存在的问题，及时将问题反馈至相关部门，并找出解决问题的方法。

4. VIP 客户经理制度

在同一商户编号和商户名称下,若安装终端机具在十台以上(包含十台),则纳入大商户管理,由外勤负责人(分区主管)统筹安排提供专业化服务。具体服务要求如下。

(1)每周至少致电回访一次,每月至少进行一次现场回访,了解商户使用终端设备过程中遇到的问题,及时将问题反馈至相关部门,寻求解决办法,并及时回复商户。

(2)每季度为 VIP 商户开展银行卡受理业务的专场培训,以保证收银员的银行卡知识和终端机具操作技能得以提高。

(3)当 VIP 商户提出保障需求时,必须第一时间响应(电话响应时间在 30 秒内),并在 T+4 小时内解决故障。

(4)积极配合大商户开展各类营销、促销活动,建立良好的互动机制,从而搭建起良好的沟通渠道。

3 创新

3.1 动力变革

a. 将创新理念融入组织之中,并建立、实施和保持创新管理体系,以提高组织效益和竞争优势

公司致力于塑造共同创新的价值观,将创新作为实现高质量发展的核心战略之一,积极在全公司范围内培育创新的企业文化,助力公司达成高质量发展目标。从底层逻辑来看,公司高度重视员工创新意识的培育,通过开展新员工文化训练营,引导员工从认知创新,到认同创新理念,再到将创新付诸实践,从而打造出一个有信仰、有激情的创新团队。在这种创新氛围之下,员工觉得自己身处一个值得为之奉献的环境,从而会激发出更强烈的奋斗热情。

通莞创新体系构建如图 3.1–1 所示。

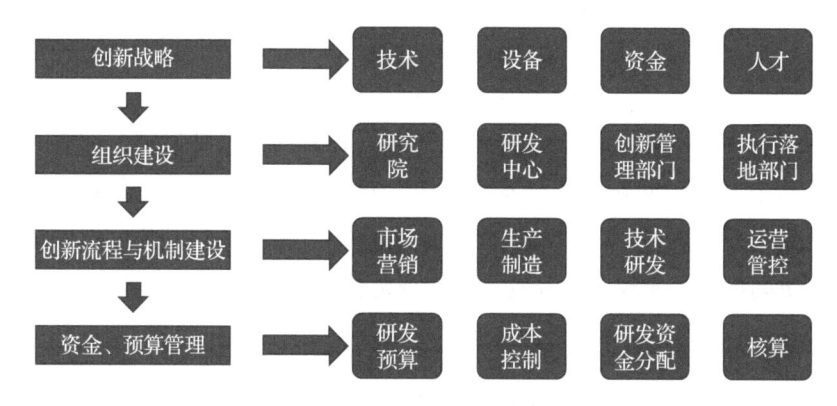

图 3.1-1　通莞创新体系构建

b. 善于发现创新机会并规范管理创新过程

公司通过把握市场动态与行业发展趋势，发现创新机会，实现产品技术创新突破。

1. 率先布局移动支付业务，打造领先行业的聚合支付平台

2015 年起，移动支付逐渐成为主流业务。公司率先成立"互联网商务——移动支付"项目组，为旗下所有商户叠加微信支付、支付宝支付业务，有效促进了业务增长，拉动公司第二曲线上升。同期，公司打造的聚合支付平台在当时处于行业领先地位，为通莞移动支付业务的发展奠定了技术基础。目前，移动支付已成为通莞主要的核心业务板块之一，为公司创收做出了重要贡献。

2. 校园缴费通项目轻松解决校园缴费难题

在学校日常缴费过程中，财务经常会面临远程收款困难、多笔款项难以区分账户等问题。针对这些痛点，通莞金服推出了缴费通平台。该平台运用智能支付与信息化管理技术，轻松解决校园缴费难题。财务只需直接导入花名册及收费项目，各项明细便清晰呈现。随后，通过二维码、公众号发起账单缴费信息，家长核对信息无误后即可确认支付，操作步骤十分简单。同时，缴费通平台的专款专户功能能满足不同费项进入不同账户的需求，通过集团式管理模式生成的财务分销报表数据清晰，一目了然。在缴费类型上，支持账单缴费、定额缴费和自定义缴费；在支付场景上，支持公众号缴费、银行卡缴费，涵盖线上线下多场景支付。截至 2021 年年底，通莞缴费通已服务超过 400 家学校及机构，成功缴费总额超过 20 亿元，缴费笔数超过 20 万

笔。该产品在教育行业缴费领域处于领先水平，为公司开辟了新的创收增长点。

公司制定了规范的创新过程管理制度，涵盖创新激励机制。同时，依托公司技术中心，对创新各环节展开评估，有效管控创新风险。公司通过成立项目小组，对研发过程、成果转换、成果验收、成果保护以及反省评估等环节进行协同控制，实现产品开发流程的规范化管理。

c. 追求被认定为可实现/可控制的风险的机会，以及在合适的时机中断此活动以支持更优先的机会

公司从开发需求、测试、POS 机具程序需求、IT 人员外派协助、商户对接、业务系统更新上线、App 安装申请等多个方面，建立起规范的流程与风险防范机制，以此有效控制风险。研发中心制定了完善的研发项目评估制度，构建起项目风险管控体系，降低风险发生的可能性。一旦发现可能给生产经营带来风险的活动，便会在合适的时机及时中断，以支持更优先的机会。

公司对研发过程中产生的风险实施制度化管理，制定了《通莞股份风险管理办法》《通莞股份风险事件处理办法》《通莞股份风险事件应急预案》《通莞股份风险问责实施办法》。

3.2 创新能力

a. 建设创新平台和打造科研创新团队，并保持创新平台的有效运行，以提升组织的核心竞争力

公司建设了多元化的研发创新平台，具体如下。

1. 校企合作平台——金融科技联合实验室

公司与电子科技大学（深圳）高等研究院共建金融科技联合实验室（见图 3.2-1），充分整合科研机构、高等院校的科研平台资源与自身研发能力。通过该联合实验室平台，吸引了更多人才、技术、信息等产业要素汇聚，有效提升了先进技术的创新研发能力，推动技术和科研成果的产业化进程，助力金融产业蓬勃发展。

公司董事长兼总经理颜肖珂被电子科技大学（深圳）高等研究院聘为研究生校外指导教师（见图 3.2-2）。此后，双方将充分融合校企资源，进一步

加强优质人才的培养与引进。同时，公司将借助学院的科研实力，推动自身业务产品朝着高端化、科技化方向发展。

图 3.2-1　校企合作平台——金融科技联合实验室

图 3.2-2　公司董事长被聘为研究生校外指导教师

本着产学优势互补、互惠互利、共同发展的原则，公司与东莞理工学院建立了长期的产学合作关系，还与广东科技学院共同探讨数字金融现代产业学院的建设，开展以"人职匹配"为理念的实践育人模式。

2. 设置技术研究中心，培养研发技术人才，打造科研创新团队

公司目前拥有广东省聚合支付大数据云平台应用工程技术研究中心（以下简称技术研究中心）。截至 2021 年年底，该技术研究中心拥有 32 名研究人员，其中本科及以上学历、具备中级职称的人员共 15 人，涵盖计算机软件开发、通信与信息系统、通信网络技术、系统运营与管理等多个领域的高科技研究人才。技术研究中心试验场地面积达 250 平方米，配备 40 余台专业研究设备仪器，总价值超过 600 万元。2019—2021 年，技术研究中心的研发费用投入累计超过 2400 万元。技术研究中心设立专家委员会，其主要职责包括讨论并确定技术研究中心的研究方向、审议技术研究中心的研究课题、协调重要的学术交流活动、组织相关成果的评审等。技术研究中心下设信息技术研发部、金融科技研发部、软件测试部、综合办公室、知识产权部、外联部等（见图 3.2-3）。技术研究中心的工作内容包括攻关技术难题，完成重大科技专项，搭建聚合支付平台，开展项目功能测试、性能测试、安全测试，以及进行技术合作和专利管理等。

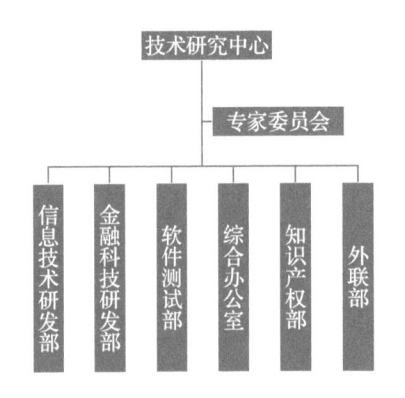

图 3.2-3　公司技术研究中心组织机构框架

3. 开展重大科研项目攻关

2017年，公司与电子科技大学广东电子信息工程研究院共同承担了广东省科学技术厅省级项目"面向移动支付应用服务数据的信息安全保障技术研究及应用示范"，获得省财政300万元的资助。2018年，双方再度携手，共同承担了东莞市科技局市级项目"面向移动支付的可信数据共享联盟区块链"，获得市财政200万元的资助。

4. 搭建公司知识库，提高协同工作效率

客服部依托呼叫中心系统自带的知识库功能模块，对知识库展开管理与分享；技术部则借助阿里提供的专业云端知识库工具语雀，进行知识库的管理与分享。公司的知识库实现了信息和知识的有序化，方便了信息与知识的检索，加快了知识和信息的流动。知识库为员工高效利用知识资源打下了基础，方便了员工日常的学习、沟通与协作，有力促进了知识共享与交流，提升了员工素质和工作效率。

b. 注重提升服务的数字化、智能化水平，增强个性化、多样化、柔性化服务能力

公司积极采用多种方式学习和应用行业先进技术。一方面，通过校企合作聘请高校专家技术团队，另一方面，邀请上游供应商技术团队与公司技术研发人员、品质人员开展技术交流。同时，公司不断引入前沿技术、新工具和新设备，致力于解决行业面临的质量难题，提升服务的数字化、智能化水平，在行业内保持领先地位。尤其值得一提的是通莞微服务架构聚合支付平台的研发与应用，这一成果在聚合支付领域已经达到国内领先水平。

基于微服务架构的聚合支付平台，其先进性不仅体现在技术层面，更在于服务理念的革新。它并非单纯追逐最新技术，而是立足于企业、社会、银行等的实际需求，切实解决实际问题。该项目在技术选型时，以安全、稳定、易于维护和扩展为目标，优先选用开源软件，最终确定了一套基于开源系统的微服务技术方案：以 Linux 作为操作系统，Java 作为开发语言，spring boot 作为服务构建框架，内嵌 Tomcat 作为应用服务容器，spring cloud 作为服务支撑基础框架，Mysql cluster 作为数据存储。通过对基础架构、业务架构、物理架构、性能系统的精心设计与实现，结合远程运维中心和云计算中心的协同应用，平台系统具备了性能卓越、软硬件支撑完备、运维成本低等优势。这使其能够更好地满足社会公众日益多样化的支付需求，以及各类支付服务的要求，有效解决客户支付工具碎片化、接入及维护成本高、应用场景单一等问题，实现对客户的个性化、多样化、柔性化服务。

3.3 管理创新

a. 根据组织的战略任务，结合技术和产品发展的趋势，有组织、有计划地推动管理创新，包括针对具体质量问题，创新管理工具和方法，以使组织的各项活动更加高效

公司紧扣战略方向，坚定推行管理创新，借助数字化手段优化公司运营流程。多年来，公司始终坚守"尊重技术"的理念，持续保持着对研发的高强度投入，坚持创新驱动发展。一方面，公司时刻关注行业动态，及时捕捉发展趋势，积极拓展市场新领域，开拓新业务生态；另一方面，基于以数字化手段支撑企业快速发展的战略需要，公司整合内部资源，成立专业团队，专职推动公司数字化变革，确保数字化转型工作扎实落地、有效执行。同时，公司从顶层规划出发，对数字化工作给予持续性资源投入，全力推动公司实现高效的数字化运营。

公司借助数字化工具，达成管理数字化目标。以两化融合为抓手，大力推进"数字化、移动化、智能化"三化建设，从而提升运营效能与效率。通过管理数字化，公司管理层下达决策变得更加便捷、迅速。同时，通过数据对公司发展战略的实施情况进行监督，确保公司管理层的利剑不会指错方向，切实提升经营质量与内部运营效率。

b. 进行组织的管理模式、经营模式、商业模式创新

公司结合自身综合现状，以公司战略为导向，对管理模式、经营模式、商业模式展开创新。

在服务升级方面，通过迭代生产系统，实现了服务的持续优化：从内网封闭的收单服务系统 1.0，发展为互联网化的收单服务系统 2.0，进而升级到聚合服务、分析与管控的收单服务系统 3.0。在提升管理效率上，借助前端工具线上化，实现了从手动纸质办公，到收单服务 App 应用，再到收单服务 SAAS 化的转变。在客户服务线上化进程中，公司依托信息技术，开发了实效代理商系统、智能在线客服、智能机器人、小程序等。在提升经营效率上，采用项目管理方法，即在职能分类的基础上，运用项目管理方法论，以项目开展的方式激活组织，促进营收增长。截至 2021 年，公司已有 8 人获得 PMP 证书。2019—2021 年，公司累计立项 15 项，项目成功率达 60%，有力推动了年度营收目标的达成和创新业务的发展。

同时，公司根据实际情况制定了股份信息系统账号管理制度、机房管理制度、反洗钱风险评估及客户分类管理办法等一系列规章制度。此外，还结合具体业务场景和风险特征，设置红黄蓝牌制度与风控管理制度，全面排查经营过程中的合规风险。通过搭建完善的合规制度体系，提升风险预警能力，有效防范公司运营时可能面临的各类风险。

3.4 技术创新

a. 围绕组织的使命和愿景，结合政策要求和环境变化，形成组织的标准技术体系，并合理布局自身专利，保护自身的知识产权

1. 引进、消化、吸收、开发适用的先进技术

在技术创新上，公司从未停止探索的脚步。公司创新性地提出以数字人民币助推商户经营，并精心打造出一套通莞数字人民币解决方案。

2021 年 6 月 28 日，通莞数字人民币金融实验室正式成立，并与东莞农村商业银行签订合作协议。该实验室以高新技术（区块链、人工智能、大数据）为驱动，致力于满足人们在"衣食住行、吃喝玩乐、生老病死、投资理

财"等多方面的金融需求，并选取具有代表性的应用场景开展应用示范。在交易处理方面，公司的前端支付产品实现了数字货币交易受理，涵盖交易、查询、退款等功能，其外部API接口也支持接入数字货币，无论是被扫支付还是主扫支付都能顺畅运行。在对账服务方面，实现了交易数据的汇总、查询、分析与展示等功能，包括数据入库与汇总、界面展示以及相应的管理和监控。

2. 紧跟科技创新步伐，适应华为穿戴设备场景创新与应用生态繁荣的趋势

在华为生态大会上，华为发布Wallet Kit，宣布其将支持数字人民币支付，这意味着华为Watch 3系列成为首款支持数字人民币的智能手表。公司作为华为的深度合作伙伴，未来将积极适应华为穿戴设备支付场景的创新，把握应用生态日益繁荣的机遇。

3. 积极参与标准制定

公司积极参与国家级、省市级以及企业内部的信息技术标准制定工作。其中，参与了全国信息技术标准化技术委员会生物特征识别分技术委员会组织的《信息技术 移动设备生物特征识别 第6部分：指静脉》国家标准的起草工作。

4. 校企合作开发新技术

近年来，公司与多所高校建立了产学研合作关系。高校在行业发展趋势研判上具有前瞻性，科研实力也十分雄厚，公司借助这些优势，紧密围绕行业技术未来走向，与高校携手开展具有创新意义的研究项目。自2017年至2021年，公司连续五年与电子科技大学广东电子信息工程研究院深度合作，共同开展科技项目研发，并进行专项合作。

5. 注重保护自身的知识产权

公司长期高度重视核心技术创新，将知识产权视为关键资产，制定了企业知识产权策略，并严格监督相关制度的执行，确保企业知识产权工作落到实处。公司安排专人负责发明专利、实用新型专利、软件著作权以及商标申请的各个环节，及时留存电子文档，并按时对知识产权做清单总结。此外，公司定期组织员工参加知识产权专题培训，加强知识产权保护的宣传工作，尤其注重对管理人员和科技人员开展知识产权培训，不断增强全体员工的知识产权保护意识。

b. 建立、实施和保持技术评估体系，并与竞争对手和标杆进行比较分析，不断提高组织的技术水平

公司从技术与市场两个层面，建立并实施技术评估体系（见图 3.4-1）。在技术层面，主要围绕技术的可行性、先进性、安全性和成熟度（结合软件成熟度评估）展开评估；在市场层面，主要考虑市场需求、市场风险以及产生的经济效益，以此全面评估技术。公司软件成熟度评价报告截图如图 3.4-2 所示。

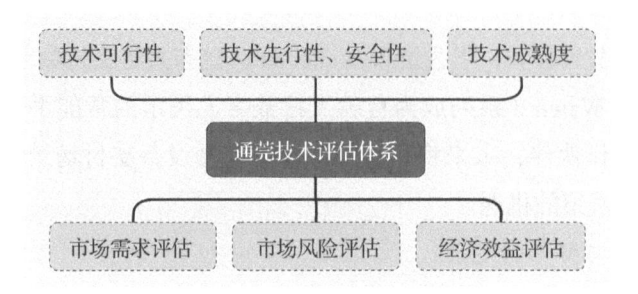

图 3.4-1　公司技术评估体系

图 3.4-2　公司软件成熟度评价报告截图

同时，公司通过专业机构报告、市场调研、客户拜访，以及参加国内外行业展会和峰会等途径，了解行业标杆与竞争对手的情况并进行对比分析。公司主要从服务的商户数量、日处理交易笔数及金额、提供的核心产品和服务等多个维度，与行业标杆和竞争对手展开比较。

c. 加强服务技术创新和应用，利用互联网、物联网、大数据等新一代信息技术打造关键共性技术平台，进行创新和改进

公司信息化系统使用的新一代信息技术主要如下。

云计算技术：公司的 IT 基础设施以华为公有云为主，本机机房作为备

份。对外服务的核心生产应用系统全部部署在华为云上，生产系统的备份系统则部署在本地机房。华为云运用虚拟机、RDS 数据库，并采用 K8S 群集管理方式；本地系统则基于物理机，采用容器化部署方式。

人工智能技术：公司开发并运用智能客服系统、智能机器人，实现多轮会话；收单服务系统应用了 OCR 图片文字识别功能。

物联网平台：公司开发并应用了云音箱推送平台。

通过服务技术创新和应用，公司打造了聚合支付平台系统，有力推动关键共性技术平台建设。该系统涵盖运维管理体系，安全保障贯穿整个系统，是系统的重要组成部分。此外，整个系统主要由六个层次构成，分别是数据层、持久层、业务层、控制层、转发层和应用层。公司聚合支付平台逻辑架构图如图 3.4-3 所示。

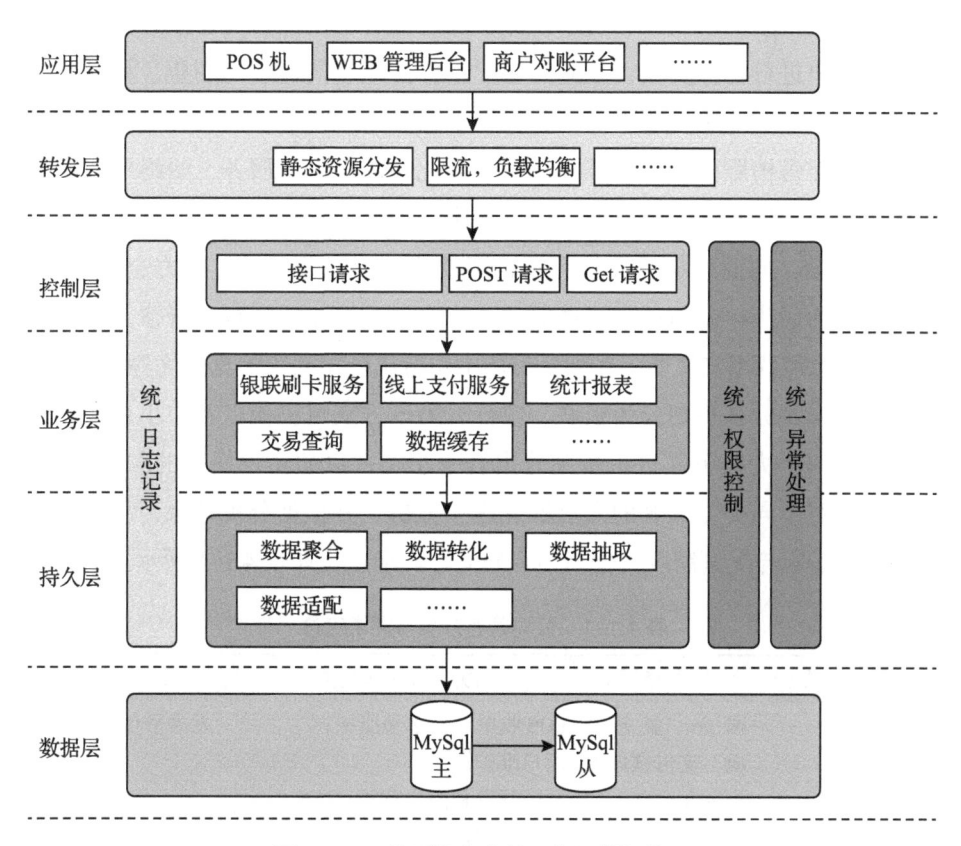

图 3.4-3 公司聚合支付平台逻辑架构图

4 品牌

4.1 品牌规划

a. 基于顾客的需求和期望进行品牌定位，建立以品牌核心价值和特性为中心的品牌识别系统

1. 基于顾客的需求和期望进行品牌定位

公司始终秉持"以客户为中心，为客户创造价值"的经营理念，在关注大众市场的同时，密切关注细分市场顾客群的形成、发展与变化。公司深入研究顾客最根本的价值观和需求，深度理解顾客自身的价值体系，高度重视对目标客户进行行业分类，在此基础上，依据顾客的需求与期望，将自身品牌定位为中小企业金融服务商。公司为个人和中小企业提供聚合支付、普惠金融、精准营销服务，以及多样化、专业化的商户增值服务，始终致力于为商户、合作伙伴及消费者打造高效、安全、便捷的支付环境。并且，以支付业务为基础，向商户提供金融科技、精准营销等增值服务，助力企业获客、活客，激活门店。公司凭借这些服务，为金融、汽车、零售、餐饮、快消等行业的企业经营用户赋能，在细分市场中塑造出公司品牌的竞争优势。

公司将目标客户划分为银联、银行、第三方支付机构以及中小企业商户四大类，每个大类下又进一步细分出若干小类，以此实现精准的顾客定位。随后，针对不同类型顾客的需求展开逐一分析，并依据分析结果，制定了相应的营销措施与配套制度。公司顾客分类与需求定位如表 4.1-1 所示。

表 4.1-1 公司顾客分类与需求定位

顾客分类	顾客特征	顾客需求和期望	服务和定位
银联、银行	国企、业务合规、支付领域龙头老大	POS 收单外包落地服务； 商户维护； 系统开发和商户营销； 核心商圈建设； 云闪付 App 推广； 精准营销； 基于数字货币的商户场景打造	发展平台型组织

续表

顾客分类	顾客特征	顾客需求和期望	服务和定位
微信、支付宝、第三方支付渠道富友等		寻找更多有移动支付需求的商户	拓展优质商户；建立专业化团队
中小企业商户	商业活动中有支付需求的商家	提供收钱、分钱、借钱、赚钱等一系列供应链金融服务	为各行业提供支付解决方案

通过对顾客与行业需求展开深入分析，并据此制定有针对性的解决方案，有助于公司实现品牌的精准定位。

2. 建立以品牌核心价值和特性为中心的品牌识别系统

公司依据经营理念以及所处行业的特征，确定了"通莞金服"这一品牌名称。该品牌名称不仅助力公司品牌战略有效落地，还能持续帮助公司积累品牌资产。

公司品牌标志如图 4.1-1 所示。图形以双手紧扣作为设计起点，为公司打造出了包容、大气的品牌形象，着重凸显公司诚信经营、服务为先的宗旨。该新标志承袭了旧标志积累的丰富品牌内涵，并在其基础上进行了创新与提升，优化后图形更为圆润灵动，更具亲和力与时代感。该标志彰显了公司上市后，在秉持原有质量方针和服务理念的前提下，着力打造三大服务平台，致力于实现"人人快乐支付，家家财务自由"的美好愿景。

图 4.1-1　公司品牌标志

公司制定了《通莞金服应用系统设计（办公类应用 A 版）》《通莞金服应用系统设计（办公类应用 B 版）》《银联通莞 VI 基础系统（标准）》，构建起品牌视觉识别系统，并对该系统的执行进行监督。

公司品牌图文解释如表 4.1-2 所示。

表 4.1-2 公司品牌图文解释

要素	内容
品牌名称	通莞金服
商标	
标志限制区域	 标志预留空间 　　标志最小比例限定
标志标准色	 C:98/M:71/Y:2/K:0 C:0/M:60/Y:100/K:0
网站	

续表

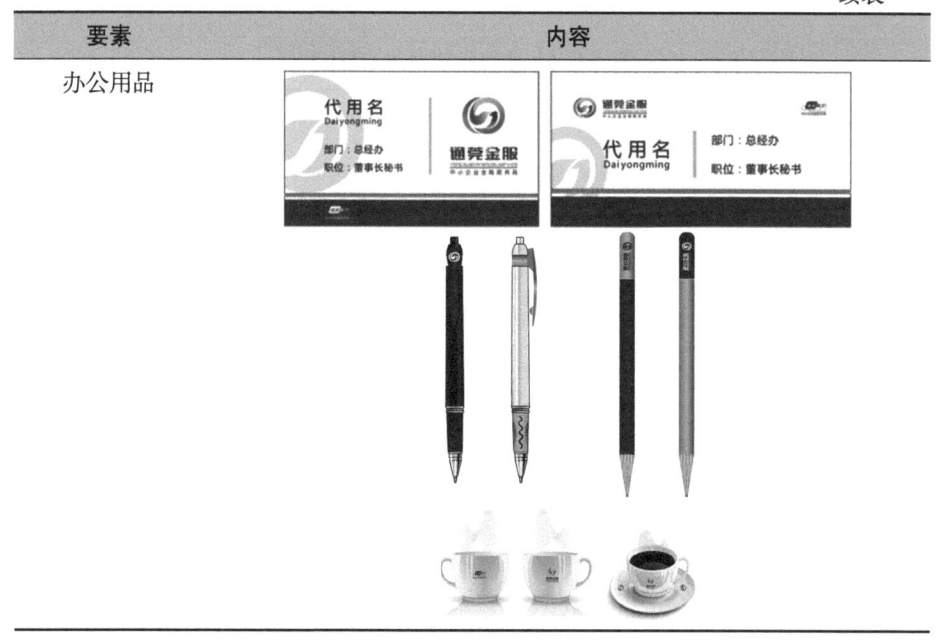

要素	内容
办公用品	

b. 制定和实施品牌规划

1. 制定品牌规划和目标

公司基于总体战略,通过分析品牌所处的市场环境、品牌与消费者的关系、品牌与竞争品牌的关系、品牌的资产情况等,明确品牌建设目标,制定品牌规划。

行业竞争品牌分析如表 4.1-3 所示。

表 4.1-3　行业竞争品牌分析

品牌	品牌推出年份	定位	影响力
收钱吧	2013	国内数字化门店综合服务商	覆盖中国境内 680 多个城市,服务 600 多万线下实体商家
拉卡拉	2005	提供商户支付服务和商户科技服务两大类服务	A 股第一支纯正的第三方支付上市公司
扫呗	2011	聚合支付技术研发和应用的科技企业之一	国内最大的教育信息化服务商之一
付呗	2013	成为商户数字经营服务商	专门为商家打造了付呗移动支付解决方案
通联	2008	第三方支付赋能企业数字化转型的引领者	首批获得央行颁发的支付牌照

公司品牌规划与目标如表 4.1–4 所示。

表 4.1–4　公司品牌规划与目标

市场	规划与目标	措施
东莞中小微商户	致力于推动中小微商户的数字化升级，打造通莞金服旗下的"喵掌柜"子品牌，通过 IP"通莞喵"的输出，加深品牌在消费者心中的印象，以及开拓周边产品	规范品牌识别系统； IP"通莞喵"吉祥物创造； 周边产品打造； "喵掌柜"产品设计
深耕东莞，辐射粤港澳大湾区周边城市	到 2025 年，实现粤港澳大湾区周边城市品牌全覆盖，东莞全市品牌知名度和美誉度广泛提升	广告宣传； 自媒体持续造势； 召开产品发布会、合作伙伴和代理商大会等

2. 落实品牌规划和目标

公司市场部按照品牌规划，每年制订营销计划，合理分配预算，围绕市场、营销、管理、人才等方面制定核心方针，并将各项任务明确落实到具体责任部门，推进实施。

c. 通过系列活动，提升品牌的知名度、认知度、忠诚度和美誉度

1. 通过构建立体宣传矩阵来提升知名度

公司品牌建设离不开媒体的矩阵式布局。通过公司官网、微信公众号、微信视频号、短视频、社交媒体、合作媒体以及自媒体等渠道，公司构建起传播矩阵，以此最大限度地提升品牌影响力与知名度，达到被动引流的效果。

公司官网：http：//www.togoodfin.com/。

微信公众号：通莞金服。

微信视频号：通莞金服、通莞喵、通莞喵掌柜。

短视频：微信视频号、抖音号。

社交媒体：微博、小红书、百家号、知乎等。

合作媒体：东莞南城发布、南方＋、东莞阳光网、东莞发布、东莞日报、中国支付清算协会、东莞银行业协会、东莞零售业协会等。

2. 通过行业走访、企业宣讲、校企合作、制作宣传物料、参加展会等活动来提升认知度

公司加入中国支付清算协会，成为会员；加入东莞市银行业协会和深圳市银行卡收单行业协会，成为会员单位；加入东莞市南城个体私营企业协会和东莞市东城餐饮行业协会，成为理事单位。公司通过参与行业培训、评审活动，组织学习、参观和考察，不仅为推动行业共同进步贡献力量，还借助商会、协会的网站、刊物，以及会议、活动等场合，更有效地开展品牌宣传工作，进一步提升公司品牌在业内的知名度与认可度。

公司通过开展校企合作，实现双方资源共享、优势互补，达成共同发展的目标。借助校方资源推动技术交流，定期对在职职工开展技能提升培训，确保职工的素质和技能水平能紧跟公司发展需求与科技进步的步伐，从而持续提升公司的核心竞争力。在与东莞理工学院、广东科技学院开展校企合作、深入交流的过程中，进一步提高了公司品牌的知名度。

3. 通过客户培训、供应商培训、举办感恩会、共建联合实验室来提升忠诚度

公司建设了广东省聚合支付大数据云平台应用工程技术研究中心，展现了公司在技术水平上的专业度，赢得了客户信任，提升了客户忠诚度。

公司成为用友网络科技股份有限公司软件与云产品专业服务伙伴、中国银联标准级别渠道拓展方以及华为云精英服务商等。通过这些合作，公司与客户构建起良好的合作伙伴关系，形成相互信任、协作共进、平等相待且彼此尊重的合作模式。在合作过程中，公司始终维护双方利益，保障合作质量，进而有效提升了客户忠诚度。

4. 通过参加政府项目、行业奖项评选、标准制定、公益活动来提升美誉度

公司积极参与政府项目申报与行业奖项评选，成果显著。公司连续十年（2011—2020年）被评定为广东省守合同重信用企业，还入选东莞市倍增计划企业。在行业奖项评选中，公司荣获2020年度广东地区银行卡专业化服务优质奖、东莞市零售行业2017—2021年度创新案例奖。此外，公司热心公益活动，收获"通莞金服行大爱 和沐书香致良知""通商惠学一片心 莞然一笑践善行"等赞誉，被授予"爱心企业""2021年度爱心党组织"称号，并在2021年获评东莞市"友善企业"。

4.2 品牌管理

a. 进行品牌管理，抓住时机进行品牌延伸扩张，并有效回避品牌延伸的风险

公司自成立以来，一直致力于成为基于支付领域的各行业金融服务运营商。在此基础上，积极推进品牌延伸扩张，提升公司品牌影响力。公司与航天信息开票平台合作开展智能开票业务，并与自身支付产品进行叠加，创新推出多种新的开票模式，包括 POS 支付开票、喵掌柜收费开票以及独立二维码开票。这些灵活多样的智能开票方式，有效增加了客户使用的黏性。同时，公司积极开展品牌出海行动，布局并发展跨境支付业务，成立专项团队，紧密追随国家重大战略，将"一带一路"共建国家、金砖五国作为跨境业务重点落地地区，大力推动品牌走向国际市场。

为促进公司强化风控管理，有效识别并主动管控品牌延伸风险，公司依据《广东通莞科技股份有限公司风控管理制度》，构建起品牌风控管理体系，建立起能够有效规避品牌延伸风险的长效机制。这一举措旨在确保公司依法经营、合规运作，推动新老品牌实现均衡发展，进而促进公司的可持续发展。

b. 预防市场垄断及倾销行为

为有效预防公司在运营过程中出现市场垄断和倾销行为，同时防范行业竞争对手的垄断措施，公司定期组织员工学习具体的垄断行为、不正当竞争行为，以及与之相关的法律法规，让员工深刻认识到相关行为的危害与后果，在商业竞争中自觉避免出现类似的行为，使公司的经营行为更加规范，坚决摒弃价格战，真正做到防患于未然。

c. 开展品牌资产管理，实现品牌资产的保值和增值

公司积极开展品牌资产管理工作，紧密结合营销管理内容，持续进行更新优化，以此实现品牌资产的保值与增值，进一步推动公司不断发展壮大。公司不遗余力地深度开发品牌，力求最大限度地挖掘品牌价值与利润空间。截至目前，公司从未出现有损品牌的重大事故，始终保持着专业可靠的品牌形象。公司不断攻克行业技术难题，着力解决行业痛点，持续提升客户满意

度，稳步提高自身作为基于支付领域的各行业金融服务运营商在市场中的占有率。

4.3 品牌保护

a. 进行品牌保护，包括组织注册国内外的商标

1. 多维度开展品牌保护

公司成功导入知识产权管理体系，并要求全体员工严格贯彻执行。对于发明专利、实用新型专利、软件著作权等，及时完成备案工作，同时留存发明专利、实用新型专利的电子文档备案。此外，公司积极面向全体员工开展知识产权宣传活动，着力树立员工的知识产权意识，在公司内部营造浓厚的知识产权氛围。通过严格把控产品和服务质量，以及实施有效的品牌宣传策略，持续维系品牌形象，不断巩固和强化品牌建设成果。

2. 注重商标注册保护

公司高度重视商标的注册保护工作，由智慧运营部专门负责相关事宜。对于公司形成并投入使用的所有商标，依据《中华人民共和国商标法》及时进行注册申请，使其成为受国家法律保护的注册商标，切实维护商标专用权。在做好国内商标保护的同时，公司还注重国际商标注册保护，积极防范商标被抢注引发的侵权纠纷。为防止他人在不同类别的商品上使用与公司相同或近似的商标，公司开展了防御性注册，有效地防止商标权遭受侵害。在日常工作中，智慧运营部密切关注商标动态，一旦发现公司商标权益受到侵害，将立即处理相关问题。截至2021年年底，公司已在国内外成功注册商标70余项。

b. 建立顾客投诉及快速协调解决机制，使组织有效避免潜在的品牌风险

为有效降低品牌风险，提升客户满意度，公司制定了《通莞股份客户服务投诉管理流程》，确保每一项客户投诉都能得到有效跟踪，让商户、银行或持卡人等投诉者都能获得明确答复与处理结果。该流程主要适用于外部投诉的受理、处理与跟踪操作，由客服部、职能部门、区域团队以及总经理共同定义并编写。涉及的投诉方包括特约商户、持卡人、银行以及省银联。

c. 建立和保持品牌危机预警和应急处理系统，评估公关方案的及时性和有效性，消除或降低品牌的负面影响

1. 增强全员的品牌危机意识，构建品牌危机管理的预警处理系统

全员品牌危机意识的形成，是预防品牌危机发生的根本前提。首先，公司全体员工都应秉持为消费者服务的真诚心态。只有将消费者利益切实置于首位，员工才会在生产和服务的每一个环节始终保持谨慎且热情的态度。其次，设置适度的拟态危机环境，加强员工的危机反应训练。从公司高层到普通员工，都应参与其中，亲身感受品牌危机带来的冲击，从而增强应对危机的能力。此外，品牌部与市场部、渠道拓展部协同合作，强化质量文化的宣传与贯彻。通过这种方式，树立并强化公司整体以及员工个人的品牌危机意识，确保产品质量过硬，全力维护品牌形象。

2. 评估公关方案的及时性和有效性，消除和降低负面影响

公司组建了危机应对小组，由公司总经理担任组长。一旦遭遇品牌危机，小组会迅速对危机进行分级，准确辨别危机性质，明确公司的应对原则和立场，快速拟定公关方案，确定传播对象，有计划、有组织地开展危机应对工作。在危机处理过程中，小组会实时跟进舆情动态，精准把握公关时机，及时提出切实可行的公关方案，高效解决品牌危机。危机解除后，公司会及时开展复盘和事件梳理，深入探究危机发生的原因，提炼出解决方案，形成经验教训。随后在公司内部组织学习，进一步强化员工的危机意识。

5 效益

效益部分涉及公司较多的商业数据，本书不再一一展示。

第四章　东莞市东莞中学

1　领导

1.1　文化理念

a. 恪守学校办学理念，强化历史传承

东莞市东莞中学（以下简称东莞中学或学校）创建于1902年（清光绪二十八年），是一所具有百余年办学历史的学校，最初名为东莞学堂，后多次易名，1950年改名为东莞中学。一百多年来，学校为国家、为社会培养了大批优秀人才。在成就百千学子读书深造理想的同时，学校也铸造了一种精神，孕育了一种情怀，这些精神与情怀成为莞中人一生的宝贵财富。

东莞中学的办学理念是"自主，和谐，共同发展"。一直以来，东莞中学始终恪守该教学理念，在办学中充分尊重师生的生命主体意识，注重唤醒学生内在的探究和发展需要。在老师的指导下，学生学会自主构建知识体系，形成健康向上的个性与人格。学校和谐办教育，办和谐教育，通过有效地整合学校教育中的各种资源、各种力量，合理推进教育进程，使学校教育在良性的状态下运行。同时，学校在引导师生自主和谐发展的基础上，激励师生将自己的发展与学校的发展结合起来，让师生共度充实的生命历程。东莞中学办学思想如图1.1-1所示。

历经几代人坚持不懈的努力，东莞中学已经成为一所具有深厚历史文化积淀的百年老校，传承并积淀了优秀的文化传统，形成了良好的学风校风，已然成为东莞最令人瞩目的教育品牌。近年来，东莞中学先后被评为"普通高中新课程新教材实施首批省级示范校""广东省深化新时代教育评价改革试点校""基础教育国家级优秀教学成果推广应用基地""广东省基

图 1.1-1　东莞中学办学思想

础教育校本教研基地",以及"东莞市'品质课堂'实验学校""东莞市信息化实验学校""东莞市首批创建'双特色'普通高中特色学校、示范建设基地"。

b. 加强校风、教风、学风建设，重视校园文化建设，增进师生互相关爱，增强学校凝聚力，并对文化建设的成效进行评估

1. 加强校风、教风、学风建设，重视校园文化建设

学校加强校风、教风、学风建设，彰显校园精神文化特征，依托形式多样的校园文化活动和劳动技能类活动等载体，在各种场合积极开展"共创文明"的主题实践活动。通过加强社会主义核心价值观教育实践，积极推动社会主义核心价值观进教材、进课堂、进头脑。学校注重德育体系建设，在教学和校园文化建设活动中，有效渗透文明行为养成教育，以利于学生的全面发展。

2. 形成"教育生态平衡"的办学特色，注重增进师生相互关爱，增强学校凝聚力

学校逐步形成了"教育生态平衡"的办学特色，用生态平衡的观点理解、认识教育。

在管理方面，学校坚持以人为本，以人的发展为中心，构建快速有序、民主、高效的管理机制。东莞中学学生代表大会合影如图 1.1-2 所示。

在德育方面，学校把公民意识、爱的意识、文明习惯、健康心理作为德育的主要内容，注重营造和利用德育环境，重在情感打动、科学引导和自我教育，让学生在具体真实的道德环境中获得滋养。

图 1.1-2　东莞中学学生代表大会合影

在教学方面，学校强调师生教与学的自主、互动、多元，使学生由知识的被动接受者向主动参与、发现、探究的学习者转变。

在学校文化建设方面，学校发挥历史积淀深厚的优势，利用丰富的校友资源，举办形式多样的文化活动对学生进行熏染陶冶，丰富学生的人格，逐步形成东莞中学的核心价值体系。

3. 对文化建设的成效进行评估

学校邀请广东第二师范学院的闫德明、王蕙、苏鸿、刘永林等四位教授组成专家团队，用一年多的时间，对学校德育、文化建设工作，以访谈、调查问卷、听课等形式进行了专题调研。

c. 建立密切的家校协同育人机制，坚持立德树人与全员全过程全方位育人并举

1. 建立密切的家校协同育人机制

学校历任领导对家庭教育都有着充分而明晰的认识，非常重视家长的教育工作，始终致力于提高家长的素质，构建"社会、家庭、学校"三位一体的协同育人机制。学校成立家长学校领导小组，制定东莞中学家长学校章程，并把这一工作纳入学校工作的整体计划，纳入学校工作的议事日程。学校建立健全了家长学校管理机构"家长学校办公室"，由校务办公室负责家长学校的工作。

2. 坚持立德树人与全员全过程全方位育人并举

学校以立德树人为核心，创办具有校本特色的生涯活动，构建"品德、心理、学业、生涯、生活"五位一体的学生全面发展的指导模式。不断完善年级分层德育体系：对高一年级开展以"适应"为支点的"习惯教育、养成教育"，对高二年级开展以"人格"为支点的"责任教育、成人教育"，对高三年级开展以"理想"为支点的"理想教育、成才教育"。

1.2 办学方向

a. 强调爱党、爱国、爱人民、爱集体的社会主义道德情感教育，树立正确的价值取向，展现积极的精神风貌

学校定期开展一系列以"爱国敬业""诚信友善""富强民主""公正法治""文明礼仪""自由平等"为主题的社会主义核心价值观班会，强调社会主义道德情感教育，让东莞中学的学生树立正确的价值取向，展现积极的精神风貌。

b. 通过举办"校园之星"活动塑造学生的世界观、人生观和价值观，培养学生的价值认知

为强化学生良好习惯的养成教育，充分发挥正确价值导向在学生成长中的作用，在校园中形成学习优秀典型和榜样的良好氛围，鼓励和带动更多的学生共同进步，学校每年举办多次"校园之星"活动。通过活动鼓励学生在争当先进的过程中培养自己的自信心和荣誉感，并在学生中树立起一批各类型的优秀学生楷模，让他们在学习、生活、行为规范中起到表率作用，成为全校学生学习和借鉴的榜样。

c. 将意识形态工作融入教育教学全过程，加强思想政治引领

学校将党建工作与教育教学工作有机结合起来，在各项教育教学活动中抓好意识形态工作，加强思想政治引领。学校加强党史学习教育、国家安全专题教育、爱国主义教育和社会主义核心价值观教育，不断培养学生的家国情怀和担当精神。学校举办了"学习党史校史思政课""百年党史·红色莞中"等一系列课程与活动。

1.3 学校管理

a. 建立科学现代的学校制度，并不断健全和落实各项管理制度

学校制定了《东莞市东莞中学章程》《东莞中学教职工手册》《东莞中学聘用职工年度考核办法》《东莞中学在编教职工绩效工资分配方案》《东莞中学领导班子议事规则》等规章制度。每年都对各项规章制度进行修订和完善，并保障各项规章制度的有效落实。

b. 积极发挥社区或家长委员会等在学校管理中的作用

为更好地发挥家长在教育学生方面的作用，加强学校与家庭的联系与合作，促进学校办学质量的提高，使学校教育适应社会发展的需要，学校成立了东莞中学家长委员会。家长委员会的宗旨是：团结全校学生家长，密切学校与家庭的联系，充分发挥家长对学校教育、教学工作的参谋、监督作用；宣传国家有关教育的政策法规，加强学校的管理；把学校教育与家庭教育有机结合起来，提升家长教育子女的水平，促进学校教育改革，提高教育质量。

c. 制定符合学校实际的发展规划，优化校园空间环境，建设健康校园、平安校园、书香校园、温馨校园、文明校园，营造和谐的育人环境

1. 认真贯彻当前发展规划，同时科学制定符合学校实际的发展规划

学校动员、组织各方面力量，立足当前，着眼长远，在全面总结《东莞中学教育教学"十三五"发展规划》经验的基础上，全面分析当前学校教育改革发展面临的机遇和挑战，全面听取教职员工对学校工作的意见和建议，全面把握教育发展的新理念和主要趋势，聚焦现代教育改革发展的理念、规律、趋势和路径，邀请外部专家组成专家编制组，编制了《东莞中学教育教学"十四五"规划》和《学校发展规划个案研究——以东莞中学为例》，有效地促进了学校各项工作的开展，提升了学校的教育教学质量。

2. 积极开展书香校园、文明校园等活动，营造和谐的育人环境

学校在全校范围内开展"书香校园""文明校园""读书节""文学在东莞

系列讲座"等活动。"书香校园"活动围绕学校教育教学这一中心主业，以培养学者型教师、创建学习型校园为建设目标，不断增强学校的人文底蕴，让读书成为师生共同的需要，也让读书成为一种习惯，营造"人人爱阅读、处处飘书香"的浓厚校园氛围。东莞中学是首批广东省"书香校园"及"书香岭南"全民阅读活动示范单位，其"书香校园"品牌逐渐享誉省内外。

1.4 社会责任

a. 推广先进的教育理念、方法和制度，树立德智体美劳全面发展和德技并修的育人理念

1. 始终坚持先进的教育理念、方法和制度

学校坚持"自主，和谐，共同发展"的办学理念。积极创造自我教育氛围，让学生充分展示生命的主体性。营造能够包容个性的生活空间，让每一个学生都能获得最适合自身的发展，让师生在互动的教育过程中都获得发展，让学校与其成员在相互依赖、相互影响、相互促进的关系中实现联动发展。

2. 树立德智体美劳全面发展和德技并修的育人理念

学校围绕中国学生发展核心素养、关键能力和东莞中学的办学理念、办学宗旨，强调德技并修的育人理念。学校结合课程改革和高考综合改革的新要求，以广义课程观为指导，以当下学校课程体系为基础，重新梳理，适当整合，开拓创新，打造品牌，构建适合学生全面发展和个性化发展的新课程体系。

b. 引导学生积极参加社会公益活动

学校通过开展常态化义卖、环保月、植树等活动，引导学生积极参与社会公益。

学校团委与东莞市麦田公益服务中心联合举办了麦田义卖活动。经过十几年的努力与传承，麦田义卖活动业已成为莞中学子最热衷参与的校园公益活动之一，并帮助更多贫困山区的孩子圆他们的求学梦。

学校环保月实行班级积分奖励制度。各班参加由绿盟举办的各项活动，并按规则赢得相应的积分。每周绿盟将在宣传栏处粘贴各班积分情况，待环保月结束后，统计各班总积分，粘贴于宣传栏处进行奖励。

自2002年起，学校每年组织师生在植树节前后到塘厦镇大屏障森林公园

开展植树活动。植树活动增强了师生的环保意识，促进了人与自然的和谐相处。近二十年来，一批批莞中学子在这里植树护林，一棵棵树苗在这里茁壮成长。

学校还组织学生参加"梦立方"六一儿童节嘉年华志愿者活动（见图1.4-1），通过与特殊儿童近距离互动、耐心鼓励他们，为其送去关爱和温暖，助力他们更快乐、更幸福地成长。这种志愿者活动在让特殊儿童感受到社会的关心和爱的同时，也让学生更珍惜拥有的一切。

图 1.4-1　东莞中学组织学生参加"梦立方"六一儿童节嘉年华志愿者活动

2　质量

2.1　管理体系

a. 学校管理体系的建设和融合情况

学校建立了科学的管理体系，制定了层级管理、垂直指挥原则，明确了层级指挥管理的形式（下达任务、工作会议、公文）；同时，合理设置了教职工工作岗位。在《东莞中学教职工手册》中对组织系统、部门职能、岗位情况做出了详尽的说明和解释。东莞中学管理层级和机构示意图如图 2.1-1 所示。

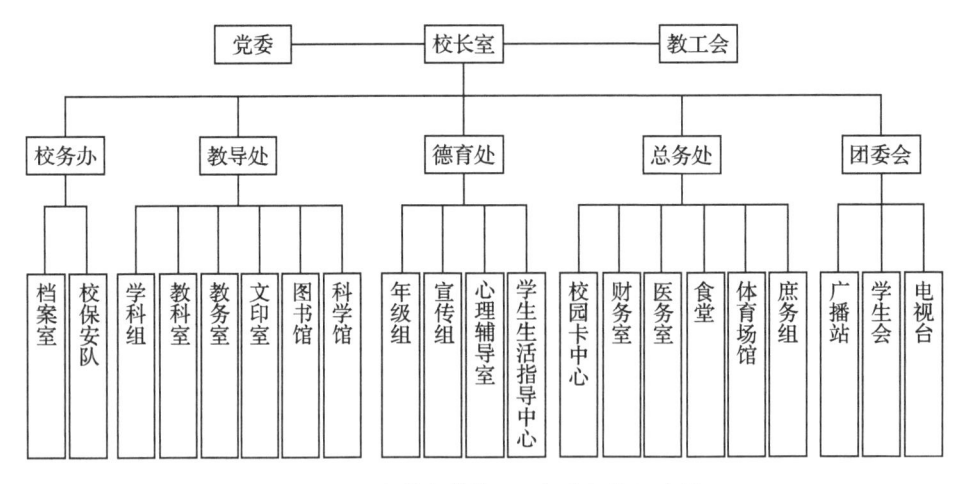

图 2.1-1 东莞中学管理层级和机构示意图

学校制定了七大管理制度，包括行政管理制度、教学管理制度、德育管理制度、后勤管理制度、安全保卫制度、教工会工作制度、团委会工作制度，保障了学校各项工作的全面落实。学校制定了完备的横向联系工作程序，部门之间和部门内部的日常工作行为用相对固定的标准和步骤来规范，具体包括办公室工作程序、教导处工作程序、德育处工作程序、总务处工作程序、团委会工作程序、教工会工作程序共六大工作程序，涵盖 71 项子程序。

学校为加强中层干部队伍建设，制定《东莞中学中层干部聘任管理办法》，用以公开选拔和优化管理学校中层干部；制定《东莞中学中层干部考核方案》，用以全面、客观、公正、准确地评价学校中层干部的政治、业务素质及职责履行情况。

b. 运用新一代信息技术对教育教学全过程进行有效管理，以提升运营效率

学校充分利用新一代信息技术对教育教学全过程进行科学有效的管理。校内建有远程办公会议室和办公指挥中心，并形成远程办公机制。学校内有华为视频会议系统、市教育系统专用视频会议系统，凭借这些系统，能够对教育教学全过程进行有效管理。此外，集团内各校均使用钉钉作为 OA 办公系统，学校之间也可通过钉钉视频系统便捷地开展管理、交流和教科研活动。

c. 定期对管理体系的建设、运行和融合进行检测和评审，并不断提高其有效性和效率

学校定期对管理体系进行评估和检测，根据新的形势调整和优化学校机构设置，重新划分机构职能，理顺"条条"与"块块"之间的关系，明确权责，使各部门相互配合，不断优化学校的管理体系，切实提高学校的管理效率。同时，广泛听取社会和学校各方面的意见，不断健全学校内部各项管理制度。

2.2 教学质量

a. 进行课程设计和开发，建立健全德育课、文化课、美育课的课程体系

东莞中学的办学宗旨是"对学生的终身发展负责"，既要着眼于学生当下的健康成长和学业成就，又要为学生未来的可持续发展奠定思想基础、能力基础、情感基础和生活基础。学校围绕中国学生发展核心素养和东莞中学办学宗旨，结合未来课程改革和高考综合改革的新要求，以现有学校课程体系为基础，构建了适合学生全面发展和个性化发展的"经纬型"课程体系（见图2.2-1）。

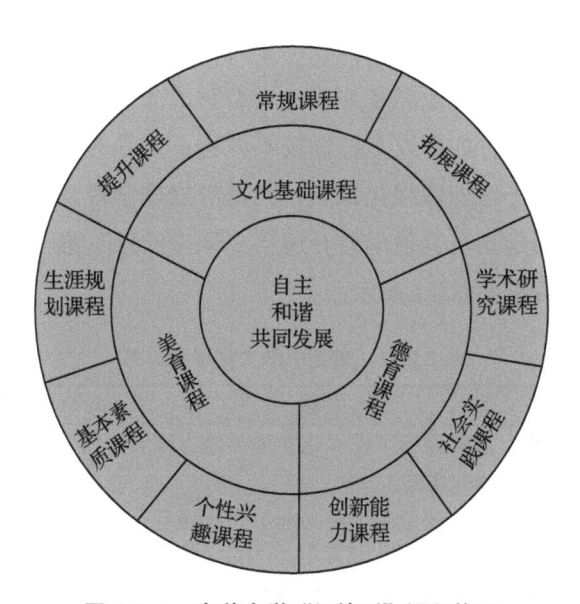

图 2.2-1　东莞中学"经纬型"课程体系

1. 坚持为党育人，构建德育课程体系

学校认真贯彻落实《新时代爱国主义教育实施纲要》《公民道德建设实施纲要》《中共中央 国务院关于进一步加强和改进未成年人思想道德建设的若干意见》的精神，以"爱国、守法、诚信、知礼"现代公民教育活动为重点，引导学生树立正确的道德观、荣辱观。

重视完善和落实年级分层德育体系。学校在大力开展文明礼仪教育，培养学生良好公民意识的前提下，根据各年级学生的身心发展特点、生活阅历、品德形成发展规律和学生成长需要，进一步完善年级分层德育体系：对高一年级开展以"适应"为支点的"习惯教育、养成教育"，对高二年级开展以"人格"为支点的"责任教育、成人教育"，对高三年级开展以"理想"为支点的"理想教育、成才教育"。

培育德育活动品牌，形成莞中的德育特色。学校不断完善"高三成人宣誓活动""高三毕业典礼""国庆朗诵演讲比赛""校园书展""莞中学子讲堂""学习雷锋团日活动""爱国主义教育""校长思政课"等德育活动，充分发挥德育活动的育人功能。

2. 分析学生发展需求，设计文化课程体系

学校通过调查学生发展需求，分析学校、社区、校友等可利用的资源，组建课程领导小组、课程管理小组和课程指导小组，设计文化课程体系建设方案。通过专家指导、行政讨论和教师参与，不断修正和完善建设方案。学校文化课程体系建设的一般路径如下：一是对语文等学科，在国家课程校本化实施方面进行尝试，如开发专题性校本课程；二是对数学等学科，设立奥赛培训课程化、尖子培训课程化试点；三是对物理学科开展分层教学，借此开发校本课程；四是动员其他学科开展第二课堂活动，参与课程建设。东莞中学文化课程体系如表 2.2-1 所示。

表 2.2-1 东莞中学文化课程体系

课程门类		涵盖内容	学生参与	教师参与
文化课程	常规课程	国家课程（校本化实施）地方课程（校本化实施）	全体参与	全体参与
	拓展课程	第二课堂（学科兴趣）先修课程（大学预科）	自主参与	激励参与
	提升课程	奥赛课程（学科奥赛）荣誉课程（尖子培养）	选拔参与	选拔参与

3. 注重建设校园文化，开发美育课程体系

学校注重校园文化建设，不断提升学校文化品位。通过大力传播积极向上、丰富多彩的校园文化，整合艺术节、体育节、科技节的成功经验，充分发挥学校社团文化的积极作用，促进学生良好素质的养成。积极开展美育活动，让学生掌握正确理解和欣赏美的知识与能力，构建起系统的审美认知体系，激发并培养学生创造美的兴趣与才能，引导学生学会依据美的法则去构建生活，进而促使学生养成美化环境与生活的能力和习惯。东莞中学美育课程体系（部分）如表 2.2-2 所示。

表 2.2-2　东莞中学美育课程体系（部分）

课程门类		涵盖内容	学生参与	教师参与
美育课程	基本素质课程	影视鉴赏 礼仪教育 音乐鉴赏	全体参与	全体参与
	个性兴趣课程	艺术拓展 社团活动 学子讲堂	自主参与	激励参与

b. 从教学各个环节全面确保教学质量

1. 构建品质课堂，提升教学质量

2021 年 8 月，学校被评为"东莞市'品质课堂'实验学校"，语文、数学、英语、物理、化学、生物、音乐、美术、通用技术、信息技术、心理健康教育等 11 个学科组被评为"东莞市'品质课堂'实验教研组"。为全面提升东莞中学的办学水平和育人质量，学校整合各种资源和力量，合理规划办学定位和特色发展方向，转变育人方式，建立健全高效运行机制，激活学校内生动力，形成多样化、特色化、品质化的发展格局，着力提升课堂教学质量。

2. 开展"双特色"发展行动，优化教育教学质量

学校按照"培育特色项目、凝练学校特色、创建特色学校"三步走的推进模式，充分利用办学发展新机遇、新态势，将所有学科纳入"双特色"优质发展行动计划，加大教育科研力度和软硬件建设投入，促进学校优质特色资源进一步扩大，德智体美劳全面培养体系进一步完善，立德树人落实机制进一步健全，分类办学体系进一步形成，在人文、数理、科技、艺术、体育

等领域的办学模式更加鲜明,适应学生全面且个性化发展需求的教育教学改革更加深入,教师队伍专业水平更加优异,新课程、新教材等教育教学资源开发与应用更加高效,教育教学质量在全省排名更加靠前。

3. 深化教育质量改革,完善课程体系

学校加强了课堂变革的组织领导,在课程实施、教研支持、师资培训、经费投入、设施设备配置等方面加大保障力度,以课程建设促进学校特色发展,进一步推进学校内涵式发展,主动适应未来教育发展趋势。学校按照"特色项目课程、特色课程群、特色课程体系"的推进思路,根据学校的标志性历史建筑绿瓦楼的独特造型,构建了"四梁八柱"课程体系(见图2.2-2)。即以"自我素养、自然素养、人文素养、科学素养"为"四梁",以"身心健康、认知技能、研究创造、自然生态、语言文化、艺术审美、文化活动、数理探究"八个模块为"八柱",扎实推进"品质课堂"建设,培育具有优良的科学素养和深厚的人文精神的学生。

图 2.2-2 东莞中学"四梁八柱"课程体系

c. 在科学严谨的基础上,加强实践能力培养,形成深入浅出、图文并茂、形式多样的活页式、工作手册式、融媒体式教材,提升学生的阅读能力、动手实践能力等素养

1. 凝练经验和案例,改革教学课堂模式

学校积极组织各学科教学组,对新课程、新教材、新高考实施过程中的有效经验与典型案例进行凝练。结合示范校项目的建设,在深入研究启发

式、互动式、探究式教学，积极探索基于真实情境的教学、以任务解决为重点的实践性教学和跨学科融合教学等教学方式的基础上，针对不同学科、不同教学内容，建设了一批创新教学方式的精品课程，构建了多种教学方式相互交融、互为补充、各扬其长的课堂教学生态。在新课程、新教材实施背景下，学校开展大概念教学的莞中模式实践，并形成经验，形成案例，形成体系。

2. 开展"书香校园"活动，提升学生阅读素养

为深化学校文化建设，促进全校师生文化素养的提升，学校以"手不释卷，书香盈园"读书节为抓手，创新开展形式多样的读书类活动，倡导师生珍惜大好时光，多读书、读好书，增强学校的人文底蕴，让读书成为师生共同的需要，营造"人人爱阅读、处处飘书香"的浓厚校园氛围。

3. 组织科技比赛，提升动手实践能力

学校利用寒暑假和平时的节假日，借助社区资源，组织开展参观考察、社区服务、生产劳动等社会实践活动。此外，积极开展社会实践课程，包括社会调查、研学旅行、社会服务、职业体验、模拟活动等，提升学生的动手实践能力。

学校积极探索开展科技教育活动，培养学生的实践能力和创新精神，并在各类实践比赛中取得了出色的成绩。在 RoboMaster 2021 机甲大师青少年对抗赛全国赛中，东莞中学斩获全国一等奖；在 2019 年东莞市青少年科技创新大赛中，东莞中学获得一等奖；东莞中学无线电测向队在省级比赛中获 5 金、4 银、4 铜的好成绩。

2.3 质量安全

a. 营造质量安全氛围，增强师生的质量安全意识

1. 开展安全检查，营造安全氛围

学校在每个学期开学初及放假离校前，都会组织各部门教职工开展一次学校安全隐患大排查。坚持突出重点，认真进行排查及整改，预防安全事故发生，确保校园平安。学校组织部门负责人分组进行交叉检查，对列为检查范围的场所进行全面细致的检查，及时发现存在的问题和隐患（见表 2.3-1）。

表 2.3-1　东莞中学各部门的安全检查

组别	检查区域	责任部门	检查要点
第一组	岗亭及监控室	校务办	监控、防爆设备等
	科学楼	教导处	水电线路、消防设备、疏散通道、药品管理、防盗等
	图书馆	教导处	水电线路、消防设备、疏散通道等
第二组	体育馆	总务处	消防设备、体育器材（球门、篮球架、健身器材等）
	学生宿舍	德育处	水电线路、消防设备、疏散通道、设施（电梯、床架、瓷砖等）
	食堂	总务处	水电线路、消防设备、疏散通道、食材管理等
第三组	商住楼	校务办 总务处	水电线路、煤气使用、消防设备、疏散通道等

2. 开展疫情防控演练，增强安全意识

学校在每个学期开学前开展疫情应急演练，并针对应急演练进行总结与分析，进一步优化流程，不断提高应急指挥和协调能力，确保校园疫情防控工作有序进行，增强校园安全意识。

3. 组织学生参加军事训练，提升国防安全意识

学校每年都会组织高一年级学生参加军事训练，为学生们接下来的高中学习与生活打下坚实的基础。在军训期间，学校精心安排了军事动作训练以及国防安全知识讲座。军训过程中，学生们不仅磨炼了坚韧不拔、吃苦耐劳的意志品质，培养了艰苦奋斗的优良作风，还增强了战胜困难的信心与勇气。同时，学生们的组织性和纪律性得到显著提升，树立起了牢固的国防安全意识。

b. 履行质量安全责任，落实质量安全制度，加强质量安全教育培训

1. 制定安全工作制度，压实质量安全责任

学校认真落实上级关于安全工作的指示，牢固树立"安全第一""责任重于泰山"的思想，充分认识学校安全工作的重要性和必要性。以对全校师生生命财产安全高度负责的态度，认真落实各部门的安全工作，签订安全工作责任书，采取有效措施，确保学校安全。

学校制定了相应的安全管理制度，例如《东莞中学安全工作定期检查整治制度》《东莞中学防火安全责任制》《东莞中学门卫值班制度》《东莞中学学生宿舍防火安全工作要求》等，确保学校安全运行。

2. 开展质量安全培训，普及安全知识与技能

在节假日放假离校前，学校组织开展面向全体师生的安全宣传教育活动，重点普及防范学生溺水、交通安全、自然灾害应对、预防诈骗、应急避险以及食品安全等方面的安全知识。在及时转发上级部门相关安全文件至全体教职工的同时，通过学校官网、微信公众号发布相关的安全知识普及文章，要求全体教职工加强学习。此外，定期在全校范围内召开校园安全专题讲座，普及安全知识与技能。

3. 开展消防安全演练，增强安全防范意识

学校以贴近实战、注重实效为原则，按照《中小学幼儿园应急疏散演练指南》的要求，组织全体教职工参与每月一次的安全应急演练，并做好疏散工作安排，增强师生的安全意识，提高防范自救能力。学校举行了新教学楼消防疏散演习，明确了各部门和人员的职责分工，切实提升演练的实战性、针对性和可操作性，增强师生的安全防范意识。

c. 建立心理疏导机制，加强学生心理疏导，培养学生的健康心理和健康新观念

1. 成立心理工作机构，完善心理健康机制

学校成立了心理健康教育工作指导机构，建立了以专职心理教师为核心，以班主任为骨干，全体教职员工共同参与的心理健康教育工作机制。明确心理健康教育工作的责任部门，安排四位专职心理教师具体负责心理健康教育的组织与实施工作。学校定期组织教师开展心理健康教育学习交流和教研活动，不断提升教师的专业素养。学校心理辅导室配备完善，设有个体咨询室、大团体辅导室、小团体辅导室、宣泄室、生物反馈训练室，各功能室的设备设施一应俱全。同时，学校还配备了丰富的心理健康教育类报刊和图书。

2. 制定"三预"工作机制，培养学生的健康心理

学校制定了学生心理危机"三预"工作机制（学生心理危机预防、预警、干预）。预防——采用发展性教育内容模式，致力于培养学生良好的心理素

质，有效预防和减少学生心理问题及不良行为的产生。预警——借助心理测量、心理健康状况分析以及心理危机评估等方式，对学生的心理危机实施预警。干预——运用心理咨询辅导、心理危机干预等手段，积极应对、妥善排除并有效干预学生的心理危机和极端行为，在必要时实施医疗转介。

3. 加强学生心理疏导，培养学生的健康新观念

学校的个体心理辅导室面向全体学生开放。初中阶段，来访学生的主要问题集中在两方面：一是课程增多导致学习压力增大，不少学生难以适应学习；二是青春期带来的矛盾和情绪问题。高一来访学生的问题主要聚焦于适应层面，涵盖对新的学习环境、人际交往的不适应，以及自我定位不准确。高二学生的困扰则体现在注意力不集中、同学间矛盾、亲子冲突、学习动力不足、学业压力较大等方面。高三学生较多出现考试焦虑，还有考试失利后自信不足、对未来感到迷茫的情况。心理老师对所有来访学生给予无条件的接纳与关怀，让学生对心理咨询充满信任。同时，协助德育处对个别存在心理危机的学生进行干预，及时化解学生的心理问题。

2.4 师资素养

a. 加强师资队伍建设，提升学校教学能力和水平

1. 加强师资队伍建设，提升教育教学质量

学校通过各种校本教研活动，引导教师学习教育教学理论，让教师在活动中培养自己的特长，发现自己的不足，研究改进的方法，真正达到有收获、有进步、有反思，从而促进教师专业水平的提高，实现教研训一体化。首先，通过科组的主题研讨，提高教师的教学研究能力；其次，通过备课组的集体备课，提高教师的教学设计能力；再次，通过公开课、比赛课等磨课活动，促进教师专业发展；最后，通过反思的形式，提高教师理论联系实际的能力。

2. 开展教学研讨活动，加强与外校的合作

学校组织开展了一系列形式多样的教学研讨活动，如校内外多元互动教学研讨、市内兄弟学校联合教研、省际兄弟学校联合教研等。鼓励教师基于核心素养、聚焦概念理解、立足情境创设，优化项目学习、加强问题设计和创新思维训练，力求在课堂中凸显学生的主体地位，有效融合技术手段，重视评价的导向作用。

b. 健全师德师风建设长效机制，加强教师培养培训，提升课程开发能力，改善教学方法，以提高学校的核心竞争力

1. 建设长效机制，深化师德师风建设

学校注重教师队伍建设，致力于提高青年教师的教学水平，培育优良的师德师风。学校以每两年举办一届的"东莞中学教坛新秀评比活动"为着力点，充分调动广大青年教师教书育人的积极性，鼓励青年教师脱颖而出，努力造就一大批素质高、能力强、理论精、业务专的教育教学骨干，形成青年教师专业成长与发展激励机制。通过大会表彰和公众号宣传的形式表彰新秀教师，一方面提高青年教师的责任感和使命感，另一方面在全校营造践行师德规范、弘扬高尚师风的良好氛围。

2. 加强教师岗位培训，提升学科教学能力

学校通过骨干教师引领和教育书籍阅读，转变教师的教育思想、教育观念，加快学科知识的更新与拓展。通过实施"青蓝工程"，让青年教师在"师傅"的悉心指导下，积极投身课堂教学实践，严格规范教育教学行为，提升学科教学能力与课堂驾驭能力，有效弥补其职前培养中实践性不足的短板。东莞中学 2020 年见习教师培训计划如表 2.4-1 所示。

表 2.4-1　东莞中学 2020 年见习教师培训计划

序号	时间	主要内容	地点	主讲人	主持人
1	2020 年 6 月 29 日 上午 9:30—10:00	开班仪式（部分行政人员参加，4 位新教师自我介绍）	办公楼一楼接待室	黄灿明	杨端
2	2020 年 6 月 29 日	东莞中学的历史传统、办学思想、办学特色	办公楼一楼接待室	黄灿明	李敏
	2020 年 6 月 29 日 下午 3:00—4:00	《东莞中学教职工手册》（选讲）	办公楼一楼接待室	张晓阳	
3	2020 年 6 月 30 日 上午 8:30—10:00	东莞中学德育工作、师德规范及学校文化	办公楼一楼接待室	詹海潮	刘瑞红
		东莞中学班级管理要求	办公楼一楼接待室	张书福	
4	2020 年 6 月 30 日 上午 10:15—11:45	东莞中学常规教学要求	办公楼一楼接待室	刁宏垠	杨端
		东莞中学教育教学管理	办公楼一楼接待室	秦景昌	

续表

序号	时间	主要内容	地点	主讲人	主持人
5	2020年6月30日下午2:30-3:00	青年教师发展	办公楼一楼接待室	刘洁仪	李存祥
6	2020年6月30日下午3:05	语文科组活动、备课组备课	办公楼一楼接待室		洪勇 黄航升
7	2020年7月1日下午3:05	英语科组活动、备课组备课	办公楼七楼会议一室		苏立光 吴淑玲
8	2020年7月2日下午3:05	数学科组活动、备课组备课	办公楼一楼会议室		赵银仓 庞兴
9	2020年7月3日下午3:55	各年级班主任会议	各年级办公室		李健新 杨亚荣
10	2020年6月29日—2020年7月11日	参加科组、年级组、备课组活动			刘加胜 乔磊

2.5 质量改进

a. 建立并实施以学生为中心的课程质量持续改进机制

1. 参加学科教学比赛，改进课程教学质量

学校积极组织所有学科教研组参加市教研室组织的学术研修活动，促进学校间学术交流和教学研究，推动课程教学质量提高，促进教师专业发展。各学科教研组积极组织老师参加"品质课堂"大赛，涵盖魅力组、活力组、实力组等不同组别，并取得优异的比赛成绩。在广东省青年教师教学能力比赛东莞学科选拔赛中，各学科组围绕比赛要求集体备课、磨课、评课、赛课，不断改进课程质量。

学校结合新课程、新教材、新高考在高三高考备考过程中的实践情况，主动邀请市教研室语文、数学、化学、生物、政治、历史、地理等学科教研员来校诊断视导，通过听课、评课、深度交流等形式，帮助学校把握好备考方向，提升备考质量。

2. 从课改入手变革课堂，推进各学科教学质量提升

学校各学科教研组着力加强科组活动、备课组集体备课的质量管理，积极推动优质教学常态化，严格落实优质教学、高效课堂的各项要求。通过开

展校际同课异构、校内公开课、市名师教研活动、市学科带头人示范课、科组研讨课、青年教师汇报课等多元教学活动，鼓励教师展现各自的人格魅力，运用不同的教学方法，打造各具特色的高质量课堂。科组、备课组、年级组积极组织集体备课、听课、评课活动，相互学习，积极推进课堂质量改进机制的实践与研究。校内公开课结束之后，教师们积极撰写教学反思和感想，并将其发表在《莞中教研》上。通过教学反思，达到提高教育教学效果、促进学生进步和提升教师专业化素质的目的。

3. 以学生为中心，完善课程质量改进机制

学校完善学生评教活动，适时组织开展"我与校长面对面"交流活动，就学校管理、教育教学、后勤服务等方面加强沟通，凝心聚力。加强各个学科的教法、学法研究，培训各个年级的班长、学习委员和科代表，引导学生及时与科任教师开展深度交流，提高课堂教学的效率、效益、效果。

b. 开展教学质量改进活动

1. 立足教研团体，提高教学质量

学校通过各种校本教研活动，引导教师学习教育教学理论，让教师在活动中培养自己的特长，发现自己的不足，研究改进的方法，真正达到有收获、有进步、有反思，从而促进教师专业水平的提高。强化科研促教，提高课题研究质量，完善教科研激励机制，以课题研究为抓手，促进教学、教研、科研一体化，探索创新校本教研模式；完善优质成果培育机制，发挥成果的辐射作用。

2. 组建课程质量提升工作组，探索课程质量提升路径

学校组建了由课程领导小组、课程管理小组、课程指导小组主要成员以及课程绩效考核小组组成的课程质量提升工作组。制定了课程建设方案，通过专家指导、行政讨论和教师参与，不断对其进行修正和完善。积极提升科组活动、备课组集体备课质量，落实好教师的备课、上课、听课（含推门课）、评课、学法指导、作业布置及批改、早读、第9节自修辅导、晚修辅导等工作。

学校积极探索提升课程质量的有效路径。根据课程申报项目，编制《东莞中学校本课程指南》，组织学生学习并了解该指南，同时密切跟踪课程实施过程，定期或不定期开展课程评价工作。教师根据课程实施情况和评价反馈

不断完善课程，最终形成课程成果。课程绩效考核小组严格按照标准，对课程进行绩效考核与验收。

3. 举办课程开放日活动，通过跨学校合作提高教学质量

学校推动与兄弟学校等开展同课异构、接力课等教研活动，深化课堂教学研究，提升科组活动、备课组集体备课等校本教研的质量。举办校本课程开放日展示活动，展示学校课程建设成果。积极开展课程辅导活动，拓宽人才培养路径，推进国家课程校本化和校本课程建设（包括校本课程的顶层设计与教材开发、选课系统软件开发等）。

3 创新

3.1 创新平台

a. 将创新理念融入教育教学之中，并建立、实施和保持创新管理体系，以提高学校竞争优势

学校将创新理念融入教育教学之中，并建立、实施和保持"双管齐下"的创新管理体系。

第一，贯彻落实"高效、多元、共享智慧"的创新教学理念，以教育教学、课程改革为抓手，全方位创新教学模式，提高第一课堂、第二课堂的教学质量。积极引导教师秉持"敬业、勤业、专业、创业、乐业"的工作态度，各学科教研组从师资队伍建设与教师专业发展、高考备考策略及一模成绩分析、教研成果转化、学科竞赛组织、考试命题研究、学生评教反馈、教学资源建设、校园文化项目打造、教研会兼职参与、科组教师综合荣誉获取、学科特色凝练与内涵式发展、省市影响力提升等多个维度，拓宽科组建设思路。以现有的历史、生物、数学、通用技术、信息技术、英语、语文等一批品牌学科为基础，大力推进信息技术、科技创新、体育（排球）等系列特色课程建设及管理机制改革，取得了良好的教学成果，显著增强了学校的竞争优势。

第二，坚持"德智体美劳全面发展"的教育理念，持续加强德育管理工

作经验交流。每学期定期召开班主任会议，组织班主任工作论坛，积极动员班主任撰写教育论文，并有序组织评奖活动，全力推动德育管理工作共同体建设。在校外实践活动和研学旅行方面，严格规范流程，有序开展班级拓展训练等活动。大力推进"班团一体化"建设，促使社团活动实现课程化，形成德育系列主题班会设计集，打造心理生涯特色课程，切实加强对学生发展的指导。积极开展"校园之星"评选活动，着力营造良好的育人氛围。同时，全力打造学校家庭教育品牌，邀请专家给家长做主题报告，不断探索家庭教育指导的新路径。

b. 建设教育教学创新平台和打造教研创新团队（包括参与重大教研项目），并保持创新平台的有效运行，以提升学校的核心竞争力

学校制定并完善了《东莞中学教育教学"十四五"规划》，明确了学校发展目标、落实措施及相关评价制度，稳步推进创新教育工作。成立了以校长为组长的创新教育工作领导小组，中层干部全员参与，并制定完备的工作机制。校领导班子以课题研究为驱动，直接负责相关项目，保证创新平台的有效运行，以提升学校的核心竞争力。2019—2021年东莞中学校领导申报的部分科研课题如表3.1-1所示。2019—2021年东莞中学校领导发表的部分科研论文如表3.1-2所示。

表 3.1-1　2019—2021 年东莞中学校领导申报的部分科研课题

课题名称	主持人	审批单位
党史校史学教融合创新丰富学校德育的路径研究	黄灿明	东莞市教育局教育科研领导小组
普通高中学生发展指导的实践研究	詹海潮	东莞市教育局教育科研领导小组
高中信息技术教学资源开发与应用研究	唐章辉、詹海潮	东莞市教育局
高中信息技术翻转课堂教学策略的研究	詹海潮	全国教育信息技术研究课题领导小组办公室

表 3.1-2 2019—2021 年东莞中学校领导发表的部分科研论文

获奖者	项目	授予单位
黄灿明	《穿越学生生命历程的教育视线》荣获首届"东海一览"杯泛珠三角区域中小学校长论坛征文奖	首届泛珠三角区域中小学校长论坛组委会、广东省中小学校长培训中心
黄灿明	《以新理念带动百年老校新发展》荣获优秀论文奖	全国教育科学"十五"规划重点课题"引导学生自我发展的实践与理论研究"组
周剑光	《新课程下的德育：构建学生的精神家园》荣获东莞市中小学德育工作论文奖	东莞市教育局思想政治教育科、东莞市学校德育研究会
刘洁仪 李敏 张洙	《中学校园师生环保意识培养的实践研究》在全国基础教育课程改革实验区综合实践活动第十四届研讨会暨基于核心素养的综合实践课程实施研修班上荣获一等奖	教育部华中师范大学基础教育课程研究中心、中国陶行知研究会求真教育实验研究分会
黄灿明 朱忠明	《"慧"托管亮品牌——"公托公"集团化办学有效路径探索》获得东莞市教育学会 2019 年度优秀论文一等奖	东莞市教育学会
黄灿明	《"慧"凝聚，托未来》发表于《东莞教育》2020 年第 1 期（总第 28 期）	东莞市教育局、东莞市教育发展研究与评估中心

学校以创新教育为导向，加强团队建设。学校制定、完善了《骨干教师专项奖励方案》《学科竞赛辅导老师专项奖励方案》等制度，从精神层面、物质层面充分奖励能干、肯干、实干的教职员工，保障创新平台的有效运行。大力促进校教坛新秀、校骨干教师、市教学能手、市学科带头人、市名校长名师名班主任、省学科带头人名师名班主任等不同层次教师群体的成长，推动教师专业发展，壮大名师名班主任队伍。按照"教学能手—骨干教师—学科带头人—市名师—省名师"的成长路径，针对不同阶段的教师，精准施策，创造机会和条件促进其发展。例如，教学能手要能上好课、出好题，骨干教师要能够开展课题研究、对高考有深入的研究等。对于青年教师，鼓励其参加市级或省级甚至国家级的教学比赛以及各类教学研讨会等，通过任务驱动成长，一步步培养专业教师，从而提高科组的影响力。2019—2021 年东莞中学部分教研创新人才如表 3.1-3 所示。

表 3.1-3　2019—2021 年东莞中学部分教研创新人才

姓名	荣誉	授予单位	时间	科组
周剑光	东莞市第四批名师工作室主持人	东莞市教育局	2019 年 1 月	语文
查丹	东莞市第五批学科带头人	东莞市教育局	2019 年 3 月	语文
张洙	2018—2019 学年度东莞市普通中小学教学能手	东莞市教育局	2019 年 6 月	地理
卢众	2019—2020 学年度教学能手	东莞市教育局	2019 年 6 月	数学
陈观胜	东莞中学骨干教师	东莞中学	2019 年 11 月	政治
魏建华	2020—2021 学年度"青蓝工程"师徒结对一等奖	东莞中学	2021 年 12 月	数学

c. 建设教育教学示范基地

学校响应上级号召，大力建设教育教学示范基地。

1. 深化教育科研，完善课程体系

学校加快建立健全新时代教科研体系，发挥教科研对教学的支撑作用。凝练新课程、新教材、新高考实施的有效经验和典型案例，积极组织研讨交流，切实发挥好示范引领作用。落实"广东省普通高中新课程新教材实施省级示范校""东莞市'品质课堂'实验学校"各项工作要求，扎实推进深度教研，提升教育质量和品位。进一步推进"品质课堂"建设，凭借外部力量尤其是高质量科研机构或高校的协助，提升学校的课程领导能力、建设能力、实施能力及校本教研能力，进一步提高课堂教学水平、质量、品位，为学生创造更高端的成长平台，为学生的发展提供更好的支撑和成长路径，促进教育教学水平提升和研学一体化。按照"特色项目课程、特色课程群、特色课程体系"的推进思路，根据学校的标志性历史建筑绿瓦楼的独特造型，构建了"四梁八柱"课程体系。

2. 打造智慧型师资队伍，推进课堂变革

学校着力打造智慧型师资队伍，建立教坛新秀、学科骨干、市级教学能手、市级名师名班主任和学科带头人、省级名师和学科带头人等不同层级的师资队伍，分学科举办专项培训，促进反思与成长，加强合作与研讨，发挥专业引领作用，提高"品质课堂"的教学质量与品位，增强学术魅力，形成教学风格，共建智慧课堂，实现有效教学，全面提升教师素质。以推动办学改革为宗旨，以课程创新为载体，不断通过更新课程理念来转变教育教学观念，凸显办学特色，擦亮学校品牌。扎实推进教育教学改革和课程改革工作，以课程规划与实施为主线，坚持"五育并举"，切实加强思政课建设和师德师风建设，做好科技教育、劳动教育、家庭教育、健康教育、美育教育等工作。

3. 科组互动，推进各学科"品质课堂"常态化实践与研究

学校各学科教研组加强科组活动、备课组集体备课的质量管理，积极推进优质教学常态化，落实优质教学、高效课堂的各项要求。通过开展校际同课异构、校内公开课、市名师教研活动、市学科带头人示范课、科组研讨课、青年教师汇报课等多元教学活动，鼓励教师展现各自的人格魅力，运用不同的教学方法，营造各具特色的"品质课堂"。科组、备课组、年级组积极组织集体备课、听课、评课活动，相互学习，积极推进"品质课堂"常态化实践与研究。积极开展教学反思，特别是公开课的教学反思，对过去的教育教学经验进行回忆、思索、评价，对后续教学做出新的计划，以达到提高教育教学效果、促进学生进步和提升教师专业化素质的目的。

3.2 管理创新

a. 根据学校的文化特色，有组织、有计划地推动管理理念或制度、模式、方法的创新，包括针对具体的质量问题，创新管理工具和方法，以使学校的各项活动更加高效

1. 率先实施"公托公"管理改革

2016年6月，经东莞市人民政府同意，在东莞市教育局的主持下，南城街道办事处委托东莞中学管理东莞市南城中学。学校以敢为人先的创新和实干精神，迈出了东莞市基础教育"公托公"管理改革的第一步，揭开了东莞市集团化办学的序幕。学校组建教育集团，借助百年名校的品牌效应和优质资源，挖掘自身发展潜能，提升自我"造血"能力，快速提升办学质量，推进区域内教育优质均衡发展，全面提升基础教育公共服务水平。

2. 创建"两头共治、中心自主"的紧密型集团化办学新模式

作为"公托公"和集团化办学的先行者，学校创建了"两头共治、中心自主"的紧密型集团化办学新模式。学校从全员考核重聘、集团内部教师常态化流动、中层干部竞聘、校园信任文化营造等方面，打造了一支有信念、

有目标、团结向上的"莞中南校"新团队。

3. 组建集团信息技术课程建设团队，建设特色课程

学校利用东莞中学的优质课程资源，通过集团内课程共建，以"显性课程""潜在课程""悬缺课程"为引导，在南城学校开发了近70门校本课程，覆盖所有学生，促进学生多元智能发展。组建了集团信息技术课程建设团队，每周开展集体备课，共同开发课程、编制计划和实施具体教学。东莞中学派骨干教师全职驻点在南城学校，着力对信息技术科进行重组提升；南城学校派优秀教师全职到东莞中学跟岗任课，在实践中提升课程建设能力和教育教学能力。组建了由信息学奥赛辅导教师组成的教练团队，对南城学校学生进行系统的信息技术培训。经过两年共建，信息技术课程已成为南城学校的特色课程，教学成果显著，影响力不断提高。每年均有优秀毕业生以信息特长生的方式进入东莞中学就读，实现了贯通教育，集团也初步探索出可复制、可借鉴的课程共建模式。

4. 注重多元智能的"3C"德育模式

学校围绕时代和社会对人才的需求，紧扣"对学生的终身发展负责"的办学宗旨，以培育出能适应社会需要、全面发展的人才为目标，注重学生的人格建构，注重多元智能的"3C"德育模式——关怀（Caring）、关心（Concern）、关联（Connectedness），培育全面发展的时代新人。

b. 进行素质教育和特色教育创新

1. 素质教育创新

学校加强理想信念教育、社会主义核心价值观教育、习惯养成教育、中华优秀传统文化教育、法治教育和民族团结教育，开展系列主题教育活动。注重提升学生的修养品位，开展系列高雅艺术进校园活动；结合社区资源，开展古风社"莞邑风采"活动，传承优秀文化传统；结合国家节日，如元宵节、植树节、清明节、国庆节等开展相关主题活动，取得了良好效果；学校坚持开展艺术节、科技节和体育节三大文化品牌项目，并利用丰富的校友资源，坚持举办职业博览会和杰出校友讲座，营造浓厚的育人文化氛围。

2. 特色教育创新

（1）尊重学生差异：承认学生发展存在着差异性和独特性，尽可能发现每一个学生的聪明才智，面向全体，善待学生，特别是善待后进生和特长生。

让每一个学生都能体验成功，让每一个学生都抬起头来走路。关注学生内心的情感体验，让学生相信自己能学习、会学习。教师也要体验成功，师生共同创造体验成功的条件和机会。在实际教学中，老师注重分层教学，尊重差异。

（2）鼓励学生参与：学生的学习，唯有通过自身的操作活动并深度参与其中，才可能真正有效。主体参与的全面性、能动性，民主、平等、和谐的人际关系，以及教学活动设计，均会对学生的参与度产生影响，而参与度又关乎教学的成败。

（3）倡导合作交流：在课堂教学中，可以有小组合作学习、大组合作学习、全班合作学习等形式。教学活动是一种社会交往活动，具有鲜明的社会性。教学活动不仅是师生间、学生间信息传递的互动过程，也是师生间、学生间情感交流的人际互动过程。学生在互相合作和交流的过程中得到发展，而交往不足、不当则是学生发展的主要阻碍。

（4）深化探究体验：由传统的注重学习者对外在知识、技能的掌握，转变为注重学习者在学习过程中对内在思维和情感的自我体验；由传统的教师在学校课堂环境中掌控的被动、单向、固定学习，转变为学生在社会和网络相结合的环境中掌控的主动、发散、交互学习。

3.3 技术创新

a. 培养学生的创新意识、创新思维和终身学习能力，使学生在牢固、系统地掌握学科知识的同时发展自己的创新能力

1. 以科技节、悦读节为原点，搭建全员创新舞台

学校每学期举行科技节或悦读节，充分利用学校、社会等资源，开阔学生视野，给予思维发展的指引。学校举办的"生物手工模型""爬宠展览""对称图案的设计""环保小记者调查""科幻画创作作品展""英语配音大赛""看科幻电影写观影心得"等活动为同学们搭建了体现自身价值的舞台，培养了学生的创新意识，埋下了阅读和创新的种子，为其终身发展奠定了坚实的基础。

2. 以社团为载体，培养学生的创新意识、创新思维和创新能力

学校现有精品学生社团23个，覆盖文体、科技、心理、传统文化等各

个类别。学校将社团活动编入《新生适应性手册》，规范宣传各社团，扩大社团的影响力。社团每周会开展常规活动，每年还会组织具有社团特色的大型活动。如科技社针对高一新生举办"莞中寻宝"活动，通过活动让高一新生尽快熟悉校园环境，了解学校历史文化，融入校园生活；心灵之羽和摄影社组织学校"微笑日"活动，传递微笑的能量；思笃辩论社每年在科技节期间举办面向高一学生的校园辩论赛，拓宽同学们的视野，提高思辨能力；等等。

在团委的指导下，各社团踊跃开展社团公开课，将社团的知识分享给在校师生，拓展了同学们的视野，增长了知识。其中，科技社、心灵之羽、思笃辩论社还开设了校本课程，促进了社团的专业化发展。

b. 建立、实施和保持教育教学科研技术评估体系，并从教学整体出发，运用系统的科学方法，优化资源配置，达到最佳的教学效果

结合学校特色和丰富的校外资源，学校积极推进"新育人模式下学校课程多元化建设的实践研究"课题研究，聘请广东第二师范学院闫德明副教授指导老师申报校本课程。学校规范了校本课程评价制度，将校本课程的评价分为课程评价和绩效考核两部分。课程评价的总原则是"学生为大，发展为本，重在过程，重在选择"。课程评价重点关注的是"自创性、生成性和适切性"，并建立了"学生对课程的满意度调查""课程执教教师自评""课程指导小组综合评价"三位一体的课程评价体系，同时兼顾家长和社会相关人士的评价。其中：课程执教教师自评——由学校制定教师自评量表，教师依据量表对课程内容、课程教学、课程效果进行自评；课程指导小组综合评价——由课程指导小组对课程的实施情况及效果等进行综合评价，并对执教教师提出意见和建议，以便其能够及时调整并逐步完善该门课程。课程绩效考核小组根据课程评价方案、学校绩效考核方案进行课程绩效考核，并将考核结果与绩效奖或奖教金挂钩。

通过实施和保持科学的教育教学科研技术评估体系，学校实现了资源的最优化配置，激发了师生的积极性，达成了最佳的教学效果，学校师生在各项活动中荣获各种奖项。东莞中学教师、学生部分获奖情况分别如表3.3-1、表3.3-2所示。

表 3.3-1　东莞中学教师部分获奖情况

获奖者	获奖项目	授予单位	授予时间
杨端	《以思维导图导引学生解答高考文言文翻译题之五步走策略——以 2018 年高考全国 I 卷文言文为例》在广东省继续教育协会举办的 2019 年"一师一优课"优秀教研成果评选活动中荣获一等奖	广东省继续教育协会	2019 年 5 月
肖文增	《提升高中体育课堂教学科学化程度的研究》在中国梦·全国优秀教育教学论文评选大赛中荣获一等奖	中国人生科学学会教师发展专业委员会、《学校教育研究》编辑部、中国梦·全国优秀教育教学论文评选大赛组委会	2019 年 7 月
李锡海	《史料实证核心素养如何落地——以"攻打冬宫"史料教学为例》在 2019 年度东莞市中学历史教研论文评选中荣获一等奖	东莞市中学历史教学研究会	2019 年 8 月
查丹	优课《把握核心概念高三复习课》在 2018 年东莞市高中语文微课、优课评选活动中荣获一等奖	东莞市中学语文教学研究会	2019 年 3 月
杨亚荣	课件《动量守恒定律在碰撞中的应用》在第四届广东省中小学优秀教研成果评比活动中荣获一等奖	广东省基础教育学会	2019 年 6 月

表 3.3-2　东莞中学学生部分获奖情况

班别	姓名	获奖项目	授予单位	授予时间
高二（6）	朱芸颖	第十七届广东省少年儿童发明奖	广东发明协会、广东教育学会、广东省知识产权研究会、广东省少先队工作学会	2019 年 6 月
高二（1）	陈嘉和	一种自动拆卸模型的 3D 打印机获实用新型专利证书	国家知识产权局	2019 年 3 月

c. 利用互联网、物联网、大数据、云计算、5G 等新一代信息技术对教学过程和资源进行设计、开发、利用、管理和评价，以实现教学过程的优化和创新

1. 实行无纸化办公，提高管理和教学工作效率

学校以网站为信息化应用的总平台，以校级应用平台为主导，在教学、

科研、管理等领域，有计划、分步骤地丰富信息化应用场景，具体实现了校内行政办公（OA系统）、教务教学管理、德育管理、教师档案管理、学生学籍管理、成绩管理、综合评价管理、后勤总务管理等方面的综合应用，达成校内工作业务的综合性、共享性信息化管理目标，打破信息孤岛，实现真正意义上的无纸化办公，提高学校管理与教学的工作效率。

2. 开发"i莞中"数字化校园移动平台，发挥资源库的作用

"i莞中"涵盖学校新闻推送、学校公告、校长信箱、办公事务、教务服务、校内生活服务、各类数据信息查询等较基础的业务。通过整合学校各学科、部门、专题网站，完成原有资源库的结构调整，并逐步开展案例、课例库建设，加强资源库与教师的接口、平台（含移动平台）建设，实现校内资源"点对点传输"，做到人人用资源库，人人参与资源库建设，真正发挥资源库的作用。

3. 信息技术融入日常教学，信息学奥赛特色课程成效显著

面对国家在广大青少年中普及计算机教育、推广计算机应用的发展趋势，结合广大学生的兴趣爱好，学校自2017年启动信息学奥赛"贯通教育"项目。项目实施以来，各等级获奖人数实现连续五年稳步增长，学校也被评为"东莞市信息化教学实验学校"。在此过程中，学校培养出相当一批计算机程序设计水平较高的中学生。他们不仅有扎实的计算机基础知识、计算机软件知识、程序设计知识、组合数学和运筹学知识、人工智能初步知识以及计算机应用知识，还有较强的编程和上机调试的实践能力，为今后发展打下了坚实的基础。

4 品牌

4.1 学校条件

a. 提供并维护教学场所、运动场地、公共绿地、教学实验设施设备、音体美辅助设施、心理辅导室、图书馆、学校食堂、校车等基础设施

学校地处东莞市莞城街道，校园环境舒适、优雅，处处洋溢着浓厚的人文气息。学校总占地面积约为100亩，现有建筑面积74290.60平方米。拥有

现代化的教学楼、实验楼、心理辅导室、图书馆、食堂等，配备大型运动场和专业运动场，如游泳池、足球场、篮球场、网球场、排球场、羽毛球场、体育馆、健身房，以及学生活动中心等。校内拥有百年古樟群、书法碑刻、校友墙、进士故居等多处自然人文景观。校园内植物约有 130 种，分属 70 个科，其中大戟科、夹竹桃科、桑科、天南星科和棕榈科的植物较多，共有 33 种。东莞中学校区鸟瞰图和校园环境图如图 4.1-1 所示。

图 4.1-1　东莞中学校区鸟瞰图和校园环境图

2020 年，东莞中学启动了教学楼重建及配套工程建设，此项目是东莞市教育扩容提质千日攻坚行动项目之一。项目具体包括两个工程：一是一栋教学楼的重建工程，包括地上 7 层、地下 1 层；二是配套工程，包括升级改造教学楼前广场，建设室外连廊及门卫室，新建净宽 9.5 米、长约 7.1 米的临街南区下穿市政道路地下通道。建成后，预计将新增 200 个优质高中学位，全校高中学位增至 2800 个。

作为另一个东莞市教育扩容提质千日攻坚行动项目，东莞中学（初中校区）于 2022 年 9 月启用。该校区位于莞城街道新风路 129 号，由中国工程院院士何镜堂团队操刀设计，占地3万多平方米，拟建设教学楼、多功能厅、艺术楼、食堂、体育馆、学生和教师宿舍等建筑，总建筑面积为6万余平方米，届时将给师生提供一个功能复合、空间开放、体验多元的教学场所。新校园不仅能够新增2400个优质公办初中学位，还将成为东莞中学深厚历史文化的全新传承沃土。东莞中学（初中校区）效果图如图4.1-2所示。

图 4.1-2　东莞中学（初中校区）效果图

b. 加强学校教育信息化建设

学校建立了完善的智能化管理系统，包括电话通信系统、物业管理服务系统、宽带网络系统、多媒体教学系统等，实现了教学与办公的现代化，为师生的工作和学习提供了良好的条件。

1. 建有可常态化开展远程办公和教研等的功能场室，并形成远程办公机制

学校拥有华为视频会议系统、市教育系统专用视频会议系统，使用钉钉作为OA办公系统，学校之间也可通过钉钉视频系统便捷地开展管理、交流和教科研活动。校内拥有高清自动录播系统、4K超清自动录播系统，并建设有直播平台和点播服务器，可以通过教育网、互联网进行远程教学、教师互动教研、学生交流活动。此外，校内建设有学生电视台、学生广播台以及各类学生社团，借助校内外数字化系统，可以进行良好的互动交流和资源共享。

2. 拥有具备优质教育资源的网络云平台，并向各集团各成员学校开放共享

东莞中学的数字化校园建设始于20世纪90年代末，历经三代变迁，如今已拥有万兆校园网与高性能网络系统，实现了高速校园内网的联通，以万兆速率上联市教育网及互联网。校内还设有数字化生物显微镜实验室、创客实验室、机器人实验室。学校自建学科资源库，同时依托新的数字化技术进一步充实学科资源和教育教学资源，并逐步形成优质课堂教学视频资源，可以为集团内学校提供优质教育资源建设模式和方法，以及相关项目的管理经验。

c. 建立劳动教育、综合实践基地，统筹利用博物馆、展览馆、红色教育基地、乡村人文自然资源等开展教育教学活动

1. 坚持五育融通价值取向，将劳动教育纳入人才培养的全过程

学校坚持"以劳树德、以劳增智、以劳强体、以劳育美"的五育融通价值取向，将劳动教育纳入人才培养的全过程。积极探索具有东莞中学特色的劳动教育模式，不断推动构建"有管理机制、有课程体系、有科学评价、有保障措施"的劳动教育体系，助力全市"品质教育"建设。立足校内、校外实践基地，引导学生深刻体会"劳动最光荣、劳动最崇高、劳动最伟大、劳动最美丽"的真实内涵，潜移默化推进立德树人、五育融合发展目标的实现。在实践中，整体推进语文、数学、英语、道德与法治、体育、美术、信息技术与生物、科学、综合实践等多学科、跨学科融合，融入孩子的家庭、生活与行为习惯，有力促进学生爱商、情商、财商、智商、逆商协同发展，提高学生的核心素养，提升人才的培养质量。

在东莞市中小学德育基地开展的德育综合实践活动中，以体验改变为切入点，以超越自我为主线，以生命感动为突破口，致力于培养学生的团队合作精神和健康的生命价值观。丰富且硬核的学习项目，为学生提供了全新的学习和生活体验，让学生收获别样的心灵成长。

通过系列宿舍文化活动，包括宿舍文化设计大赛、生活技能挑战大赛、宿舍嘉年华三大项目，让学生们学会独立生活，养成热爱劳动的好习惯，达到劳动育人的目的。同时，系列宿舍文化活动也增强了同学们爱校、爱寝的意识，有助于营造良好的学习、生活氛围。

2. 将研学旅行编入课程教学计划，全方位开展教育教学活动

根据2018年广东省教育厅等12个部门联合发布的《关于推进中小学生研学旅行的实施意见》等文件精神，结合实际情况，学校把研学旅行编入课程教学计划，纳入学生的学分管理，计2个学分。根据研学旅行目标，学校开发了自然类、历史类、地理类、科技类、人文类、体验类等多种类型的活动课程。在每条研学线路中，都有针对性地融入党史学习教育内容。同学们在研学中聆听专家讲述革命故事，探寻革命遗迹，接受爱国主义教育，深受鼓舞。通过开展研学旅行，推动全面实施素质教育，创新人才培养模式，引导学生主动适应社会，在旅行过程中陶冶情操、增长见识，促进书本知识与生活经验的深度融合。学生借此学会生存生活、学会做人做事，从而实现健康成长。研学旅行不仅有利于学生走出校门、开阔眼界，还有助于提升学生的社会责任感、创新精神和实践能力，形成正确的世界观、人生观、价值观，全面提升学生的综合素质。

为普及生物知识，强化同学们对东莞本土植物的保护意识，学校不定期组织学生前往东莞市林业科学园开展科普学习活动。

学校依托丰富的自然资源，为学生们提供欧美式的户外教育（Outdoor Education）。通过户外活动，如森林知识学习、水上活动体验、徒步旅行、野外旅行、极限运动等，对学生们进行身体、精神和智力方面的综合训练。学生们在参与户外运动的过程中，挑战自我极限，体会个人与同伴间的协作，有效提升个人的胆识、耐挫能力以及应对困难的能力。

在研学旅行中，通过企业参观活动，让学生们逐步认识精工企业的"工匠精神"，认识工业互联网、工业机器人、智能工厂、服务型制造、定制化生产、工业大数据等，以此了解现代工业的发展历程与成果。此外，学生们还会聆听人工智能专题讲座，从而了解未来科技，把握智能制造的发展趋势与前景。

东莞中学航天科技研学之旅如图4.1-3所示。

图 4.1-3　东莞中学航天科技研学之旅

4.2　沟通反馈

a. 建立与学生及家长就教学质量、教学过程、教师素质、校纪校风、教育管理、餐饮、医疗、校车等方面进行沟通反馈的机制

1. 通过家长委员会，加强学校与家庭的联系与合作

东莞中学家长委员会分为两级：年级家长委员会和校级家长委员会。家长委员会定期或不定期召开家长代表会议，听取和审议学校工作计划、总结，参加学校教育教学活动，对学校教育教学工作提出合理的建议和要求，与学

校就教学质量、教学过程、教师素质、校纪校风、教育管理、餐饮、医疗、校车等方面进行沟通反馈，为全面提高学生素质、提高办学层次、改善办学条件献计献策。东莞中学2020级家长委员会成立大会如图4.2-1所示。

图 4.2-1　东莞中学 2020 级家长委员会成立大会

2. 开展校长信箱、督学信箱、校园欺凌举报箱、"校长面对面"接访等活动，提升民主管理水平

为广泛听取广大教职员工、学生家长对学校工作的意见和建议，接受师生、学生家长的咨询，受理各类诉求，切实解决实际问题，学校特开展校长信箱、督学信箱、校园欺凌举报箱、"校长面对面"接访等活动。这些活动不仅巩固深化了"不忘初心、牢记使命"主题教育成果，有力推进了教育行风建设，还能更好地服务广大学生和家长，助力办好人民满意的教育。此外，活动进一步提升了学校的民主管理水平，推动学校工作持续改进，为学校发展注入新动力。

3. 制定食堂领导陪餐制度，保障师生食堂饮食安全

为确保学校食堂食品安全，提高食堂饭菜质量和服务水平，进一步规范食堂日常管理，完善以校长为第一责任人的学校食品安全责任制，学校制定了《东莞中学食堂领导陪餐制度》。根据该制度，校务办公室制定每学期行政领导陪餐值班安排表，每天有一名以上的行政领导到食堂与学生一同就餐。

陪餐领导对食堂饭菜的外观、口感、质量、数量等方面进行评价，对当天食堂采购的原材料、食堂卫生、食堂设备、从业人员工作情况等进行检查与监督，并做好陪餐记录。食堂管理人员定期收集陪餐领导的意见和建议，对提出的问题及时整改落实。

b. 利用学生及家长的反馈信息改善学校管理和教学质量

学校通过线上线下渠道广泛收集师生及家长的意见和建议，并不定期选取部分具有代表性的意见和建议在"回音壁"公开回复，同时各责任部门分别就相关意见和建议进行针对性整改。

4.3 办学评价

a. 建立及实施内外部教学评价机制

学校采用外部评价与自我评价相结合的方式，运用定量评价、定性评价和多途径评价等手段开展教学质量评估。在外部评价方面，构建了学生评价、同行评价、教务处评价等多元评价机制，同时广泛吸纳社会评价，以此对教学质量进行全过程评价、全面性评价和全员性评价。其中：全过程评价是以动态发展的观点对教学工作的各个环节进行评价；全面性评价是对教师的治学态度、业务素质、工作能力、敬业精神和教学效果等进行全方位评价；全员性评价是指由教学管理部门、同行、同事、学生以及社会，从多个层面和角度实施全面评价，从而构建起基于多元主体的教学质量评价网络。自我评价则是教师对自身课程教学质量或其他教学环节的质量进行自我剖析与总结评价。东莞中学教学评价机制如表4.3-1所示。

表 4.3-1 东莞中学教学评价机制

分类	内容	方式
外部评价	同行评价	听课
	学生评教	问卷调查、座谈会
	社会评价	问卷调查
自我评价	教师评学	试卷分析、工作总结

b. 根据主管部门或相关机构对学校的评价改进教学质量

东莞中学根据主管部门和相关机构对学校的评价进行改进，在此基础上，进一步落实《东莞中学常规教学工作要求》，积极推动与兄弟学校开展同课异构、接力课等教研活动。通过这些活动，深化课堂教学研究，提升科组活动、备课组集体备课等校本教研活动的质量。同时，学校大力推进智慧课堂建设，通过自主建设与外部引进相结合的方式，获取全覆盖的高效课堂资源。充分发挥骨干教师的示范引领作用，探索依托优质教学资源的教学方式方法变革，促进学科教学与信息技术的深度融合。探索先进的课堂教学评价体系，以评价促进课堂教学改革，改进教学质量。大力推进"品质课堂"建设，凭借外部力量尤其是高质量科研机构或高校的协助，通过研讨、专题研训活动提升学校的课程领导能力、建设能力、实施能力及校本教研能力，进一步提高课堂教学水平、质量、品位，为学生创造更高端的成长平台，为学生的发展提供更好的支撑和成长路径，促进教育教学水平提升和研学一体化。

c. 注重对学生综合素质的评价，并加强综合素质档案的建设和使用，客观反映学生德智体美劳全面发展的水平及变化

学校制定了《东莞中学高中综合素质学分认定办法》，学生入校后即定制综合素质评价表，切实落实评价对升学的导向作用。学校成立了班级和校级两级考核小组，其中班级考核小组由班主任、任课老师和学生代表组成，校级考核小组由学校领导、班主任、年级组长、学科代表组成。两级考核小组对学生德智体美劳全面发展的水平等进行登记。评价系统从十个维度全面评价学生的综合素质，并以字母"A、B、C、D"呈现成绩的等级。

d. 师生、家长、社会等方面对学校教育教学服务质量的满意度情况

学校教育教学服务质量满意度测评采用无记名方式进行，教师和家长通过"微课掌上通"填写问卷，学生由学校组织参与测评。问卷主要围绕教师、学生、家长三个维度展开，针对学校集团化办学以来在管理运行、校风校貌、教师发展、学生进步、家校互动等方面的情况进行调查。

2019—2021年满意度调查问卷数据统计结果显示，基本满意及以上的比例分别为97.7%、97.7%和98.0%。

5 效益

效益部分涉及学校较多的内部数据，本书不再一一展示。

第五章 质量奖评审准则参考

自2022年起,广东省东莞市对首次获得东莞市导入卓越绩效管理优秀单位的企业(组织),每家分别一次性给予5万元资助。优秀单位的评审按照《广东省政府质量奖(组织)评审准则》开展,以广东省政府质量奖评选表彰秘书处发布的最新版本为准。下面提供《广东省政府质量奖(组织)评审准则》(2023年修订)供参考。

根据《广东省政府质量奖管理办法》(粤府办〔2021〕55号)规定,参照第五届《中国质量奖评审要点》、GB/T 19580《卓越绩效评价准则》,制定《广东省政府质量奖(组织)评审准则》,并于2023年做了部分修订。评审内容如下。

1 类别设置

广东省政府质量奖(组织)的评审领域具体设置为制造业、服务业、工程建设业、中小企业及一线班组等五大类组织。

评审准则包括领导、质量、创新、品牌和效益等五大部分,总分1000分。在中国质量奖评审指标(质量、创新、品牌和效益)的基础上增加了"领导",旨在强调领导在弘扬企业家精神、加强组织文化建设、强化全员质量意识、营造创新环境、履行社会责任和追求卓越效益等过程中的地位和作用。

制造业、服务业、工程建设业、中小企业的评审准则包括领导、质量、创新、品牌和效益等五大部分;一线班组的评审准则包括组织基础、文化建设、质量、创新和效益等五大部分。评价准则由一级评价指标、二级评价指标和评分要点三部分组成。

2 核心指标

(一) 领导

——弘扬企业家精神，完善中国特色现代企业制度，在增强爱国情怀、勇于创新、诚信守法、承担社会责任和拓展国际视野等方面不断提升，成为新时代推动高质量发展的生力军。

——确立组织统一的宗旨和方向，加强组织文化建设，营造良好的组织环境，构建和谐劳资关系；重视质量文化建设，引导全体员工积极参与质量活动。

——强化战略管理，使组织的战略、目标和资源协调一致，以实现其使命和愿景；强化质量战略，更好提升质量水平。

——加快推进新型工业化，全面提升组织竞争力（制造业）。

——树立创新是第一动力、人才是第一资源的理念，有效促进组织的高质量发展。

——构建科学的现代组织治理体系，确保组织的可持续发展，追求卓越效益。

——履行社会责任，加强质量诚信建设，支持公益事业。

(二) 质量

——注重质量安全，确保组织安全生产。

——加强全链条质量管理，提升运营效能。

——以顾客为中心，识别并满足顾客及其他利益相关方的需求和期望，减少抱怨和投诉。

——强化质量协同，增强产业链自主可控能力。

——加强质量基础设施建设，提升质量管理水平和能力。

——全面开展质量教育，提升员工质量素养和能力。

——实施质量变革，开展质量改进活动，提升组织产品或服务质量、工艺技术及管理水平；不断提升效率和绿色发展水平等。

——质量水平：关键质量指标水平及提升情况居行业领先。

（三）创新

——坚持创新发展，将创新理念融入到组织之中，加快构筑新质生产力。

——创新是驱动发展的第一动力，实施动力变革，建立创新机制，打造科研创新团队，提升创新能力。

——推动创新链和产业链、质量链深度融合，增强推进新型工业化的动力与活力（制造业）。

——实施管理模式、经营模式、商业模式创新和技术创新，以提高组织效益，增强组织的核心竞争力。

——创新价值：拥有的核心技术，包括发明专利、参与标准制定和新产品的市场销售等居行业领先。

（四）品牌

——加强品牌规划，促进品牌培育。

——加强品牌管理，提升品牌价值。

——强化品牌保护，降低品牌风险，以增强品牌竞争力。

——引领推动产业品牌建设，将组织优势和集群优势转化为品牌优势，推动产业品牌合作共赢，提升广东品牌在中国乃至世界的影响力。

——品牌认可：主要品牌竞争力、社会认可及品牌价值处于同行业领先。

（五）效益

——质量水平：近三年主要产品和服务水平不断提升，处于同行领先。

——创新成果：创新资源投入不断增强、核心技术自主可控、创新效益显著。

——品牌认可：品牌竞争力、社会认可和品牌价值不断提升。

——绿色成效：万元总产值综合能耗和污染物排放水平。

——运营效率：组织运行效率和生产组织效率情况，如近三年全员劳动生产率处于同行业领先。

——经济效益：近三年主营业务收入、投资收益、利润总额、纳税总额等关键经济指标水平及其趋势处于同行业领先。

——社会效益：全面履行社会责任，行业引领、区域带动作用显著。

3 否决事项

（一）近三年内出现过重大质量、安全、环保等事故，出现过相关违法、违规、违纪行为。

（二）近三年内发生过因单位责任导致侵害职工合法权益的重大事件。

（三）申报材料弄虚作假。

附录 评价指标简表

表5-1 广东省政府质量奖制造业、服务业、工程建设业评价指标

一级评价指标	二级评价指标
1. 领导（150分）	1.1 企业家精神（25分）
	1.2 组织文化（35分）
	1.3 战略管理（35分）
	1.4 组织治理（25分）
	1.5 社会责任（30分）
2. 质量（300分）	2.1 质量安全（35分）
	2.2 质量管理（60分）
	2.3 顾客需求（40分）
	2.4 质量协同（40分）
	2.5 质量基础（40分）
	2.6 质量教育（35分）
	2.7 质量变革（50分）
3. 创新（200分）	3.1 动力变革（30分）
	3.2 创新能力（80分）
	3.3 管理创新（45分）
	3.4 技术创新（45分）

续表

一级评价指标	二级评价指标
4. 品牌（100分）	4.1 品牌规划（30分）
	4.2 品牌管理（40分）
	4.3 品牌保护（30分）
5. 效益（250分）	5.1 质量水平（50分）
	5.2 创新成果（50分）
	5.3 品牌认可（30分）
	5.4 绿色成效（30分）
	5.5 运营绩效（30分）
	5.6 经济效益（30分）
	5.7 社会效益（30分）

表5-2 广东省政府质量奖中小企业评价指标

一级评价指标	二级评价指标
1. 领导（150分）	1.1 企业家精神（25分）
	1.2 组织文化（35分）
	1.3 战略管理（35分）
	1.4 组织治理（25分）
	1.5 社会责任（30分）
2. 质量（300分）	2.1 质量安全（35分）
	2.2 质量管理（60分）
	2.3 顾客需求（40分）
	2.4 质量协同（40分）
	2.5 质量基础（40分）
	2.6 质量教育（35分）
	2.7 质量变革（50分）
3. 创新（200分）	3.1 动力变革（30分）
	3.2 创新能力（80分）
	3.3 管理创新（45分）
	3.4 技术创新（45分）
4. 品牌（100分）	4.1 品牌规划（30分）
	4.2 品牌管理（40分）
	4.3 品牌保护（30分）

续表

一级评价指标	二级评价指标
5. 效益（250分）	5.1 质量水平（50分）
	5.2 创新成果（50分）
	5.3 品牌认可（30分）
	5.4 绿色成效（30分）
	5.5 运营绩效（30分）
	5.6 经济效益（30分）
	5.7 社会效益（30分）

表5-3　广东省政府质量奖一线班组评价指标

一级评价指标	二级评价指标
1. 组织基础（100）	1.1 组织机构（40分）
	1.2 基础管理（60分）
2. 文化建设（100）	2.1 文化理念（30分）
	2.2 文化践行（40分）
	2.3 文化推广（30分）
3. 质量（350）	3.1 质量安全（90分）
	3.2 质量管理（85分）
	3.3 质量教育（85分）
	3.4 质量改进（90分）
4. 创新（250）	4.1 创新能力（80分）
	4.2 管理创新（70分）
	4.3 技术创新（100分）
5. 效益（200）	5.1 质量水平（60分）
	5.2 运营效率（40分）
	5.3 经济效益（50分）
	5.4 社会效益（50分）